富永大介・平田幹夫・竹村明子・金武育子 編
Tominaga Daisuke, Hirata Mikio, Takemura Akiko, & Kin Ikuko

教職をめざすひとのための発達と教育の心理学

Developmental and Educational Psychology for Prospective Teachers

ナカニシヤ出版

まえがき

　教師という専門職の使命は，将来を担う子どもたちに教科という教育プログラムに盛り込まれた知識を伝授することである。しかし，夢志をもって懸命に学び教師になっても，教科をどのように子どもたちに教えればよいのか，その対処法に苦慮することがあるだろう。

　各教科の内容を深く学んでも，その知識を子どもたちに教えるためには，子どもの心理的特性や教授法などの基礎的知識が不足していては，子どもたちに伝わりやすい授業を行うことは難しくなる。昨今，教員養成系学部では実践力を強調することが多いが，基礎力がない実践力は砂上の楼閣であって，教師となった後に，戸惑うのは予想できる。教師を目指す諸君には，基礎力に裏付けられた実践力を身につけた教師として，子どもたちの前に立って欲しいと切に思っている。

　教科の教授法と子どもへの対処法に関する教職の基礎科目は教育心理学である。教育心理学という学問が，教育現場の諸問題の解決の糸口を提供する科目であるが，教育心理学のテキストを一冊読んだだけで基礎力が身につくことはない。教育心理学を学ぶためには，発達心理学，学習心理学，臨床心理学等の知識も十分学んでおく必要がある。

　そこで，本書は教育心理学というタイトルとせず，『教職をめざすひとのための発達と教育の心理学』とした。教育心理学を学ぶためには，まず，幼児期から青年期に至る子どもたちの発達の過程について十分な知識をもつことが必要であると考えるからである。小学生，中学生と高校生はそれぞれ異なった発達段階にあり，発達変化に沿った心理特性を十分に理解することから，子どもたちへの教育は始まるのである。まずは子どもたちの発達過程と心理特性を十分に理解して欲しいと願っている。また，実践力を身につけるためには，教育に関わる心理学，とりわけ発達障害を含む臨床心理学の分野と，子どもたちの社会化を理解するための社会・集団心理学の分野の知識は重要である。教師を目指す人にとっては，教育心理学の最新の研究に基づく知識や成果を中心に学ぶよりは，教育現場で役に立つこれらの基礎的知識を学ぶことから始めることが賢明であろう。このような視点に立って本書の章立てはおこなった。以下に具体的な本書の特徴について述べる。

　本書は，序を含めて4部構成とした。始めに「序」では，〈教育心理学とは〉として，前述した子どもの発達と教育との関係について概説し，つぎに〈教育心理学の研究法〉について述べた。第1部では，「教育心理学の基礎」で，心理学の基礎分野で教育と学習に深く関係すると考えられる知識を解説した。難解に感じる学生にとっては，この分野の心理学の概論書等も一緒に勉強して欲しい。第2部「子どもの成長と発達」と第4部「子どもたちの心の理解とその支援」では，子どもの発達の理解と学習の支援を必要とする子どもについての理解を概説した。教師を志す人には，教育とは子ども理解から始まるという強い信念をもって欲しいと願う。第3部「教育実践の心理学」では，学級集団と子どもについて概説した。子どもたちは集団という学級，学校組織の中で，他の仲間との比較を通して，自分の将来の姿を描きつつ，少しずつ大人の世界に接する準備をするのである。一人ひとりの子どもの理解は，集団の中の個としての子ども（個性化）と，集団の中の関係性で育まれる一人の子ども（社会化）としての両側面を知ることで，教師の実践力が磨かれていく。この観点から各章の内容を理解して欲しい。

　さらに，本書は教員採用試験を受験する人のために資する教育心理学のテキストであること強調しておきたい。教育心理学の up to date な知識よりも，実践現場で求められ，かつ，学ばなければならない教育心理学の基礎知識を中心として仕上げた。本まえがきの後ろ（pp. iii – iv）に，数社の教員採用試験（教職教養）で出題された心理学用語の過去問を整理し一覧に記載した。教員採用試験を受験する学生は，ここに記載されている教育心理学用語を中心に知識を深めてほしい。しかし，ピックアップした専門語には，本文中にない語や逆に本文にあって一覧にはない語もある。本

文中にない語は他の心理学の本で調べてほしい。

　最後に，本書は最近の脳科学と心理学の分野のトピックを教育の視点から記載した。心理学は脳科学と密接な関係にある。文部科学省や科学技術振興会では，心理学と脳科学の近年の研究成果を活用し，「脳科学と教育」のテーマで，教育カリキュラムの編成の見直しをおこないつつある。

　ナカニシヤ出版から打診をいただいてから，今まで出版が大幅に遅れてしまったことに関しては，すべて編者の代表である私の責任であり，執筆者の方々にはご迷惑をおかけしてしまった。また，ナカニシヤ出版の編集責任者の宍倉由高さんには出版に至るまで忍耐強い励ましとアドバイスをいただき，編者を代表して心より感謝する次第である。

2016 年卯月　編者代表　富永大介

基本用語一覧 1

教育心理学とは
- 教育心理学の領域
- 発達心理学
- 学習心理学
- 社会・集団心理学
- レディネス
- 生涯発達
- 生涯心理学
- 発達の最近接領域
- インクルーシブ教育
- 特別支援教育
- 仮説生成型 vs 仮説検証型研究
- 量的データ vs 質的データ
- 生態学的 vs 実験的研究
- 観察法
- 調査法
- 面接法
- 検査法
- 事例研究法
- 研究倫理

学習と記憶
- 行動主義
- 社会的学習
- 発見的学習
- ブルーナー
- 教授学習過程
- パヴロフとスキナー
- 観察学習モデリング
- 機械的記憶と論理的記憶
- 再生と再認
- 学習曲線
- ワトソン
- オペラント条件づけ
- 古典的条件づけ
- プログラム学習
- スキナー
- 学習の転移
- 正・負の転移
- レディネス
- 系列位置効果
- 忘却
- 過剰学習
- 仮説実験学習
- 問題解決学習
- プロジェクト・メソッド
- キャパトリック
- 連合説と認知説
- トールマンのサインゲシュタルト
- 洞察　ケーラー
- プラトー
- 節約率
- エビングハウスの保持曲線
- 学習の構え
- 忘却曲線
- レヴィン
- ソーンダイク
- 試行錯誤学習
- バンデューラ
- ピグマリオン効果
- レディネス
- 学習の転移
- 減衰説と抑制説
- 干渉説
- 高原現象
- 場理論
- 強化の概念
- ハロー効果
- レミニッセンス
- 忘却曲線
- 学習性無力感
- 刻印づけ
- セリグマン
- リハーサル
- 学習曲線
- 自我関与の程度
- 潜在記憶と顕在記憶
- エピソード記憶
- 意味記憶
- 短期記憶
- 離巣性対留着性
- 子宮外の胎児期
- 生理的早産
- 初期学習
- 転移の条件
- 学習の構え　学習のセット
- 結果の知識
- マターナル・デプリベーション
- 文化的剥奪
- マザリング
- アヴェロンの野生児
- 母子分離
- サプリの集団保育
- 刺激対象の新奇性
- ホスピタリズム
- 過剰学習
- 全習法と分習法
- 集中法と分散法

動機づけ
- 欲求の階層説
- マズロー
- 一次的欲求と二次的欲求
- ホメオスタシス
- 葛藤　コンフリクト
- 知的好奇心
- 内発的動機づけ
- 外発的動機づけ
- コンピテンス
- 社会的動機づけ
- 賞罰の効果
- 無気力
- 自己実現
- 愛情・所属の欲求
- 興味関心
- 達成動機
- 親和動機
- 成功達成・失敗回避
- アトキンソン
- 報酬
- デシ
- 自己決定性と自己有能性
- エンハンシング効果
- 過正当化効果

知能・創造性と学力
- ウェクスラー知能検査
- 言語性動作性
- 知能検査
- 田中ビネー知能検査
- 精神年齢と標準年齢
- 陸軍心理検査
- 集団検査アルファとベータ集団検査
- 概念形成
- 知能の因子構造
- ギルフォード
- ITPA言語学習能力診断検査
- WISCとWAIS
- K-ABC DN-CAS
- 継次処理と同時処理
- DAM グッドイナフ人物画法
- 問題解決学習
- 標準学力検査
- ビネー
- WPPSI
- 教育アセスメント
- 知能の因子説
- 2因子説と多因子説
- ガスリーの接近説
- サイン・ゲシュタルト説
- 再生的思考と生産的思考
- 創造性
- 教育学力検査
- スピアマン
- サーストン
- 流動性知能と結晶性知能
- スタンフォード・ビネー知能検査
- 生活年齢
- ケーラーの洞察説
- コフカの痕跡説
- 拡散的思考と収束的思考
- 学力偏差値
- カウフマン夫妻
- 知能指数
- アンダーアチーバー
- オーバーアチーバー
- ターマン
- レヴィンの場理論
- 連続強化と部分強化
- 成就値
- シェイピング
- モデリング洞察学習
- ソーンダイクの試行錯誤説
- ハルの動因低減説
- シモン
- モレノ
- SOR理論
- 消去
- 強化のスケジュール
- ブレイン・ストーミング

自己理解とパーソナリティ
- アイゼンク
- 合理化等防衛機制
- 反動形成一連の確認
- PTSD
- 自己概念
- ユング
- キャッテル
- シェルドン
- 自我関与
- 自我同一性の拡散
- 自己受容
- 質問紙法
- 作業検査法
- 投影法
- 描画法
- MPI
- 自己実現
- YG性格検査
- 内田クレペリン検査
- ロールシャッハ検査
- TAT
- バウムテスト
- 自己中心性
- ギス・フーアト
- 向性検査
- TAT
- PFスタディ
- 自我関与
- 自己分析
- 気質
- 個性
- 性格類型論
- 性格特性論
- オルポートの性格理論
- MMPI
- ユングの人格理論
- フロイトの性格理論
- ギルフォードの性格
- レヴィンの場理論　分化度
- テストバッテリー
- 置き換え

基本用語一覧 2

自己理解とパーソナリティ	投影法／絵画統覚テストTAT／児童絵画統覚テスト CAT／文章完成テスト／内田クレペリン検査／YG性格検査／攻撃性／補償
	葛藤／PFスタディ／欲求不満耐性／適応機制／質問紙法／取り入れ／不安／代償
	反社会的行動／逃避／退行／サイモンズの養育態度／投影／投射／同一視／抑圧／昇華
	非社会的行動／いじめの心理機制／日本人の自殺の特性／自閉症／ストレス／学習障害／自我と自己
	自殺／／／アパシー／拒食症思春期やせ症／心身症／
心理検査	職業適性検査／創造性検査／ITPA／／／／／
	職業興味検査／親子関係診断検査／HTP／／／／／
	発達検査 発達指数／ベンダー・ゲシュタルト検査／認知型テスト／／／／／
発達と成長	シュテルン／環境閾値説／生理的早産／ギャングエイジ／錯覚／具体的操作期
	モラトリアム／輻輳説／ゲゼル／心理的離乳／知的萌芽期／ヴィゴツキー／エリクソンの生涯発達論
	道徳性の発達／学習優位説／ボルトマン／第二次性徴／我々意識／親の養育態度の類型化／リビドー
	反社会的行動／成熟説／ジェンセン／児童期／自我同一性／アニミズム／クライエント中心療法
	非社会的行動／ウェルナー／アタッチメント／第二反抗期／仲間集団／エリクソン／転導推理
	集団凝集性／基本的信頼関係／スキャモンの発達曲線／外言と内言／フロイト／実在論
	言語相対仮説／乳児期／第一反抗期／心理的離乳／発達／コールバーグの道徳性発達論／人工論
	集団独語／未分化から分化／ウェルナーの発達説／疾風怒濤／発達の最近接領域／脱中心化
	言語獲得／ゲゼルの成熟位置説／発達の方向性／ウェルナー／均衡化理論／シェマの発達／形式的操作期
	発達の最近接領域／ワトソンの経験説／混沌から分節へ／周辺人／同化と調節／操作／発達加速現象
	発達勾配仮説／発達の意義と原理／初期学習／／／／
特別支援教育	特別支援教育のあり方答申／／PTSD／学級集団の特質／／／
	DSM／カナー／ADHD／いじめの発見と早期対応／／／
	知的発達の遅れ／アスペルガー症候群／特別支援教育／いじめの定義／／／
	特別支援教育コーディネーター／学習障害／／／／／
	／衝動性と多動性／／／／／
	／中枢神経系／／／／／
	／自閉スペクトラム症／／／／／
教育統計の基礎	パーセンタイル／中央値／相関と因果関係／因子分析／正規分布／／
	代表値／散布度の種類／t検定／z得点とZ得点／／／
	代表値の種類／分散と標準偏差／因子分析／T得点 偏差値／／／
情報通信技術 (ICT) 教育 (旧) 教育工学	直線型プログラムと枝分かれプログラム／教育工学／包摂理論／オーズベル／／／
	結果の知識／ティーチングマシン／／有意味受容学習／／／
	プログラム学習／CAI／／先行オーガナイザー／／／
	教育機器／OHP／／ATI／／／
	教育機器の長所と短所／Language Laboratory／／ルレッグ rule-example／／／

目次

まえがき　*i*

序論　教育心理学と子どもの発達・成長

第1章　教育心理学とは ———————————————— *1*

第1節　教育心理学とは　*1*
第2節　教育と発達　*4*

第2章　教育心理学の研究法 ———————————————— *11*

第1節　教育心理学研究の特徴とその過程　*11*
第2節　教育心理学研究の具体的方法とその特徴　*14*
第3節　研究実践における留意点　*17*

第1部　教育心理学の基礎

第3章　学習と記憶 ———————————————— *23*

第1節　学習とは　*23*
第2節　教育と記憶　*27*
第3節　学習とワーキングメモリ　*29*

第4章　動機づけ ———————————————— *33*

第1節　欲求と動機づけの種類　*33*
第2節　自発的に学ぶ意欲　*35*
第3節　達成動機とその影響要因　*37*

第5章　知能・創造性と学力 ———————————————— *41*

第1節　学力と学習の最適化　*41*
第2節　知能と学力　*44*

第6章　自己理解とパーソナリティ ───── 51

　　第1節　性格の捉え方　*51*
　　第2節　適応と防衛機制　*56*
　　第3節　精神保健　*57*

第7章　心理検査 ───── 61

　　第1節　心理検査に求められる要件　*61*
　　第2節　心理検査の種類　*62*
　　第3節　教育現場における心理検査の意義と留意点　*66*

第8章　測定と評価 ───── 69

　　第1節　教育測定　*69*
　　第2節　教育評価　*73*

第2部　子どもの成長と発達

第9章　発達の原理 ───── 79

　　第1節　発達とは　*79*
　　第2節　発達の原理　*81*
　　第3節　発達の理論と発達課題　*83*

第10章　発達段階の特徴 ───── 89

　　第1節　乳幼児期の発達の特徴　*89*
　　第2節　児童期の発達の特徴　*92*
　　第3節　青年期の発達の特徴　*93*

第11章　社会化と個性化 ───── 97

　　第1節　「社会化」と「個性化」　*97*
　　第2節　人間発達における社会化と個性化の過程　*101*
　　第3節　教育における「社会化」と「個性化」　*104*

第3部　教育実践の心理学

第12章　学校不適応行動の理解 ——— 111

第1節　学校不適応　*111*
第2節　い じ め　*112*
第3節　不 登 校　*116*
第4節　いじめや不登校のない学級　*120*

第13章　開発的学級経営 ——— 123

第1節　学級経営を困難にする状況　*123*
第2節　開発的学級経営と育てたい児童生徒像　*125*
第3節　教師の姿勢　*126*
第4節　学級経営のポイント　*127*
第5節　学級集団と個々のアセスメント　*130*

第14章　学級集団の心理学 ——— 135

第1節　学級集団の構造　*135*
第2節　社会的勢力とは何か　*137*
第3節　学級における子どもの資源　*138*

第15章　キャリア教育 ——— 143

第1節　キャリア教育とは　*143*
第2節　キャリア教育の背景　*145*
第3節　キャリア教育で目指す人材像　*149*
第4節　基礎的・汎用的能力の育成を目指すキャリア教育実践例　*151*

第4部　子どもたちの心の理解とその支援

第16章　発達障害と心理学的支援 ——— 157

第1節　発達障害とは？：障害の定義とその特性について　*157*
第2節　発達障害の特性に応じた特別支援教育　*161*
第3節　発達段階に応じた心理学的支援　*162*

第17章　心の病気とカウンセリング ———————————— 167

第1節　心 の 病 気　167
第2節　児童生徒の不適応行動　168
第3節　カウンセリング　170
第4節　学校カウンセリング　173

コラム1　生涯学習と放送大学　9
コラム2　ナラティヴと質的研究　22
コラム3　ワーキングメモリと実行機能系と脳　30
コラム4　ギャンブリング課題と思春期（青年期）　40
コラム5　模倣学習とミラーニューロン　49
コラム6　イルカセラピー　59
コラム7　WISC-Ⅳの新しい解釈　68
コラム8　DN-CAS（Das-Naglieri Cognitive Assessment System）と教育　78
コラム9　子どものたくましい成長と脳　87
コラム10　子どもの遊びの変遷　96
コラム11　幼児と実行機能系の発達　109
コラム12　HIVか発達か？：同性愛者のリスク行為と脳障害　121
コラム13　読み・書きの障害と脳　134
コラム14　社会脳の発達（心の理論とミラーニューロン）　142
コラム15　インターンシップ　アラカルト　154
コラム16　発達障害と脳　166
コラム17　PTSDと脳　176

付録：ミニマム・グロサリ（教育統計・情報通信技術（ICT）教育）　177

事 項 索 引　179
人 名 索 引　184

第1章　教育心理学とは

第1節　教育心理学とは

1-1　教育心理学

　「教育心理学とはなにか」，具体的にどのように「教育心理学」を定義するかという課題は，容易なようで難しい。この節における筆者の願いは，初めてこの教科書を手に取ったあなたに，「教育心理学」という領域が，教育に携わる人にとって重要な視点であることを知っていただきたい。しかし，実際に語り始めようとすると，とたんにイメージが鮮明でなくなってしまうのであり，これは学習者の側にも起こりうることなのかもしれない。

　「教育心理学」は，学習者の「知りたい」というニーズにどのように応えるのだろうか。人間に関する学問へのニーズというのは，人間を取り巻く環境の変化に伴って変化していくものである。この「変化」を受け入れつつ，伝えたいこと，伝えるべきことを何度も考え吟味していくという姿勢こそ，「教育心理学とは」を考えるとき重要であろう。

　「教育心理学とは？」という問いかけは，教育心理学とは何を目指している学問なのかを知ることである。しかしながらこの答えは，教育心理学者の間でもなかなか一致するものではない。教育心理学が対象としているのは，言うまでもなく「教育」という事象であり，「教え育てる」という営み，あるいは逆に「教えられ育っていく」という営みを研究しようとするものである（市川，2003）。すなわち「教育」を問うことであり，「教育」の向上に心理学は貢献できたのかを考えるプロセスである。言い換えると「学び」を問うことにほかならないのである。約40年前に書かれた『〈学び〉の構造』（1975）の中で佐伯氏は，「学べなくしているのは誰か―我々自身である。学べる人間をどうやって作り出すか―それには，ひとりでもふたりでも多くの人びとが，まず自ら『学ぶ』ことである。自分の気づくところから『学び』をはじめることである。長くて遠い道にはちがいない。しかし，それ以外に，日本を，世界を『ほんとうのもの』にしていく道がほかにあるだろうか」と述べている。この真摯な訴えに，〈今〉こそ気づき，自発的に行動すべき〈学び〉のときなのではないかと強く思う。現代日本の教育における重要な課題の1つは，この〈学び〉にまつわることであろう。もとより，教師の重要な仕事の1つとして授業があり，その営みは〈学び〉を伝承することにほかならない。

　筆者は約20年前20代の半ばに初めて「教育心理学」の講義を担当することになり，その1年前に初めての臨床ケースを担当し，臨床家としての活動を開始した。「学生臨床像」として，生きた課題をぶつけてくるクライエントたちに向き合い，もがきながら，こういう出来事（臨床像）につながる最初の芽が出る場所〈学校〉で，最初に立ち会う重要な他者である〈教師〉は，この事態をどれくらい〈知って〉いて，〈解かって（理解して）〉いて，そして〈扱える〉のだろうか。また〈やれると実感しているのだろうか〉と思っていた。小さな人たちが最初の試練と格闘するとき，教師はいかにその子に向き合うのだろうか。エピソードとして〈こういうケースについて知っている〉だけではどうにもならないのだということを，支援者という立場でクライエントを前に実感していたので，学校臨床における重要な登場人物である教師にとっても，この視点は重要であろうと感じていた。なにしろ，学校臨床には，病院臨床とはひと味違う困難さを示す非常に多面的で現実的な課題が多く，要因の複雑に絡み合った難しい事案が多いからである。教育の領域に所属すれば，い

ずれ必ず児童・生徒の不適応の問題とかかわることになり，どの職種に就くとしても，自分自身の，または共に働く同僚の「不適応の問題」は浮上してくるものであろう。人と向き合う仕事を選択する人びとにとって，これらのことを〈わかりたい〉し，〈必要なことはやりたい〉，というのが本質なのではないだろうか。教師においては，そのような想いをもてることは特に重要な資質となるように思える。しかしながら，生徒側のニーズに比して，提供する側の準備は，十分ではないように思えてならないのである。教育心理学はこの本質的なニーズにどう応えているのだろうか。佐伯も「知識というものは，単なる『エピソード』ではない。それは，あらゆるものに『つじつま』をあわせてくれるし，あらゆる経験の『意味』を教えてくれるし，あらゆるできごとの『関連』をつけてくれる。『わかる』とは，つまり，このこと（つじつまや意味や関連の意義）が『わかること』であろう」と述べている。ゆえに〈わかる〉という言葉の本当の意味は，必要に応じて〈やる〉だけの準備が整っている状態であり，〈わかっている〉ということが，状況への対処に役に立つはずなのであって，それこそが〈生きた知識〉なのではないだろうか。

「教育心理学」とは，「学習」「発達」「人格／適応」「教育評価」の4つを主要な領域としている。〈学び〉と〈教える〉の実践に役立つ「学習」領域，教育相談や発達の個人差への接近の手掛かりとなる「発達」領域，「人格・適応」の領域は，子どもの全人的な理解に貢献するものであり，「教育評価」の領域は，教育という営みの可能性を考える重要な側面である。客観的評価の視点が切り出す現実が，設定された目標に対する成果の査定となり，教師はその結果をもとにその後の教授を再検討し工夫と改革を施していくのである。ゆえに教師は「教育心理学」の理論と学校現場における実践の往還を意識し教育を行う必要がある。

1-2　温故知新：東洋氏，東江平之氏による教育心理学

筆者が「教育心理学」について考えるとき，このお二人のことを思い出す。東洋先生は，1989年に東京大学で行った最終講義が柏木惠子先生監修で『教育の心理学』として発行されており，そのプロローグの教育心理学草創期のお話が大変面白く，心理学を志すことが誇らしく思えてワクワクするのである。その中で，東先生は「心理学は教育に貢献したか」という問いかけを設定し，認識の過程と内容の構造の間を仲介するもの（インターフェース）を考えることが教育心理学・教育方法等に不足していたであろう，と指摘している（東，1989）。

今日の学校教育にはじまる教育の現場におけるさまざまな課題において，刺激を受け取ってから反応するまでの「目に見えない活動」すなわち「認知」の特徴が個人差を理解する重要な手掛かりとなるのではなかろうか。図1-1に認知のモデル図を示す（金武，2013）。刺激から反応までの認識の過程には，知覚と思考があり，反応までの段階のすべてに記憶（これまでの学び）が影響しているのである。しかも，意識可能な顕在記憶は反応を制御し，無意識の潜在記憶の中には反応に影響を及ぼすものが含まれているという。現代教育の主要な関心事の1つである発達障害（発達でこぼこ）とは，この認知・認識の過程の特徴であるといえよう。同じ刺激に対して独自の反応を示す子どもの報告は年々増加傾向にあり，定型の認知様式と経験によって変化することを前提に構造化された教育カリキュラムでは対応しがたい子どもたちへの個別の教育プログラムが急務である。認知・認識に配慮を欠くプログラムは彼らにとっては，不信を形成する体験になるかもしれず，無力感や強い自己否定，後悔などが強化される体験にもなりうる。これがマイナスの〈信念〉形成に寄与し，むしろ問題行動の強化，すなわち無自覚の繰り返し（固

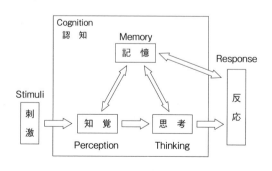

図1-1　認知のモデル図（金武，2013）

着行動）につながるリスクについても考慮する必要があろう。後に東は，「教育心理学とは？」の問いに「教育を制度的な教育にとらわれないで思い切り広く定義したうえで，その中で育ってくる心理学であろう」とコメントしている（2003,『教育心理学ハンドブック』）。発達障害児との教育心理学的営みとは，まさに東の提案のとおりであり，これは新しい可能性への挑戦といえるのではないだろうか。

東江先生（1989）は，「教育は誰のものか」という節の中で，教育における主役は学習者自身であると定めたうえで，学習者の知識や理解力，価値観や世界観，教育による学習者への支援の成果によって教育が評価される事実を指摘しており，教師や親の教育的介入は，すべて正当化できるものでなければならないとしている。また，「網の目のような人間の広がりと多様さが，教育について考えるとき浮き彫りとなり，そのさまざまな影響を受けながら個人は生きており，その事実が教育を手に負えないものにし，同時にそれを豊かなものにしている」と結んでいる。これは，教育心理学にまつわる人の複雑さと豊かさを真摯に見つめる視点を与えてくれるものである。

1-3　再び，教育心理学とは

高野清純氏は，教育心理学の3つの主要な観点を，①一般心理学に見出された知識の教育現象への応用の立場，②教育現象を心理学的に研究する独自の科学としての立場，③前述2つの観点を合体させた心理学的教育の構築をめざす立場，としている（高野, 2003）。

筆者は，教育心理学とは，対象者が日々変化する存在であることを受容しつつ，人としての普遍的な観点を忘れず，人の成長に貢献する〈学び〉を提供する営みに貢献する領域ではなかろうかと考える。近年の「教育」の現場の変化の象徴的な現象の1つが発達障害への取り組みであろう。実際的な意味で，教育臨床・学校臨床の視点が「教育心理学」的知識として標準装備されるようになったのである。そう考えると，学級集団における教育活動の一方で，認知・認識の特徴に配慮した個別の教育カリキュラムを要する子どもたちへの対応力が問われているのである。

では，発達の特徴は学習者である子どもたちにのみ生じている問題なのだろうか。近年では「大人の発達障害」に関心が寄せられており，社会での不適応の根拠が発達障害に起因するものであるという事例が数多く報告されている。これは一般社会のみならず，教育の現場でも日常的に起こっているのである。標準装備されるようになった「発達障害」の問題は，「教育心理学」を学ぶ者にとって，子どもたちを理解するツール（道具）としてだけでなく，自身および協働者である身近な人物，保護者理解のためにも重要な知識となるのである。「教育心理学」とは，個人が真の自分らしさを発見し自己を確立していくプロセスに，〈学び〉をとおして貢献していく学問であり，個人の生涯にわたる発達を個別に理解し，促進していく手だてを探索する領域であろう。

佐伯氏の『〈学び〉の構造』の中に「子どもは『正義』にもとるとき怒る」という（大好きな）一節がある。「大人たちが『正義にもとる』（道理に反する）行為をし，子どもに強いていると，子どもの心は深く傷つき，萎縮し，子どもの一貫性を求める『心の叫び』はいつか悲しみのうちに消え去り，代わりに，恣意的な大人たちの行う『判例』を記憶し，顔色をうかがい，雰囲気，けはい，などを察知して『調子をあわせる』練習にはげむにいたる。これを思うと，子どもの心になりかわって，わたしの心が怒る」というものである。これは誤った方向に子どもをいざなう大人の行為が，子どもたちの生き延びるための自分を押し殺した学習につながることを指摘する内容である。この一節を読んで心を動かし，子どもたちの役に立とうとする心を忘れずに〈教師〉でいてほしい，教師を目指してほしいと，願ってやまない。そして願わくば，教師の卵である若者にも，自身の〈心〉を知ってもらい大切に扱われる体験を存分に味わってほしい。同時に発達の特徴を他人事とせず，自己理解の知識として味わってみてほしい。そのことが，与える側になったとき大いに役立つものと信じている。そしてこれが筆者にとっての〈ほんとうのもの〉の重要な1つであり，生きた知識の一側面である。教育心理学とは，「教育」の現場に向き合いつつ，学び手である各人が，自分で考え

て判断して動き，変化する現実に向き合い，また考え始めるというプロセスを，何度も繰り返すことで発展していく生きた心理学の一領域なのである。

第2節　教育と発達

　人間の発達と教育の関係は，心理学や教育学にとって古くからの中心的テーマであった。たとえば，教育は子どもの発達を待ってから行うべきなのか，それとも教育により子どもの発達を変えることができるのかという問いは，現在でも多くの議論を生み出している。その背景には発達に関する考え方の違いが教育の在り方に反映するという関係が存在する。本節では，このような発達と教育の関係に関して，古典的論議（成熟優位説と教育優位説）について概観した後，今日注目されている生涯発達と生涯教育の関係および発達障害と特別支援教育の関係について概説する。

2-1　発達（成熟）優位か，教育優位か：レディネス（readiness）をめぐる問題

　教育に関するレディネスとは，教育に対する子どもたちの準備性や適時性という意味を含み，ある学習のための身体的・精神的準備のできた状態を指す。このレディネスは，発達（成熟）と学習により形成されるものだが，子どもの発達（成熟）を重視する立場の考え方は成熟優位説と呼ばれ，発達に先立ち教育を重視する考え方は教育優位説と呼ばれる。

　1) 成熟優位説の考え方に基づく教育：発達を支える教育　　成熟優位説の研究者は，レディネス（学習への準備性）は遺伝的生物学的要因に基づいて成熟し，レディネスができてから教育を始めるべきであると考える。

　たとえばゲゼル（A. Gesell）は，発達は成熟に依存し，教育により超えることはできないと主張している。これを実証するため，ゲゼルとトンプソン（Gesell & Thompson, 1929）は，一組の一卵性双生児を対象に階段登り訓練の実験を行っている。ゲゼルらは，双生児の一方のTには階段登りを生後46週目から6週間練習させ，もう一方のCには，その間無訓練の状態においた。そしてその後の2週間，CもTと同じ階段登り訓練を始めたところ，CはTに急速に追いつき，最後にはTを追い越した。すなわち，Tは8週間も前から訓練を受けたのに効果をあげることができなかったのである。ゲゼルはこの結果により，適切な成熟状態に達しない前には，いくら訓練をしても無駄が多いことを示した。さらに彼は，訓練の効果はレディネスが成立した時期に行うのが最も効果的であると考え，この時期を逃すと学習の効果が期待できないことも主張している。

　2) 教育優位説の考え方に基づく教育：発達を生み出す教育　　たしかに成熟優位説は，子どもの発達を重視するという点で，積極的意味をもっていた。しかし1950年代には，レディネスは固定的に与えられたものではなく，経験を通して形成すべきものであるとする新しいレディネス観が有力になった。成熟優位説に対して，レディネスは教育によりつくりあげることができると考える立場は教育優位説と呼ばれる。

　たとえば，ヴィゴツキー（Vygotsky, 1962／邦訳, 1976）は発達の最近接領域理論（zone of proximal development：ZPD）をたて，教育優位説を理論化している。発達の最近接領域理論に基づくなら，子どもの発達には「現在の発達水準」と「発達しつつある水準」の2つの発達水準があるという。現在の発達水準とは，子どもがすでに達している水準であり，子どもが誰からの支援もなく自分で問題解決が可能な発達水準である。発達しつつある水準とは，教師や他者からの支援により問題解決が可能な発達水準である。そして，現在の発達水準と発達しつつある水準の間が「発達の最近接領域」である。彼はこの発達の最近接領域の概念を用いて，大人からのヒントや指導または社会との共同活動を通して，教育により発達を生み出す可能性があることを示した。彼は，教

育は発達の後を追うのではなく，むしろ発達を先導する役目を果たすと述べている。

　また，ブルーナー（J. S. Bruner,）は，教育優位説の立場から「どの教科も知的性格をそのままもって，発達のどの段階の子どもにも効果的に教えることは可能である」と考えた。彼はシーソーの例を挙げて，シーソーのバランス状態を子どもに認識させるには，①年少時には体を使って探索し，②年長になるにしたがって図で示し，③最後にはテコ，力，距離などの概念によって理解させるのがよいと述べている（ブルーナー・佐藤, 1967）。このようにブルーナーの考え方は，カリキュラムや授業計画を工夫することにより，幼少の子どもにも，年長の子どもにも可能な学習過程が準備できるという信念に支えられている。

3）発達（成熟）と教育の相互作用　ここまで，成熟優位説と教育優位説の視点に立ち，どちらの要因が"主"となり他方が"従"となるかについて概観してきたが，現在では，成熟と教育の両要因は，時間的経過に伴い，それぞれが変化しながら相互に影響し合ってレディネスを規定するという考えが主流になってきている。たとえばピアジェ（J. Piaget）は認知的発達について，人の精神構造は成熟段階ごとに特有な精神構造が形成されるとしながら（成熟優位）も，その発達過程の背後にあるメカニズムは外界からの働きかけと個人のすでに持っている知識との相互作用により発達する（教育優位）と考えており，ピアジェの考え方はどちらかといえば，教育優位の立場であるといえよう。ピアジェの考え方については，本書の第10章および第12章で詳しく述べられており，参照して欲しい。

2-2　生涯発達と生涯教育

　生涯発達心理学の発達観「人は一生涯にわたり発達する」という考え方が導入されてから，生涯にわたる教育の重要性も示唆されるようになった。

1）生涯発達と発達課題　人間の発達についての従来の理論は，主に子どもが大人になるまでのプロセスを中心に，人間の生物的・生理的成長や大人社会への社会化の問題を論じてきた。しかし，1970年代以降，生涯発達心理学や中年期の発達論などが台頭し，発達は受胎から始まり死にいたるまでの生涯にわたる一連の変化と捉えられ，その発達観も成長や機能の向上という上向きの変化だけではなく，心身の衰退や老化に代表される下向きの変化も含めて捉えられるようになった。本書第9章のエリクソン（E. H. Erikson）の心理－社会的発達段階論や第15章のスーパー（D. Super）のキャリア発達論などは生涯発達論の例である。

　同様にハヴィガースト（R. J. Havighurst）は，生涯の各発達段階で直面する発達課題を体系的に論理化し，教育と関連づけた考察を『人間の発達教育』（Human Development and Education）の中で展開している。発達課題とは，生涯の各段階で達成しておくべき課題群のことである。表1-1に示したとおり，ハヴィガーストの発達課題の特色は，生まれてから死ぬまで，つまり幼児期から老年期までの人間の一生の成長・発達を連続的に捉えていることである。彼は，その課題は各発達段階に特有のものであり，もしその段階にその課題を果たさなければ，次の段階の発達に影響すると強調している。

　ハヴィガーストの発達課題が教育上重要である点は，①学校における教育目標の発見と設定を助けること，②教育的努力を払うべき時機を示していることの2点である。教育とは，個人がその発達課題を確実に習得できるよう，社会が学校を通して努力することである。どの発達段階で，どのような教育的支援をするべきなのかを，彼の発達課題は示している。さらに彼の発達課題は，生涯にわたる教育においても重要な視点を投げかけている。各個人が発達課題をよりうまく達成するためには，生涯にわたり個人や家庭への援助をすることが重要となる。たとえば，壮年期の個人に対しては家庭における子どもの教育の課題とこれからの計画について考えることを可能にする援助が

表1-1 ハヴィガーストの発達課題 (Havighurst, 1953)

幼児期（0-5歳）	1. 歩くことを学ぶ 2. 固形食を食べることを学ぶ 3. 話すことを学ぶ 4. 排泄機能のコントロールを学ぶ 5. 性の相違を知り，性に対する慎みを学ぶ 6. 生理的安定を得ることを学ぶ 7. 社会や事物についての単純な概念を形成する 8. 両親や兄弟姉妹や他人と情緒的に結びつくことを学ぶ 9. 善悪を区別することの学習と良心を発達させる	壮年期（18-30歳）	1. 配偶者を選ぶ 2. 配偶者との生活を学ぶ 3. 家族を持ち始める 4. 子どもを育てる 5. 家庭を管理する 6. 職業に就く 7. 市民的責任を負う 8. 適した社会集団を見つける
児童期（6-12歳）	1. 普通の遊戯に必要な身体的技能を学ぶ 2. 成長する生活体としての自己に対する健全な態度を養う 3. 友達と仲良くすることを学ぶ 4. 適切な性役割を学ぶ 5. 読み・書き・計算の基礎的能力を発達させる 6. 日常生活に必要な概念を発達させる 7. 良心や道徳性および価値判断の尺度を発達させる 8. 人格の独立性を達成する 9. 社会の諸機関や諸集団に対する社会的態度を発達させる	中年期（31-55歳）	1. 大人としての市民的・社会的責任を達成する 2. 一定の経済的生活水準を築き，それを維持する 3. 10代の子どもが責任ある幸せな大人になるよう援助する 4. 大人の余暇活動を充実する 5. 配偶者と人間としての関係を持つ 6. 中年期の生理的変化を受け入れ，それに適応する 7. 年老いた両親に適応する
青年期（13-17歳）	1. 同年齢の男女と新しい関係をつくる 2. 身体の違いや男性または女性としての役割の違いを受け入れる 3. 両親やほかの大人から情緒的に独立する 4. 経済的に独立する 5. 職業を選択し，準備をする 6. 結婚と家庭生活の準備をする 7. 市民として必要な知識と態度を発達させる 8. 社会的に責任のある行動を求め，それを遂行する 9. 行動の指針としての価値や倫理の体系を学ぶ	老年期（56歳〜）	1. 肉体的な力と健康の衰退に適応する 2. 退職と収入の減少に適応する 3. 配偶者の死に適応する 4. 同年代の人々と明るい親密な関係を結ぶ 5. 社会的・市民的義務を引き受ける 6. 肉体的に満足のゆく生活を送れるよう準備する

必要である。また，老年期の個人に対しては退職後の人生や生活の在り方について学ぶことを可能にする支援が求められる。ハヴィガーストは，生活することも学ぶことと述べており，人の生涯にわたる学習や教育の重要性を指摘している。

2) **生涯教育**　人々が自己の充実や生活の向上のため，その自発的意志に基づき，必要に応じ自己に適した手段・方法を自ら選んで行う学習が生涯学習である。そして，この生涯学習を支える社会のさまざまな教育機能を，総合的に整備・充実しようとするのが生涯教育の考え方である。生涯教育の考え方は，古い時代から意識されてきたが，1965年にラングラン（P. Lengrand）がユネスコで提起して以来，世界的な普及をみせている。彼は「教育は，児童期，青年期で停止するものではない。それは，人間が生きているかぎり続けられるべきである。教育は，こういうやり方によって，個人ならびに社会の永続的な要求にこたえなければならないのである」という考えをもとに，生涯教育の重要性について主張している（Lengrand, 1970）。日本でも，「教育改革に関する第4次答申」臨時教育審議会（1987）において「わが国が今後，社会の変化に主体的に対応し，活力ある社会を築いていくためには，学歴社会の弊害を是正するとともに，学習意欲の新たな高まりと多様な教育

サービス供給体系の登場，科学技術の進展などに伴う新たな学習需要の高まりにこたえ，学校中心の考え方を改め，生涯学習体系への移行を主軸とする教育体系の総合的再編成を図っていかなければならない」と述べられており，生涯教育への移行が推奨されてきた。今後は，個人の生涯発達について理解を深めるとともに，彼らの発達を援助する生涯教育を社会全体で実現していくことが求められる。

2-3 発達障害と特別支援教育

1）ノーマライゼーションと発達障害の概念　ノーマライゼーションとは，「常態化すること」という意味の言葉であるが，今日この言葉は「障害をもつ人々が特別のケアを受ける権利を享受しつつ，個人の生活においても社会の中での活動においても，可能なかぎり通常の仕方でその能力を発揮し，それをとおして社会の発展に貢献する道をひらく」という意味を含む言葉として用いられている。これは，1960年代に北欧で，知的障害者がそれまでおかれていた隔離された収容施設から，一般社会の場で生活することを求める運動として始まり，やがてさらに幅広い理念として北米から世界中へと広がっていった理念である。

このノーマライゼーションの理念は，障害に関する概念を大きく変えた。たとえば，それまでは，子どもの発達障害を彼らの心身の機能・構造の問題として捉える考え方（医療モデル）が主流であり，障害は治療の対象であった。しかし，ノーマライゼーションの理念が導入されて以降，障害を彼らの家庭生活や他者との関係，学習活動など周りの環境との関係により生じる問題として捉える考え方（社会モデル）に変わってきた。この考えに従うなら，障害の程度は，環境により軽減できる可能性が見えてくる。たとえば，文字を読むことに困難（学習障害）を抱える子の場合，文字を音声に変換する機能のある機器を用いることで，困難の程度は軽減され，通常の授業についていくことができるようになる。そこで求められる教育の課題とは，発達障害をもつ子どもが十分な活動や参加ができるように，一人ひとりが必要とする教育サービスを適切に提供していくことである。

2）インクルーシブ教育（inclusive education）と特別支援教育　教育において，ノーマライゼーションの最も実現したかたちは，障害をもつ子どもが，通常の学級で障害のない子どもと共に支援されながら教育を受ける「インクルーシブ教育」である（柴田・滝沢，2002）。これは1994年にユネスコの「特別なニーズ教育に関する世界会議」で採択されたサラマンカ宣言で提唱され，障害をもつ子どもの今後の教育への方向づけとなった（UNESCO, 1993／邦訳, 1997）。インクルーシブという英語は「すべてを含みこむ」という意味をもち，インクルーシブ教育は「すべての子どもをふくみ込む教育」と翻訳することができる。

これまで障害をもつ子どもの教育は，障害の種別や程度を同定し，それにより特別な教育の場を設けて障害に応じた教育を提供するというかたちで進められてきた。これは特殊教育という名の分離教育であった。しかし，サラマンカ宣言以降，発達障害をもつ子どもたちも通常学級で学ぶことが推奨され，特殊教育は特別なニーズ教育への転換を図るよう求められてきた。特別なニーズ教育とは，子どもが対人関係能力や基礎学力，社会性などを習得する際，通常の教育では不十分な場合には，その子ども一人ひとりが必要とする支援（特別なニーズ）を満たす教育サービスを提供するというものである。この特別なニーズ教育は，日本では2006年の学校教育法改正により，特別支援教育として導入されている。この特別支援教育では，「従来の特殊教育の対象の障害だけでなく，LD[1]，ADHD[2]，高機能自閉症を含めて障害のある児童生徒の自立や社会参加に向けて，その一人ひとりの教育的ニーズを把握して，その持てる力を高め，生活や学習上の困難を改善又は克服する

---

[1] 学習障害（Learning Disability: LD）
[2] 注意欠如・多動性障害（Attention-Deficit/Hyperactivity Disorder: ADHD）

ために,適切な教育や指導を通じて必要な支援を行う」ことが求められている(社会教育・生涯学習辞典編集委員会,2012)。発達障害をもつ子どもの共通する特徴に関しては,本書第16章「発達障害と心理学的支援」において詳しく述べられており,障害に関する正しい知識を身につけて欲しい。加えて,一人ひとりの子どもが,周りの環境との関わりにより,どのような特別な支援を必要とするのかに関して,十分に理解することも重要である。

引用・参考文献

東江平之(1989).序章 東江平之・前原武子(編著)教育心理学―コンピテンスを育てる 福村出版
東 洋(1989).プロローグ ある心理学徒の出発 教育の心理学―学習・発達・動機の視点 pp.2-22. 有斐閣
東 洋(2003).コラム① 私が考える"教育心理学とは" 日本教育心理学会(編)教育心理学ハンドブック p.2. 有斐閣
ブルーナー,J. S./佐藤三郎(編訳)(1967).教育革命 明治図書
Gesell, A., & Thompson, H. (1929). Learning and growth in identical infant twins. *Genetic Psychology Monographs, 6*, 1-12.
Havighurst, R. J. (1953). *Human development and education.* New York: Longmans, Green. (荘司正子(監訳)(1995). 人間の発達課題と教育:幼年期から老年期まで 玉川大学出版部)
市川伸一(2003).第1章 教育心理学は何をするのか 日本教育心理学会(編)教育心理学ハンドブック pp.1-7. 有斐閣
金武育子(2013).TA発達心理学(TAPD)の試み ITAA国際大会プログラム&サマリー集 p.76. (Attempt to fusion of TA and developmental psychology: Construction proposal TAPD. Paper presented at 2013 International Transactional Analysis Association International Conference in Osaka.)
Lengrand, P. (1970). *An introduction to lifelong education.* Paris: UNESCO. (波多野完治(訳)(1976). 生涯教育入門 全日本社会教育連合会)
茂木俊彦編集代表(2010).特別支援教育大事典 旬報社
佐伯 胖(1975).「学び」の構造 東洋館出版社
柴田義松・滝沢武久(編著)(2002).発達と学習の心理 学文社
Stewart, I., & Joines, V. (1987). *TA today.* Nottingham, UK: Lifespace. (深沢道子(監訳)(1991). TA Today:最新交流分析入門 実務教育出版)
社会教育・生涯学習辞典編集委員会(編)(2012).社会教育・生涯学習辞典 朝倉書店
高野清純(2003).コラム② 私が考える"教育心理学"とは 日本教育心理学会(編)教育心理学ハンドブック p.4. 有斐閣
UNESCO (1993). *Teacher education resource pack: Special needs in the classroom-student materials.* Paris: UNESCO. (ユネスコ(監修)落合敏郎・堀 知治・大屋幸子(共訳)(1997). ユネスコがめざす教育:1人ひとりを大切にした学級経営 田研出版)
Vygotsky, L. S. (1962). *Thought and language.* Cambridge, MA: MIT Press. (柴田義松(訳)(1976). 思考と言語 明治図書)
弓野憲一(編)(2002).発達・学習の心理学 ナカニシヤ出版

●コラム1　生涯学習と放送大学

　近年，成人における生涯学習参加への意欲が高まっており，それは地域社会で開催されるさまざまな学習講座への参加に留まらず，大学への入学など多岐にわたっている（岡本，2004）。

　生涯学習の理念として，2006年12月に改正された教育基本法第3条では，「国民一人一人が，自己の人格を磨き，豊かな人生を送ることができるよう，その生涯にわたって，あらゆる機会に，あらゆる場所において学習することができ，その成果を適切に生かすことのできる社会の実現が図られなければならない」と明記されている。

　かつて一般的だった「20歳前半までは学校に通い，定年までひたすら働き，その後は年金生活で余生を過ごす」という時代は終わりを告げようとしている。「いまさら勉強なんか」と思っていた人たちも，急速な社会の変化に対応し，職場や家庭，コミュニティの中で生きていくために，学校教育を終了したのちも継続して学習しなければならなくなっている。さらに，超高齢社会の今日，リタイア後の20年にも及ぶ残りの人生を充実して送るために，人は生涯にわたり学び続ける必要があるといえる。

　このような生涯学習の時代に即応し，テレビ・ラジオおよびインターネットを通じて，広く社会人に大学教育の機会を提供する機関として，放送大学がある。現在，年齢・職業など多様な8万人以上の人々が日本全国で学んでおり，生涯学習の中核的機関として大きな役割を果たしている。放送大学同窓会会員へのアンケート調査（2010）によると，放送大学に入学した動機として「教養を高めるため，生涯学習のため」「学位取得のため」「再学習（学び直し）のため」「職場でのキャリアアップのため」「資格取得のため」「友人づくりのため」などが挙げられている。

　生涯学習を通じて，自己の向上を求めながら，同時に社会とのつながり，人とのつながりをつくり，そして学んだことを社会へ還元していくことが求められる時代に突入しているといえる。

【引用文献】

放送大学（2010）．「放送大学を卒業・修了された同窓会会員の皆様へのアンケート調査結果」について〈http://www.ouj.ac.jp/hp/o_itiran/2011/230128.html〉

岡本祐子（2004）．生活の質と精神的充足感から見た生涯学習ニーズ：成人期の「アイデンティティ探求」ニーズの分析　広島大学大学院教育学研究科紀要, 53, 175–183.

〈小川重美子〉

第 2 章　教育心理学の研究法

　教育心理学研究の条件とは，①妥当性や信頼性の高いデータを用いていること，②本質的で重要な研究テーマを扱っていること，③教育に役立つ研究であることなどが挙げられる（森, 2007）。しかし，教育心理学は，心という目には見えない抽象的概念を研究対象とすることから，科学性や客観性に常に限界が伴うことを心に留めておく必要がある。また，教育心理学の研究領域は，子どもの学習に関するものから心の問題に対応するものまで幅広く，どの研究がどの教育領域に役立つものなのか見極める力も必要である。そのため，教育心理学を学ぶ者は，仮説や理論が何を根拠に主張されているのか，その根拠は信頼に値するものなのか，見出された結果は教育現場で効果が期待できるのかなどに関して批判的に吟味する思考力が求められる。教育心理学の研究法に関する知識を身につけることは，研究を実践するか否かにかかわらず，教育に携わる者にとって重要なことである。

　本章では，教育心理学研究の特徴および具体的実践方法の特徴，研究を実施する際の留意点について概説する。

第 1 節　教育心理学研究の特徴とその過程

1-1　研究の水準：仮説生成型研究と仮説検証型研究

　教育心理学研究は，仮説を見つけ出す仮説生成型研究と，その仮説を確認する仮説検証型研究とに分けられる。

1）仮説生成型研究　　興味のある対象について観察や面接を行い，多くの情報を収集することから始め，そこから何らかの一般的な結論や理論的説明をつくっていく研究方法を仮説生成型研究（hypothesis generation）という。研究の初期段階，または研究している現象についてわずかしか知らない時点において，共通する仮説を見つけ出すために用いられる方法である。研究結果により「このようなメカニズムが現象の背景にある」という仮説や，それまで気が付かなかった新しい知見を得ることができるという利点がある。複雑で多様な要因が絡み合っている教育現場にとって，仮説生成型研究のように〈どのような要因があるのか〉や〈各要因の間にどのような関係があるのか〉を見出す方法は有用な研究法である。しかし，この研究法の問題点として，生成された仮説だけでは，仮説の正しさを証明することができないという欠点がある。たとえば，複数の研究結果からある仮説を導いても，次に行う研究結果から同じ仮説が導き出せるかどうかは不確定である。また，重要な要因を見落として仮説を生成してしまう危険性も避けられない（Ray, 2003／邦訳, 2003）。仮説生成型研究で得られた仮説の正統性を確認するためには，仮説を検証する過程が必要となる。

2）仮説検証型研究　　あらかじめ立てた仮説が正しいとするとどのような結果が生じるのか，逆に正しくなければどのような結果になるのかを演繹的に予測して，実験や調査により明らかにする方法を仮説検証型研究（hypothesis verification）という。特定の現象がすでによく知られていて，明快な考えや理論が確立しているときに，未検討ではあるが関連のある現象について予測・検討す

るために用いられる。たとえば，「もし『性格は遺伝的な影響を強く受ける』という仮説が正しいならば，『他人同士の間より双子の間において性格がよく似る』という結果が得られるだろう」という予測を立て，調査や実験を行うことがこの例である。この研究の留意点として，ある1つの研究により仮説が支持されることは，仮説が正しいための十分条件（その1つの例においてあてはまるといえたに過ぎない）であって必要条件（仮説が正しいことが証明された）ではないことが挙げられる。異なる環境下では仮説が支持されない可能性もあり（例；実験室場面では仮説が支持されても，現実場面では仮説どおりの結果が得られない場合），仮説を支持する結果は，その仮説の信憑性（仮説の妥当性に対する信念）を高めることはできるが，仮説が完全に正しいと証明できるわけではないことを心に留めるべきである（Ray, 2003／邦訳，2003）。

1-2　データの種類：量的データと質的データ

1）量的データ　心理検査の得点や特定の行動の出現頻度など，数値で表現されているデータを量的データ（quantitative data）という。たとえば，質問紙法において「この項目はあなたにどれくらい当てはまりますか」という質問に対して5段階で評定を求めた数値や，観察法により見られる「友だちに話しかける行動」の頻度などが，その典型例である。量的データの特徴として，①個人と個人の比較や，時間の流れに沿った変化（例；1学期と3学期の成績の比較）を捉えることができる，②統計法を用いて平均値や相関係数などの指標を算出でき，数値ならではの明快な説得力をもつなどが挙げられる。その一方で，心理特性を数値に置き換えることにより，①一定の変換エラーが生じる，②数値化により失われる情報量が多い，③測定できない心理現象は無視される，などの問題点も指摘されている（市川，2009）。

2）質的データ　行動観察記録，会話記録，内省的な言語報告など記述的なデータの総称を質的データ（qualitative data）という。具体的には，口頭データ（調査対象者の具体的な語り・ナラティブ）および視覚データ（観察により得られるデータや写真や映像によるデータ），記述データ（すでに文章化されている文献・資料や質問紙における自由記述など）が質的データに含まれる（Uwe, 2009／邦訳，2011）。たとえば，観察法において，授業時間における教師と子どものやりとりを，表情やしぐさなどの非言語的なコミュニケーションを含みながら，記述したデータなどがその例である。質的データは，カテゴリーに分類するなどして量的データにして分析することもあるが，むしろ量には還元しにくい内容的な側面に着目して考察し，数値にはない厚みと豊かな情報を引き出すことが，質的データの有用点である（市川，2009）。

質的データを分析・解釈し，もとのデータより抽象度の高い形で，個人の心理や現象の背景にある要因を抽出する分析過程を質的分析という。質的分析は，①問題や分析カテゴリー，仮説をあらかじめ設定せずに，研究の進行過程において逐次発見・修正していくことができる，②個人の心のありようを深く掘り下げ，どのような状況が心に影響しているのかを見つけ出すことができるなどの特徴をもち，近年その有効性が評価されている。しかし，質的データを概念化し共通するカテゴリーに分類する際には，研究者の主観が介在してしまい，結果の客観性や科学性が疑問視されることがある。質的データの信頼性を確保するためには，同じデータを複数の研究者で分析したり，多様な条件下で同じ結果が導きだせることを検証するなど，信頼性を確保する工夫が必要とされる。近年，グラウンデッド・セオリー[1]，エスノグラフィー[2]，ライフヒストリー[3]などさまざまなタ

---

1) 新たな理論の生成を目標に，データに〈根ざした〉（grounded）分析過程を明確化した方法。具体的には，データから複数の概念を生成し，各概念間の関連に基づき概念の統合を行い，理論を組み立てていくものである。
2) 文化，社会集団および社会システムを記述解釈するための方法。具体的には，対象集団を観察し，その行動パターンや習慣から，彼らの生き方を明らかにしていくものである。

イプの質的分析が考案されており，分析方法もしだいに洗練されてきている。
　一般的に，仮説生成型研究では質的データがとられることが多く，仮説検証型研究では量的データが使われることが多い。しかし，これは絶対的なものではない。仮説を探索する段階でひとまず量的データをとってみることもあれば，仮説を検証するのに詳細な質的データを用いる場合もある。重要なことは，量的データの〈数値ならではの明快な結果〉という特色と，質的データの〈数値にない厚みのある豊かな情報〉という特色を生かし，効果的に併用することが望ましい。

1-3　研究の環境：生態学的研究方法と実験的研究方法

　児童・生徒の心理や行動を調べる環境には，日常の自然な環境で調べる生態学的研究方法と，人為的に設定した環境（例；実験室）で調べる実験的研究方法の2つのタイプがある。

　1）生態学的研究法　　測定しようとする対象になんら人為的な操作を加えずに，自然のままに生起する事象や行動を測定する研究を，生態学的研究法（ecological research）という。
　この方法の特徴は，①日常場面の自然な事態においてデータ収集を行っており，現実のありのままの心理現象を捉えやすい，②いつどこでも用いることができるなどが挙げられる。その一方で，①同一の行動や事象を繰り返し測定することができず，データの信頼性や一般性を確認することが難しい，②測定対象を明確に限定しないと時間と労力の浪費に終わってしまうことがあるなどの問題点も指摘されている。

　2）実験的研究法　　意図的に設定した環境や条件を統制した環境において，その条件下で生起する事象や行動を研究する方法を実験的研究法（experimental research）という。たとえば，一卵性双生児を異なる環境で育て，その発達過程を比較することにより，遺伝と環境のどちらが強く関与しているかを調べる方法などがその例である。
　この研究法の特徴は，①環境条件が統制できる，②同じ条件のデータを複数とり測定データの信頼性を確認できる，③厳密な条件統制がなされるので原因と結果の関係をつかむことが可能となるなどが挙げられている。その一方で，①実験条件の操作により，現実世界から遊離した不自然な状況をつくり出してしまう危険性があり，実験室で得られた結果をそのまま日常に当てはめることができない，②環境の設定に制約が多く実際的ではない場合がある，③実験対象者を意図的に劣悪な環境におくことに倫理上の問題が生じるなどの問題点が指摘されている。

1-4　発達変化の記述による違い：縦断的研究法と横断的研究法

　年齢に沿った発達の変化を捉える方法には，一群の対象者を繰り返し調べる縦断的研究法と，多様な年代に属する複数の対象者を同時点で調べ，その年代間の差から年齢的変化を推測しようとする横断的研究法がある。

　1）縦断的研究法　　発達的変化を説明するため，ある個人や同一集団を長期にわたって追跡する方法を縦断的研究法（longitudinal method）という。たとえば，児童・生徒の知能の発達過程を逐年的に調べる研究や，特定の個人の成育歴や家族関係などを過去・現在・未来にわたって追跡する研究などがその例である。
　この研究法の利点として，①個人の発達の特徴を直接捉えることができる，②原因と結果の関係

前ページ3）ある人（研究対象者）の人生の語り（自伝）を記録したものであり，自伝的研究ともいわれる。具体的には，対象者へのインタビューや，対象者の自分史，手紙，写真などを用いて，対象者の人生を探求するものである。

を明確にできることが挙げられる。その一方で欠点として，①研究結果を得るまで，多大の労力・費用・時間がかかる，②サバイバル効果や時代効果の影響があるなどの問題も指摘されている。サバイバル効果とは，最後まで調査に参加できた人（サバイバルした人）のデータだけが用いられ，途中で脱落した人のデータが無視され，偏った結果となってしまうことであり，時代効果とは，その行動が測定された特定の歴史的出来事の影響により，異なる結果が生じてしまう現象のことである。

2）横断的研究法　発達的変化を説明するため，異なる年齢集団を対象とし，年齢間の発達的変化を記述する方法を横断的研究法（cross-sectional method）という。具体的には，複数の年齢集団から研究対象者を抽出し，同一時に彼らの発達を測定し，年齢集団ごとに発達の違いを比較していくものである。

　この方法の利点として，①いろいろな年齢層のサンプルを求めることができ，平均的発達の姿を捉えることができる，②比較的短期間に多数の資料を能率的に収集できるなどが挙げられている。その一方で欠点として，①各人固有の発達の特徴を直接把握できない，②コホート効果が無視されていることが挙げられている。コホート効果とは，世代間の違いが個人の行動や心理の違いに反映してしまうことである。たとえば，知能検査結果において若年者と高齢者の間に差が見られたとしても，その原因が年齢による違いなのか，「学歴の高い世代の若年者」と「学歴の低い世代の高齢者」という違いによるものかを区別することは難しい。このように，対象者が生きてきた時代や社会の違いが，年齢の違いに反映されることが，コホート効果の例である。教育心理学研究ではこの横断的研究方法を用いることが多く，そこから見出された結果を解釈する際にはコホート効果などの影響に関して留意することが重要である。

第2節　教育心理学研究の具体的方法とその特徴

　本節では，教育心理学研究の具体的方法として，観察法，調査法，面接法，検査法，事例研究法を挙げ，その利点と問題点について概説する。

2-1　観察法

　観察法（observation method）は，研究対象者の行動を注意深く見ることにより，対象者を理解しようとする方法である。具体的には，観察を通して対象者の行動をありのまま記述する，観察可能な行動の頻度を記録する，声の大きさや活動への集中度など行動の程度を評定する，行動から受ける印象を評定するなどがその典型例である。

　観察法は観察対象者の行動そのものを対象とするため，言語的理解や言語的表出力が十分にできない乳幼児や障害児，さらに動物をも対象とすることができるという利点がある。その一方で，問題点として，①外から観察可能な行動に限定され，心理状態を把握するのが難しいこと，②観察者の視点や解釈などの主観が結果に混入しやすいこと，③目的や測定対象を明確にしないと，ただ眺めているだけに終始してしまい，研究にならないこと，④観察者の存在が観察対象者の行為に影響を与えてしまうことなどが挙げられている。

　観察法の種類について，中澤（1997）は表2-1のように，観察事態と観察形態の観点から，自然的観察法と実験的観察法，参加観察法と非参加観察法に分けている。

　1）自然的観察法と実験的観察法　観察法は観察事態の違いにより，2種類に分けられる。第1の自然的観察法（natural observation）は，人間の行動を自然の条件下でありのままに観察する方法である。自然的観察法の利点として，①いつでもどこでも用いることができる，②研究目的に応じて，異なる場面や状況を観察し，時間や月日をおいてある行動の変化を追うことができる，③日

表 2-1 観察の事態と形態 (中澤, 1997 を筆者が一部改変)

	自然観察法 ←―――――― 実験的観察法 ――――――→ 実　験　法				
	偶然的観察	組織的観察			
観察事態	(目標を設定せずに偶発的に生じる種々の行動や出来事を観察し，そこに潜む特質や法則性を発見しようとする方法)	(一定の目標を定めたうえで，適切な場面や対象行動を選択し，体系的に観察する方法)	(対象とする行動が生じるような環境を観察者が設定し，その中で生起する対象行動を観察する方法)		
	参加観察法			非参加観察法	
	交流的観察 ←―→ 面接観察 ←―→		非交流的観察 ←―→	直接観察 ←―→	間接観察
観察形態	(観察者自身が，観察対象者と何らかのやりとりをしながら観察する方法)	(交流的観察と非交流的観察の中間的な方法)	(観察者から観察対象者への働きかけを最小限にして観察する方法)	(一方視鏡等を通して実際の行動を見る方法)	(ビデオ等の機器を用いて行動を記録し，後で観察する方法)

常生活におけるさまざまな要因が複雑に絡み合った事象を把握することができるなどが挙げられる。

第2の実験的観察法（experimental observation）は，一定の状況下（例；実験室）で，ある行動に影響すると思われる条件を変化させることによって，それに伴う行動や心理状態の変化を観察し，条件と行動の因果関係を調べる方法である。このような実験的観察法は，一定に整えた環境の下で観察を行うので，調べたいと思う原因以外の影響（例；明るさや騒音など）を統制することができる。その一方で，得られた結果がその制限の中でしか当てはまらないという問題や，人工的な実験室的環境下では自然な行動を観察できないという問題が指摘されている。自然的観察法と実験的観察法の両者の大きな違いは，前者が研究者によって統制を施していない自然の状況下で人間の行動を観察する方法であるのに対して，後者は研究者が意図的に条件を配置した状況下で人間の行動を観察する方法であるという点である。どちらの観察法が良いかは，〈何を明らかにしたいのか〉という研究目的により規定される。

2）参加観察法と非参加観察法　　観察法の新しいアプローチとして，近年参加観察法に注目が集まっている。参加観察法（participant observation）とは，観察者自身が観察対象者（例；児童・生徒）の集団の中に入り，集団の一員として行動しながら観察する方法である。たとえば，教師がクラスで授業をしながら子どもを観察するのが，その典型例である。観察者が観察対象者と同じ時間や状況を共有することにより，①対象者の心理を生き生きと捉えることができる，②研究と実践を同時に進行することができるなどの利点が挙げられている。これに対して，対象者に直接かかわることなく，あくまで客観的に観察しようとするアプローチは，非参加観察法（nonparticipant observation）と呼ばれる。具体的には，一方視鏡やビデオなどを利用して，観察対象者に観察されていることを意識させずに，自然な行動を観察する方法である。たとえば，休み時間などに，教師が子どもの自由な遊びを観察することがその例である。非参加観察法では，観察対象者の自然な行動が観察できるという利点がある（遠藤, 2000）。

2-2　調　査　法

現実（例，個人の心理や生活）について正確に把握するために，その特徴を適切に抽出するようなデータ収集をするのが調査法（survey method）である。具体的には，あらかじめ準備した質問項目について，研究対象者に回答を求め，それをデータとして分析するなどの方法が用いられる。調査法の特徴としては，①人間の行動に影響を与えるさまざまな要因（動機，欲求，期待，過去経験）などについて捉えることができる，②過去から現在にいたるまでの比較的長い期間にわたる出

来事や経験を研究することができる，③調査対象者に与える影響が比較的小さいなどが挙げられる。このような調査法には，質問紙を用いる方法と面接を用いる方法とがある。

 1) **質問紙調査** 用紙に調査しようとする質問を用意しておき，それに対する回答から，調査対象者の行動傾向，態度などを分析する方法が質問紙調査（questionnaire survey）である。たとえば，意見，判断および態度などを質問する方法（例；アンケート）が，その例である。この方法の利点として，①短期間に広範囲から多数の資料を収集できる，②全体の傾向を把握できる，③質問項目への回答が一定の方法によって得点化されるので，得られたデータを量的データとして統計的に解析することができるなどが挙げられる。その一方で問題点として，①質問項目に対する回答以外のことを知ることができない，②集団的に実施され統計的に処理されるので，一人ひとりの内面的なものについて把握できない，③質問項目の内容が多義的，誘導的なものである場合，回答に歪みが生じてしまう危険性があるなども指摘されている。

 2) **面接調査** 調査者が調査対象者に直接会って質問紙調査を行う方法を面接調査（interview survey）という。たとえば，国勢調査において，民生委員が各戸をまわり質問項目を1つずつ読み上げながら回答を求める方法が，この例である。面接法の詳しい特徴については次項に譲るが，面接調査の利点として，①調査対象者の表情や態度などもあわせて観察でき，質問紙調査の短所を補うことができる，②質問項目の内容が調査対象者に理解しにくいとき，調査者がその場で説明を行い回答に歪みが生じることを防ぐことができるなどが挙げられる。

2-3 面 接 法

 面接法（interview method）は，比較的自由な制限の少ない状況下で，面接者と面接対象者が対面して話し合い，観察する方法である。面接者が面接対象者と時間と場所を共有し，直接向き合う点が特徴である。

 このような面接法の利点は，①対象者の語る言葉の内容と同時に，しぐさや表情などに現れる非言語的情報を得ることができ，面接者はこれらの情報を整理・統合しながら面接対象者を理解していくことができる，②面接の流れの中で，浮かんできた疑問や印象を面接者と面接対象者が直接伝えあうことにより，人間の心理をより深く具体的に捉えることが可能である，③人とかかわりながら研究をしている実感を体験することができる，④面接対象者の語りにより，面接者側の視野が広がり，思いもよらない気づきや示唆を新たに見出すこともある，⑤文字が読めない対象者（子ども，高齢者）など幅広い人々を対象に研究をすることができるなどが挙げられる。その一方で問題点として，①1人の人から情報を得るために面接者の時間と負担が大きい，②面接対象者にとって，時間的・精神的に拘束され，心理的負担が大きい，③面接者のパーソナリティや態度により面接対象者の応答に相違が生じることがある（例；緊張感や不安感，光背効果）なども挙げられている。

 面接法は，さらに質問の仕方により，構造化面接，半構造化面接と非構造化面接に分けられる。第1の構造化面接（structured interview）とは，あらかじめ質問すべき項目が準備されていて，それを1つずつ聞き出していく方法である。質問紙法の面接調査のことであり，面接を伴わない質問紙調査と比較して，回答者の誤解や回答漏れを防ぐことができることや，面接対象者の答え方や声のトーンや表情などを手掛かりに，その内容についての詳しい情報を得ることができる，などの利点がある。第2の半構造化面接（semi-structured interview）とは，あらかじめ質問項目の準備をしておくが，話の流れに応じて柔軟に質問を変えたり加えたりする面接法である。第3の非構造化面接（unstructured interview）とは，質問する内容や期待する回答をあらかじめ想定しておくものの，質問項目のような明確な形態はとらずに，対象者の話の流れに応じて自ずと面接者が期待する内容が語られるような面接を企てる方法である（澤田・南, 2009）。

2-4 検査法

　検査法（test method）とは，知能，学力，適性およびパーソナリティなど，個人の特性を一定の検査（テスト）により測定し，量的に表現しようとする方法である。教育心理学研究においては，知能検査（例；ビネー式知能検査，ウェクスラー式知能検査など），人格検査（例；質問紙法のMMPI，投影法のロールシャッハ・テストやTATテスト），発達検査（例；新版K式発達検査）などが用いられている（第7章参照）。

　検査法の特徴として，①妥当性や信頼性の検討を行い，全国的に標準化された検査法が多数作成され，その結果は誰がいつ実施しても，ほぼ一致するように作成されているため，個人の基本的行動傾向を客観的・科学的に測定できる，②比較的短時間に測定できるため，複数の検査法を組み，多方面にわたり個人の傾向を測定することができる，③投影検査法などを用いることで，直接質問しては回答が得られないような事柄についても，検査対象者から報告してもらうことができるなどが挙げられる。その一方で問題点として，①検査の結果は測定したいものの一部しか表していない，②検査者と検査対象者の間に信頼関係が形成されていない場合，検査対象者の本当の姿を捉えられない危険性がある，③投影検査法などは，実施や査定が難しく，専門的な技術・知識を必要とする，④検査対象者の気分に左右されやすい，⑤年齢や能力により実施できないものもある，などが挙げられており，検査法の限界についても留意する必要がある（松原, 2002）。

2-5 事例研究法またはケース・スタディ

　事例研究法（case study method）とは，特定の個人の事例について，その原因や問題点などを多面的に究明しようとする方法である。具体的には，特定の個人の成育歴，学習態度，家族関係，交友関係，生活環境などのさまざまな資料を収集し，これらを横断的・縦断的に分析することにより，その個人の行動や心理的問題の原因を究明し，心理現象の生起メカニズムを明らかにしていく。

　事例研究は，その性質により基礎的事例研究と応用的事例研究に分けられる（中澤, 2003）。第1の基礎的事例研究とは，対象の詳細な分析を通して，科学的な真実や法則を明らかにし，人のもつ多様性を報告しようとするものである。被虐待児の初期経験研究やサヴァン症候群の卓越した能力の事例報告などがこの例として挙げられる。第2の応用的事例研究とは，心理的適応や状況の改善などの問題に直面する対象者に対して，心理的な知見に基づき問題点を明らかにし，その解決の実践過程を報告するものである。多くの臨床心理的・教育相談的事例研究が，この例である。

　このような事例研究法が，心理学研究法として成立するためには，成立した仮説が単にたまたま1つの事例で有効であったというのでなく，ほかの事例を理解するうえでも有効な視点を提供することを示す必要がある。また，事例研究は対象者の生の姿を把握することがその本質的な要素であるため，研究対象者は研究者の前で個人的な側面についても必然的に示すことになる。そのために，ほかのどのような研究にもまして研究対象者の人権を守ることが重要な課題となる（中澤, 2003）。

第3節　研究実践における留意点

　心という目には見えない概念を対象とする心理学研究では，測定したいものが適切に測定できているか（妥当性の問題），同じ条件で同じ研究を行った場合同じ結果が再現できているか（信頼性の問題）という問題に，常に注意を払うことが求められる。また，心理学研究は研究対象者の協力により実現される研究であり，研究協力者に研究目的について適切に理解してもらう努力をすることや，研究協力者の権利を守ることは，研究を実施する者の責務である。本節では，研究を実施する際に留意すべき点として，研究方法に関する留意点と，研究倫理に関する問題について概説する。

3-1 研究方法に関する留意点

1) データ収集に関する留意点　データを収集するときには，まず何人の対象者が必要か，各対象者から得るデータはどのくらいの量が必要かという問題（サンプルサイズの問題）に留意する。たとえば，子どもの学習意欲へ影響を与える要因を明らかにする研究において，子どもに必要以上に多くの質問をすることは問題である。子どもの疲労度が増大し，質問の後半部では，項目内容の誤解や記入漏れが生じやすくなる。サンプルサイズの問題は，研究計画段階において，きちんと考える必要がある。

さらに，どれだけ偏りなく対象を選択しているか，各対象の一般的傾向を反映するようなデータを収集できているかという問題（サンプリングの問題）も重要である（遠藤, 2000）。多数の子どもを対象にしても，1つの学校の子どもばかりでは，その学校の特徴が強く結果に影響してしまうことがある。それを避けるためには，多様なタイプの学校の子ども（例：都市部と郊外の学校，公立と私立の学校）のデータを収集することが必要である。

2) 妥当性に関する留意点　妥当性とは，測定した内容が目的とするものをどれくらい適切に測定できているかということである。心という目には見えないものを測定する心理学では，測定したいものが測定できているのかという問題に常に注意を払うことが求められる。たとえば，「やさしい」という性格特性を測定する場合，研究対象者に「あなたは，やさしいですか？」と質問をし，「はい」という回答（自己評価）を得たとしても，本当にその研究対象者がやさしい人なのかどうか判断することは難しい。このような場合，自己評価と一緒に家族や友だちからの評価（他者評価）も比較し，測定内容の妥当性を確認することがある。また，ほかの尺度（例；性格を測定する尺度）との関連を調べ，測定している内容（概念）が適切か判断をするなどの方法がとられる。

また，研究手続きの妥当性についても考慮することが重要である。たとえば実験観察法では，研究対象者を不自然な実験状況におくこととなり，研究対象者の日常の実態からかけ離れた行動（データ）を収集してしまう危険性がある（生態学的妥当性の問題）。そこで，実験に先立ち，研究対象者が実験状況に慣れる時間を設けるなどの工夫が必要である。また，実験的に取り出された結果が，研究協力者の日常の様子あるいはもともとの個人的特性を反映すると考えてよいか，多様な情報を収集し確認をする。

3) 信頼性に関する留意点　信頼性とは，同じ条件のもとで同じ測定をしたならば，同じ結果が出るということである（研究の一貫性・安定性）。測定されたものが，誰が研究しても，あるいは同じ研究者が何度見ても，最終的に同じ結果になることが望ましい。しかし，研究を実施したときの状況や，研究者の価値観や先入観が結果を歪め，信頼性を損なう危険性が存在する。たとえば，知能検査において，検査会場が騒々しい場所であったり，室温が不適切であったりすると，標準的な検査結果より点数が低下する。また，子どもの日常的行動を観察する場合，天候や季節により子どもは異なる行動特徴を見せる。よって，研究を実施する過程では，研究手続きをなるべく正確・公平に進めることが求められる。たとえば，子どもの日常的行動を把握する研究では，特定の日に20分間観察したデータだけを用いるのではなく，5分の観察を別々の日に4回に分けて行い，観察対象者の日々の行動を偏りなく測定するなどの工夫が必要である。

4) 研究に伴う歪み　ここでは，研究結果を歪ませる要因について説明する。まず，研究を実施することで生じる歪みとしてホーソン効果が挙げられる。調査や実験に協力した人びとは，研究対象に選ばれた者として普段以上の努力をしたり，研究者の意図に合わせた結果を出そうとしたりすることがある。その場合，本来研究者が意図していた要因ではなく，普段と異なる環境が研究に強く影響してしまい，歪んだ結果が見出されてしまう危険性がある。

研究者がデータを分析する際生じる歪みには，以下のように多数のものが挙げられる。第1に論理的誤りとは，研究者が研究目的と仮説などを熟知しているために生じる誤りのことである。たとえば，観察法において，研究者が X 変数（例；授業中の発言）と Y 変数（例；テスト成績）に関連があると暗黙の思い込みをしていると，2変数の間に類似した観察結果を見つけやすくなり（例；授業中に発言するほどテスト成績が良くなると判断する傾向に偏り），相違する観察結果を見逃してしまう危険性（例；宿題をすることとテスト成績の関連を見逃す危険性）がある。第2に光背効果（ハロー効果）とは，ある対象を評価する時に観察項目以外の特徴に引きずられて観察項目の評価が歪められる現象のことである。たとえば，きれいな字と解答の正しさは関連しないのにもかかわらず，同じ内容でもきれいな字の解答は，そうでない解答より，良い点数を取りやすいことが典型例として挙げられる。第3に寛大効果とは，研究者にとって，親しい者・接触の多い者に有利な評価をしてしまう傾向のことである。第4に対比効果とは，研究者の価値観に合わない研究対象者の行動を実際以上に厳しく評価してしまう傾向のことである。研究者は，これらの歪みを自覚し，分析の客観性・公平さを一定水準以上に維持する努力を絶えず払わなくてはならない。

3-2 研究倫理に関する留意点

「心」を研究することは意義ある活動だが，研究のために研究に協力してくれた人の心を傷つけたり，社会的に不利な立場に追い込んだり，研究対象者の権利を損なってはならない。また，研究者自身がほかの研究者から望まない研究を強いられたり，研究の不正行為にかかわったりするなど，研究者自身の権利についても留意することが大切である。このような研究対象者と研究者の双方の権利を守ることが，研究倫理の目的である（秋田, 2009）。

1）研究対象者の権利　研究対象者の権利を守るために，以下の3つの点について留意することが求められる（Ray, 2003／邦訳, 2003）。

①リスクを最小限にすること（minimal risk）：　心理学研究を実施する際には，研究対象者が被るかもしれない短期的・長期的なリスクを多面的に考慮し，それを最小限に抑える努力をすることが大切である。具体的には，第1に，研究協力者の心身の負担や苦痛に関するリスクが挙げられる。たとえば，実験協力者を実験状況におくことは，極端に強い苦痛や不快な感情・ストレスをもたらす危険性があり，実験環境に十分配慮しなければならない。また，面接調査において，高齢の面接対象者を子ども扱いすることにより，面接対象者が自己イメージを損なうことがないように，質問内容の構成や言葉遣いに注意をすることが大切である。第2に，計画する研究は実施する意義があるのか，十分に考慮する必要性が挙げられる。調査や実験の実施は，それに携わる人びとの時間とエネルギーを拘束するものである。そのようなコストを払ってでも，なお実施する意味がある研究なのか，十分に検討をする必要がある。第3に，研究結果を研究協力者にフィードバックする時には，結果が引き起こす影響について配慮する必要性が挙げられる。たとえば，知能検査の結果を子どもや保護者に伝えることにより，子ども自身や保護者が子どもに否定的なラベリングをしてしまうことがある。このような否定的なラベリングは，子どもや保護者に，単に知能検査の成績が低かったという以上に，その子を全人格的に否定する結果を生じる危険性があることに留意する（山内, 1998）。

②説明と同意（インフォームド・コンセント）：　インフォームド・コンセント（informed consent）とは，「正しい情報を得たうえでの合意」を意味する言葉である。具体的には，研究対象者に対して，①どの時点であれ望めば何の損失を受けることなく，いつでも研究から撤退できると説明すること，②研究中にどのようなことが要求されるのか，どのような危害や悪影響をうけるのかについ

て十分な説明を行い，理解したことを確認したうえで同意を得ることなどが挙げられる。また，子どもや，障害や疾患を有する人，文化的背景の異なる人（例：日本語がわからない人）など，通常の方法による説明では研究内容の理解を得られたと判断できない対象者の場合には，保護者や後見人などの代諾者から同意を得る必要がある（代諾者からのインフォームド・コンセント）。

　もし研究計画上，事前に研究対象者に対して研究内容の全情報が開示できない場合には，調査や実験が終了した後に対象者に対して情報を開示する。その際には，開示できなかった理由を十分に説明し，誤解が残らないように努力する（デブリーフィング）。その他，研究が終了した後，研究対象者から情報開示を求められたときには，問い合わせに対し誠実に対応することが求められる。

　③プライバシーに関する権利：　研究中に知りえた個人情報については秘密を守らなければならない。具体的には，第1に個人的考えをもつ権利（研究者は，研究対象者の考えや感情を，彼らの同意なく公表してはいけない），第2に機密性の原則（研究者は，研究対象者の同意なしに他の研究者あるいは集団に個人的データを公表してはいけない），第3に匿名性の原則（研究者は，研究対象者の研究データと身元を別々に保管しなければならない）などを守ることが挙げられる。また，研究対象者に社会的不利益が生じることを回避するために，知りえた個人情報は，研究対象者の関係者や所属する集団・組織に漏洩することがないよう，保護・管理を厳重に行わなければならない。同様に，研究成果を公表する場合にも，研究対象者が特定されないような配慮が必要である。

　2）研究者の権利と責任　　科学を発展させるためには，研究者の権利にも留意する必要がある。研究者の権利とは，疑問の答えを知る権利やその答えを探し求める権利のことである。たとえば，研究者が所属する機関により自らの信念に反する研究を強制される，発言の自由が制限される，研究成果の公表が妨げられる，などの不利益から研究者は守られる必要がある。

　一方で，研究者は専門家としての責任を自覚し，倫理的に適切な行動をとることが求められる。特に近年，研究者の不正行為に関する問題が注目されている。具体的には，存在しないデータ・研究結果等を作成すること（捏造）や，研究資料・機器を変更する操作を行い，データや研究活動により得られた結果を不適切に加工すること（改ざん），他者論文を適切な手続きを取ることなく流用したり，他研究者のアイディアを当該研究者の了解を得ることなく流用する（盗用）などが研究のうえでの不正行為にあたる。このほか，同じ内容の論文を複数の学術雑誌に発表・投稿すること（二重投稿）や，論文著作者が適正に公表されないギフトオーサーシップ（研究にまったく携わっていないにもかかわらず，共著者として名前を掲載すること），研究目的以外の用途に補助金を使用すること，なども不正行為に含まれる。研究を実施する者は，研究倫理基準を理解し，これらの不正行為にかかわらないよう留意することが重要である。

3-3　施設内倫理委員会と研究倫理綱領

　研究倫理基準に則した研究を進めるために，各研究機関は研究倫理委員会を組織している。研究を計画するときには，所属する施設内にある研究倫理委員会の承認を得ることが推奨されている。また，各研究者は研究倫理綱領について十分理解することが必要である。

　施設内倫理委員会とは，研究者が所属する機関や組織において，研究計画に倫理上問題がないかチェックする機関のことである。原則として，人間や動物を研究対象とする研究者は，この倫理委員会に，具体的な研究計画を示し承認を受けることが望ましい。しかし現状では，倫理委員会が整備されていない組織が多く，将来的にはすべての組織がそれに相当するものをもつことが望まれている。

　研究倫理綱領とは，研究対象者と研究者の権利を守るために設けられた，研究を行ううえでの人権保証の基本的原則と保証のための研究手続きを明文化したものである。日本では，教育心理学会

をはじめ，各心理学会が，その学会の研究の特色に応じた形で倫理綱領やガイドブックを作成している。研究を計画し実施する際には，この倫理綱領に沿った配慮が求められる。代表的な研究倫理綱領と掲載されているホームページを以下に記す。

①公益社会法人　日本心理学会『倫理規程』（第3版）
http://www.psych.or.jp/publication/inst/rinri_kitei.pdf （Nov/21/2015）
②日本教育心理学会倫理綱領
http://www.edupsych.jp/wordpress/assets/6379f1f99db32ddd2cb9f70826901188.pdf
　　（Nov/21/2015）
③Ethical Principles of Psychologists and Codes of Conduct（アメリカ心理学会の倫理ガイドライン）http://www.apa.org/ethics/code/index.aspx（Nov/21/2015）

引用・参考文献

秋田喜代美（2009）．心理学研究における倫理の問題　南風原朝和・市川伸一・下山晴彦（編）心理学研究法入門―調査・実験から実践まで　pp.244-249．東京大学出版会
遠藤利彦（2000）．観察によるアプローチ　大村彰道（編）教育心理学研究の技法―シリーズ・心理学の技法，pp.20-57．福村出版
市川伸一（2009）．心理学の研究とは何か　南風原朝和・市川伸一・下山晴彦（編）心理学研究法入門―調査・実験から実践まで　pp.1-17．東京大学出版会
松原達哉（2002）．心理テストの効用と限界　松原達哉（編著）第4版心理テスト法入門―基礎知識と技法習得のために　pp.26-29．日本文化科学社
森　敏昭（2007）．研究の計画・実践・展開　日本教育心理学会（編）教育心理学ハンドブック　pp.135-143．有斐閣
中澤　潤（1997）．人間行動の理解と観察法　中澤　潤・大野木裕明（編）心理学マニュアル　面接法　pp.1-12．北大路書房
中澤　潤（2003）．事例研究とフィールド研究　日本教育心理学会（編）教育心理学ハンドブック　pp.151-159．有斐閣
日本教育心理学会（2003）．日本教育心理学会倫理綱領　日本教育心理学会（編）教育心理学ハンドブック　pp.280-281．有斐閣
Ray, W. (2003). *Methods toward a science of behavior and experience* (7th ed.). Belmont, CA: Thomson/Wadsworth.（岡田圭二（訳）（2003）．エンサイクロペディア―心理学研究方法論　北大路書房）
澤田英三・南　博文（2009）．質的調査―観察・面接・フィールドワーク　南風原朝和・市川伸一・下山晴彦（編）心理学研究法入門―調査・実験から実践まで　pp.19-62．東京大学出版会
Uwe, F. (2009). *Introduction to qualitative research* (4th ed.). London: Sage.（小田博志・山本則子・春日常・宮地尚子（訳）（2011）．質的研究入門―「人間の科学」のための方法論　春秋社）
山内隆久（1998）．教育心理学の研究方法　鈴木康平・山内隆久（編）教育心理学―理論と実践　pp.19-33．北大路書房

●コラム2　ナラティヴと質的研究

　従来心理学研究では人の心やその成り立ち，標準的な発達などの現象を捉えるために，量的データを収集し，そのデータに対して統計を用いて，できるだけ多くの人にあてはまる普遍的・一般的な法則を見出そうとしてきた。しかし，私たちが生きる現実はより複雑で多様な日常である。平均値化されたデータは，人の個性や多様性，あるいはまったく異なった発達の道筋といった個人の重要な部分が削ぎ落とされてしまう可能性がある。

　ブルーナー（Bruner, 2002）は，人の認識や思考の枠組を「論理実証科学的思考」と「ナラティヴ的思考」の2つに分けた。前者は近代科学の方法を通して普遍的・客観的な真理を求めるのに対して，後者は自分や他者の行為，個々の事象を1つのストーリーの中に位置づけることによって真実や意味の探求を目指す方法である。ブルーナーによればこの2つの枠組は，人が世界を認識する際に相補的に用いられるものであり，どちらも必要不可欠であるとしている。しかし，現代は科学の名のもと，「論理実証科学的思考」のみが重視されてきたといえるだろう。

　このように量的・科学的説明では描き切れない人間の現実に接近するアプローチとして，近年「ナラティヴ」に基づく質的研究や臨床実践への注目が集まっている（野口, 2002）。ナラティヴ（narrative）とは，「語り」や「物語」と訳されており，2つ以上の出来事を結びつけて筋立てる行為（やまだ, 2007），あるいは出来事と別の出来事がつながりそこに意味を生む言語形式（森岡, 2008）などと定義される。このようなナラティヴの視点は，人間を物語る存在として位置づけ，人々が語るさまざまな現実や意味を豊かに掬おうとする。

　社会が急速に変化し，人々の生活がますます多様化する今日，ナラティヴや質的アプローチへの着目が必要といえるだろう。

【引用文献】

Bruner, J. S. (2002). *Making stories: Law, literature, life.* Cambridge, MA: Harvard University Press.（岡本夏木・吉村啓子・添田久美子（訳）(2007). ストーリーの心理学：法・文学・生をむすぶ　ミネルヴァ書房）

森岡正芳（編）(2008). ナラティヴと心理療法　pp.9-23. 金剛出版

野口裕二 (2002). 物語としてのケア：ナラティブ・アプローチの世界へ　医学書院

やまだようこ (2007). ライフストーリー・インタビュー　やまだようこ（編）質的心理学の方法：語りをきく　pp.124-143. 新曜社

〈小川重美子〉

第3章　学習と記憶

第1節　学習とは

1-1　学習とは

　学習という言葉を聞くと，学校で学ぶ漢字や九九，英文法など一般的に勉強といわれることが思い浮かぶのではないだろうか。私たちが日常生活で身につけた切符の買い方など，経験を積み重ね，身につけていく行動もまた学習という。道に迷った人を案内するといった人として望ましい行動だけではなく，不登校やものごとに対して無気力になるなど望ましくない行動を身につけることも学習の働きである。この節では，条件づけ学習と観察学習について解説する。

1-2　古典的条件づけ

　パヴロフのイヌを用いた実験が古典的条件づけでは有名である（図3-1）。古典的条件づけの基本型を図3-2に示す。パヴロフ（Pavlov, 1927/1960）は，まず条件づけを始める前にメトロノーム音を聞かせ唾液の量に変化がないことを確認した。この時点でメトロノームの音は唾液分泌に関して中性刺激である。一方で，イヌの目の前に餌を提示すると唾液が分泌される。つまり餌と唾液との関係は，無条件刺激である餌により無

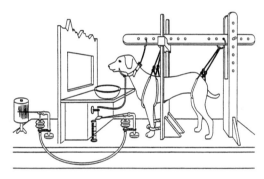

図3-1　パヴロフの古典的条件づけ

条件反応である唾液の分泌が生じる関係が成立している。条件づけ期間は，メトロノーム音をイヌに聞かせた直後に，餌を与えるという手続きを繰り返す。メトロノーム音と餌を対提示することで，イヌは次第にメトロノーム音を聞くだけで唾液の分泌が生じるようになる。最終的にメトロノーム音を聞くだけで唾液の分泌が生じると条件づけが成立したことになる。このときメトロノーム音が条件刺激，唾液分泌が条件反応となる。このように，ある反応に対し中性であった刺激が無条件刺激を媒介とすることで，条件刺激と条件反応という関係を形成することを古典的条件づけという。

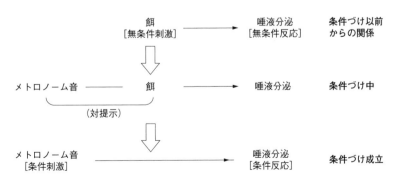

図3-2　古典的条件づけの基本型

恐怖感は古典的条件づけで形成されるのであろうか。ワトソンとレイナー（Watson & Raynor, 1920）は乳児を対象に実験を行っている。まず乳児が、白ネズミやウサギなどに興味を示して触れようとすることを確認した。次に、白ネズミに触れようとしたときに大きな金属音を鳴らした。突然鳴る大きな金属音は、乳児にとって恐怖を感じさせるものであった。この手続きを繰り返すと、乳児は白ネズミを見ただけで恐怖反応を示した。このように、大きな金属音に恐怖を感じるといった生得的な反応が、白ネズミと大きな金属音の対提示によって、白ネズミに対して恐怖を感じるという条件づけが成立したことになる。これを一般的に恐怖条件づけという。私たちも同じような経験があるだろう。たとえば、歯科医院で痛い思いをすると歯医者の話をするだけで、その時の痛さを思い出したりする。このような関係も古典的条件づけで説明できる。

1-3 般化と分化

条件づけが成立した後に、条件づけられたメトロノーム音と周期の異なるメトロノーム音のどちらを聞かせても唾液分泌が生じる。このように条件刺激とは異なった刺激に対する反応を刺激の般化と呼ぶ。多くの場合、条件刺激に類似する刺激によって般化が生じる。条件刺激にのみ餌を与え、周期の異なるメトロノーム音には餌を与えない手続きを繰り返すと、徐々に餌の与えられる条件刺激にのみ反応を見せ、餌を与えられないメトロノーム音には反応を見せなくなる。これを刺激の分化もしくは弁別という。前述のワトソンらの実験では、条件刺激が白ネズミであったにもかかわらず、ウサギやサンタクロースのひげのお面にも恐怖反応を示した。この場合、条件刺激が白い毛をもつものすべてに般化したといえる。

1-4 消　　去

条件刺激であるメトロノーム音によって条件反応である唾液分泌が生じる条件づけの成立後、条件刺激だけを単に繰り返し提示すると次第に条件反応が見られなくなり、最後には条件反応が消える。この条件反応が消えていく過程を消去という（図3-3）。ただし、条件反応が消失後にしばらく放置しておくと、再びメトロノーム音に対して唾液分泌が見られることがある。これを自発的回復という。

この消去方法で白ネズミだけを提示するといった手続きで、恐怖条件づけを消去することはできなかった。ワトソンらは、乳児に白ネズミに対する快感情を持たせることで、恐怖条件づけの消去に成功している。徐々に白ネズミと触れ合うことで快経験を積み重ね、最終的に乳児は白ネズミを抱きかかえられるようになった。

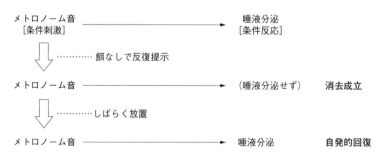

図3-3　古典的条件づけの消去

1-5　オペラント（道具的）条件づけ

私たちは、飼い犬にお手やお座りを教えるとき、偶然できたときに餌を与えて褒めることを繰り返すことで、お手やお座りを覚えさせている。スキナー（B. F. Skinner）はネズミにレバー押し反応をさせることで、どのような学習が成立するか実験を行っている。スキナーボックスと呼ばれる

レバーが付いた実験箱に入れられた空腹のネズミは，箱の中を動き回り探索行動という試行錯誤を行う。そのうちレバーに触れるだけでなく，偶然にレバーが押されると受け皿に餌が出てくる。餌を食べ終え，依然として空腹のネズミは再び探索行動に戻る。また探索行動中に偶然にレバーを押すと餌が出てくる。この行動を繰り返すうちに，ネズミはレバー押し反応を餌を得るための道具のように，自発的に繰り返すようになる。その結果，餌を得るためのレバー押しの行動が強化される。この強化の結果，餌を得る手段としてレバー押しという反応を獲得する。報酬

図3-4 オペラント条件づけ（スキナーボックス）

である餌を強化刺激もしくは強化子という。オペラント条件づけとは，自発的な行動（反応）に対し強化子を与えることで，特定の行動と強化子の間の随伴性を学習させ，強化子を得るために行動を習得させる条件づけである（図3-4, 5）。

学習場面で褒めることは，報酬となり強化子となる。子どもたちは親や先生からたくさん褒められることが好きである。子どもたちもまた日常の生活の中ではさまざまな行動をとり，さまざまな経験を積み重ねている。たまたま望ましい行動を行ったときに，親や先生に褒めてもらえるといった強化が行われることで，子どもたちの褒められる行動が多く見られるようになる。

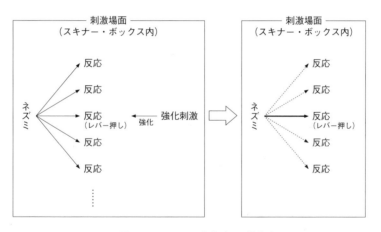

図3-5 オペラント条件づけの基本形

1-6 強化スケジュール

繰り返し生じる反応に対し，どのタイミングで強化子を与えるかというプログラムを強化スケジュールという（図3-6）。特定の反応が生じるたびに毎回強化する連続強化と，特定の反応にときどき強化する部分強化がある。部分強化には，強化を受けた反応からの時間経過によって決められる時間スケジュールや，何回目の反応であるかといった回数で決められる比率スケジュールなどがある。

一般に連続強化を行うと条件づけの成立は速くなる。しかし，強化を行わないと時間の経過とともに急激に反応が見られなくなり，条件づけは消去される。一方，部分強化では反応が急激ではなく，緩やかに反応が見られなくなる。このように連続強化による学習は，消去抵抗（条件づけられた反応の消去されにくさ）が低くなり容易に消去されるが，部分強化では，消去抵抗が高く消去されにくくなる。

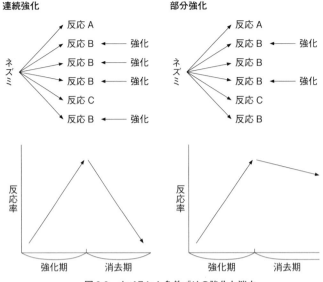

図 3-6　オペラント条件づけの強化と消去

1-7　観察学習

バンデューラ（Bandura, 1977）は，他人の行動やその行動の結果を観察することで学習が成立する実験を行った。幼児たちを 3 グループに分け，ある大人が人形を攻撃し別の大人が褒める映像と，同様に攻撃するが罰せられる映像，人形に攻撃を行うだけの映像をそれぞれのグループに見せた。映像を見せられた後，子どもたちは別室で自由に遊びを行った。実験者は，子どもが自由に遊んでいる場面を観察し評価した。その結果，子どもたちは映像を見るだけだが，モデルとなった大人の攻撃を模倣した（Bandura, 1965）。この他者の行動を見るだけで，行動の学習が成立することを観察学習という。

このような観察学習が成立するためには，4 つの段階が必要となる。図 3-7 に観察学習の内的過程を示す。まず，示範事象に対し注意を向け，モデルの事象を観察する必要がある。次に，観察された事象は，イメージや言語などにして記憶（保持）される。観察した内容を実行するためには運動再生が必要となる。最後に，現実場面で再生されるためには，再現する必要性が生じ，再現しようとする動機づけといった段階を経て，はじめて実行される。

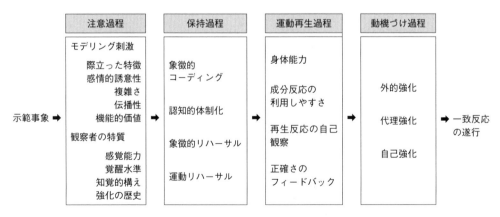

図 3-7　観察学習の内的過程（Bandura, 1977 を一部改編；石田ら，1995）

第2節　教育と記憶

2-1　記憶とは

　私たちは，新しい単語を覚えたり，携帯電話の使い方を覚えたりと日常のさまざまな出来事を記憶している。この記憶は，どのような過程を経て成立するのだろうか。記憶の過程には，記銘，保持，想起といった3つがある。この過程を記憶の情報処理モデルで説明する。入力された感覚情報を「意味」に変換する過程を符号化という。この符号化は情報の記銘に相当する。記銘された情報は貯蔵することで保持される。記憶された意味は，必要に応じて検索され貯蔵庫から取り出され想起される。この符号化から始まる3つの情報処理過程を常にたどることになる（図3-8）。

図3-8　記憶の情報処理過程

2-2　記憶の区分

　記憶は，保持時間とその内容によって区分される。入力された情報は，保持時間が短い順に，感覚記憶，短期記憶，長期記憶と区分される。アトキンソンとシフリン（Atkinson & Shiffrin, 1968）は，感覚記憶から長期記憶までの情報処理過程を二重貯蔵モデルにより説明している。二重貯蔵モデルを図3-9に示す。環境から入力された情報は，感覚貯蔵庫で短時間貯蔵され，一部の情報が短期貯蔵庫へ送られる。その後，短期貯蔵庫では，リハーサルが繰り返されることで情報は長期貯蔵庫へ送られ貯蔵される。ここでは3段階の情報の処理過程を仮定している。

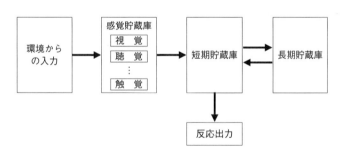

図3-9　二重貯蔵モデル（Atkinson & Shiffrin, 1971）

2-3　感覚記憶

　視覚や聴覚といった感覚器官から入力された情報は，感覚貯蔵庫に貯蔵される。感覚貯蔵庫に貯蔵される長さは数秒程度である。知らない英単語を聞いて，それを繰り返すことができるのは，感覚記憶が音声を感覚情報としてそのままの形で貯蔵しているからである。声を掛けられたときに，自身に向けられたものか他者に向けられたのものなのかを判断するが，注意を向けられた入力情報は，短期記憶へと移行される。

2-4　短期記憶と長期記憶

　感覚貯蔵庫から移行された情報は，視覚，聴覚といった感覚情報が音声コードや視覚コードとして符号化され短期貯蔵庫へ貯蔵される。短期貯蔵庫は，貯蔵できる容量に限界があり，貯蔵庫に保持される時間も短いといった特徴がある。リハーサルなどの処理が行われないと，15秒から30秒程度で消失する。リハーサルを経て長期記憶へ転送された情報は，ほぼ永久的に長期貯蔵庫に保持される。長期貯蔵庫に保持された情報は，検索によって短期貯蔵庫へ呼び出される。

表 3-1　記憶の性質（石田ら，1995）

	感覚記憶	短期記憶	長期記憶
保持時間	視覚情報：約1/4秒 聴覚情報：約1秒（感覚様相によって異なる）	数秒～1分	数分～数年
容量	感覚器官が一度に受容できる情報のすべて	7±2チャンク	ほぼ無限
保持情報の性質	感覚情報をそのまま保持（前概念的）	おもに音韻的情報	おもに意味的情報
意識の状態	前意識的	意識化（活性状態） 心理的現在	無意識（非活性状態） 心理的過去
忘却	減衰・マスキング	置換	検索の失敗・抑圧・自然崩壊

2-5　リハーサル

リハーサルには，短期貯蔵庫内の情報の維持を目的とした維持リハーサルと長期記憶への移行を目的とした精緻化リハーサルに分けることができる。精緻化リハーサルでは，歴史の年号を覚えるために語呂合わせにする有意味化や，電話番号のような数字の羅列をいくつかのまとまりに分けるチャンキングにより長期記憶へ移行させる。

2-6　忘　却

記憶された情報の想起の失敗を忘却という。忘却と時間の過程を明らかにしたエビングハウスの忘却曲線（Ebbinghaus, 1885）がある。エビングハウスは，1系列13個からなる無意味綴りの単語リストを覚えさせ，時間経過後にどの程度想起できるか測定した。その結果，20分後には58%，1時間後には44%，1日後には26%，1週間後には23%であった。一度覚えた単語リストを再び覚えるまでに要した時間から求められる節約率は，学習後1日の間で急激に低下する。それ以降では忘却は緩やかになる（図3-10）。

忘却には記憶時の失敗と想起時の失敗の2つに大別することができる。短期貯蔵庫に次々と情報が入力されると，情報の上書きが行われてしまい長期貯蔵庫へ移行されず消失してしまう。記憶された情報が誤った形で長期記憶へ移行されることで，長期記憶からの検索ができずに失敗することがある。また，長期貯蔵庫に使われることなく貯蔵されている記憶痕跡は，時間とともに自然崩壊すると考えられている。想起時の忘却には，長期貯蔵庫を検索する手掛かりを見つけられず想起に失敗する。想起することによって，不安や恐怖を喚起するような記憶情報を，意識にのぼらないようにする心のメカニズムである抑圧が働く場合がある。

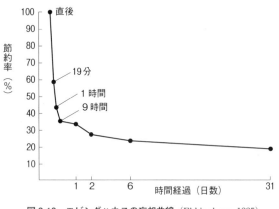

図3-10　エビングハウスの忘却曲線（Ebbinghaus, 1885）

2-7　再生と再認

記憶の想起には，いくつかの方法がある。図形や文字，単語などを見せ，その後どのようなものであったか答えさせる再生と，前に見たことがあるか判断させる再認がある。たとえば，母親に夕

食の材料を買ってきて欲しいと頼まれ，その場でメモができなかったとする。そらで思い出せた物（再生）と，店の中で並んでいる品物を見て気づく（再認），今日の夕食は何だったと考えて品物を思い出す（手掛かり再生）がある。タルビングとパールストン（Tulving & Pearlstone, 1966）は，動物，野菜，乗り物のようなカテゴリーに属する単語を記銘材料とし，カテゴリー名を手掛かりとして与えることの効果を測定した。単語リストを提示後，参加者の半数はどのような単語があったのか自由再生を行い，次にカテゴリー名を手掛かりとした再生が求められた。残りの参加者は，2回とも手掛かり再生を行った。その結果，自由再生よりも手掛かり再生での想起された単語が多く，自由再生では想起できなかった単語も，手掛かり再生では想起できた単語があった。このように，再生できないことは，すべて忘却されたのではなく，手掛かりによる検索によって記憶痕跡を活性させることができる。買い物をもう一度思い出してもらいたい。頼まれた物を思い出すとき，始めに言われた物と最後に言われた物はなかなか忘れないものである。始めに聞いた品物名は，空の短期貯蔵庫に保管され，最後の品物名を聞き終わるまでリハーサルが行われることで，長期貯蔵庫へ移行しやすくなると考えられる。これに対し，最後の品物名は，短期貯蔵庫に保管されているので読み出しやすくなる。このように記憶する系列の最初と最後の再生率が高くなる現象を，初頭効果と新近性効果と呼ぶ。

第3節　学習とワーキングメモリ

3-1　ワーキングメモリ

　小学校の時の国語の授業を思い出してもらいたい。みんなの前で教科書を声に出して読んでいただろう。緊張しながら，うろ覚えの漢字の読みを思い出しながら，それでいてみんなに聞こえる声で流暢に読むことを求められたりしなかっただろうか。さらに音読した直後に先生からどのような内容だったか質問されたことはないだろうか。私たちは，ほんのわずかな時間でも同時に多くのことを実行することには向いていないのである。

　人は同時に複数の作業を行うときにどのような認知メカニズムが機能しているのかといった問いに，バッドリーとヒッチ（Baddeley & Hitch, 1974）は，短期記憶の概念を拡張したワーキングメモリのモデルを提唱した。これまでの短期記憶では，短期記憶は情報を貯蔵するだけのものであった。ワーキングメモリでは，ある作業を行うために注意をどのくらい向けるかという注意の配分や，作業を順序立てるプランニングなど心的作業機能を内包している（コラム3を参照）。そのため，以前は作業記憶と訳されることが多く見られたが，近年では，思考や言語といった認知活動のすべてに関わると考えられ，ワーキングメモリと訳されている。ワーキングメモリでは，覚えられる量をワーキングメモリ容量といい，作業を行うための手順の保持と入力された情報の保持など，何をどの程度のワーキングメモリ容量に割り当てることをワーキングメモリ資源の配分という。

3-2　ワーキングメモリと学習

　ワーキングメモリは学校で学ぶ読み書き計算で，とても重要になる。ワーキングメモリ容量の不足や効率的な資源の配分の難しさによって学習活動が難しくなることがある。

　このワーキングメモリを測定するテストの1つに，文の読みに関わるワーキングメモリを測定することができるリーディングスパンテストがある。読むという行為は，文字情報を認知し，言葉として捉え，文脈を理解するといった過程の中で，情報を保持し続ける必要がある。このテストは，読みに関わる処理能力と情報保持の容量がワーキングメモリ資源を共有し，トレードオフの関係であると想定している。苧阪・苧阪（1994）は日本語版リーディングスパンテストを作成している。例文を苧阪（2002）から抜粋する。

母親は，封筒の名前を初めて見たときひどくびっくりした。
人間は氷期と間氷期を何度も経て，ゆっくりと進歩してきた。
その技術のレベルは素人の域をはるかに越えている。
………

　参加者は，1文ずつ提示された文を声に出して読みながら，文中に一箇所だけ下線が引かれた単語の記憶が求められる（図3-11）。複数の文を読み終わると，下線部の単語が何であったかできるだけ提示順で報告する。完全に報告できた下線部の単語の数が，リーディングスパンテストの得点となる。
　苧阪らは，学生を対象とした調査で，リーディングスパンテスト得点と読解力テストに相関が見られたことを報告している。
　文章を理解するには，読み終えた文の内容をたえず保持し，次の文を読み進める必要がある。処理と保持を平行していく必要がある。ワーキングメモリ資源を考えると，保持容量に資源の多くが配分されると読みに関わる処理能力は低下する。逆に，読みに関わる処理能力に資源の多くを消費されると，内容の保持容量は低下する。処理資源には容量の限界があり，容量を削減するために類似した想起しやすい語に置き換えるなどが行われる。このようなワーキングメモリと読みの関わりは，子どもの読みの場面でも見られる。
　もう一度音読について思い出してもらいたい。大人に文章の音読を求め，その直後に内容を尋ねると，多くはスラスラと音読し，読みながら内容を理解することができる。ワーキングメモリ資源

●コラム3　ワーキングメモリと実行機能系と脳

　私たちの短期的な記憶には容量制限が存在する。この容量はマジカルナンバーといわれ7±2の範囲であると考えられてきた（Miller, 1956）。つまり最小で5，最大でも9となり，この数字が単純な項目を記憶することができる範囲であると考えられる。こうした短期的な記憶は学習にとって不可欠である。私たちが学習を行うためには，学ぶべき事柄を理解しながら一時的に保持する必要がある。しかし，「15924」といった数字を覚えて同じ順番で報告することは簡単だが，逆の順番に並び替えて報告するとなると難易度が上昇する。このように保持をしながら操作を行うことは，日常ではさまざまな場面で要求される。こうした何かを操作しながら情報を保持する記憶システムとして，ワーキングメモリ（working memory: WM）が提唱された（Baddeley & Hitch, 1974）。

　WMは，音韻ループ，視空間スケッチパッド，そして中央実行系という3つのコンポーネントで構成されている（図1）。音韻ループは聴覚的な情報の保持や操作，視空間スケッチパッドは視空間的な情報の保持や操作を担当する。そして，中央実行系はそれら2つの下位コンポーネントを含めたさまざまな情報処理を支える注意の制御機能を担当すると想定されている。このため，中央実行系は認知活動の中でも最重要の位置を占めているといえよう。制限のある短期的な容量がWM各コンポーネントに存在し，さまざまな個人差が存在する。聴覚より視覚WMが得意な者もいれば，その逆のプロフィールをもつ者もいる。系列的に単純に覚えることはできるのに，覚えながら処理を行うといった並列作業が苦手な者もいる。教育場面ではこのようなWMのプロフィールを理解することが重要である。

図1　ワーキングメモリモデル（Baddeley & Hitch, 1974）

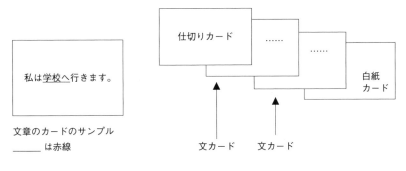

図3-11 日本語リーディングスパンテストのカード例（左）とカードの提示例（右）（苧阪, 2002）

の少ない子どもはどうであろうか。スラスラと読むことができるが、読むことにワーキングメモリ資源を多く消費され、内容を尋ねると黙読でもう一度読んでから答える。逆に、すぐに内容を尋ねられることがわかっていると、保持容量に多くの資源を消費されるため、たどたどしい読みになる場面が見られる。

以上述べたように、ワーキングメモリの資源の管理や配分に配慮し、学習の困難を乗り越える教育が求められている。

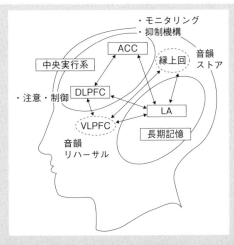

図2 言語性ワーキングメモリの神経基盤（苧阪, 2002）
左上に示されている前頭葉部位に中央実行系が表現される

図2のように、中央実行系は脳の背外側前頭前野（DLPFC）と前部帯状回（ACC）が関与している（苧阪, 2002）。これらの前頭部位がWMにとって重要であることが示唆される。しかし、創造的な問題解決・創作においてはWM機能を担うDLPFCの活動低下が関与しているという報告もされている（Liu et al., 2012）。いまだ研究過程にある話ではあるが、WM容量が低いことの利点も存在するかもしれない。

WM容量の個人差は個性そのものであり、単純な優劣で判断することはできない。このような個性となる特性をどのように把握し、それを踏まえた対応を行うのかが教育では重要となるだろう。

【引用文献】

Baddeley, A. D., & Hitch, G. J. (1974). Working memory. In: G. Brower (Ed.), *The Psychology of Learning and Motivation*, vol. 8, pp.47-89, New York: Academic Press.

Liu, S., Chow, H. M., Xu, Y., Erkkinen, M. G., Swett, K. E., Eagle, M. W., Rizik-Baer, D. A., & Braun, A. R. (2012). Neural Correlates of Lyrical Improvisation: An fMRI Study of Freestyle Rap. *Scientific Reports*, 2: 834, 1-8.

Miller, G. A. (1956). The magical number seven, plus or minus two: Some limits on our capacity for processing information. *Psychological Review*, 63, 81-97.

苧阪満里子 (2002). 脳のメモ帳 ワーキングメモリ 新曜社

〈土田幸男〉

引用・参考文献

Atkinson, R. C., & Shiffrin, R. M. (1971). The control of short-term memory. *Scientific American, 225*, 81-90.

Baddeley, A. D. (2000). The episodic buffer: a new component of working memory? *Trends in cognitive Sciences, 4*, 417-423.

Baddeley, A. D., & Hitch, G. (1974). Working memory. In G. H. Bower (Ed.), The psychology of learning and motivation. New York: Academic Press.

Bandura, A. (1965). Influence of model's reinforcement contingencies on the acquisition of imitative responses. *Journal of Personality and Social Psychology, 1*, 589-595.

Bandura, A. (1977). *Social learning theory*. Englewood Cliffs, NJ: Prentice-Hall. (石田　潤・岡　直樹・桐木建始・富永大介・道田泰司 (1995). ダイアグラム心理学　北大路書房　p.164. に引用)

Brooks, L. R. (1968). Spatial and verbal components of the act of recall. *Canadian Journal of Psychology, 22*, 349-368.

Ebbinghaus, H. (1885). *Über das Gedächrnis: Untersuchungen zur experimentellen Psychologie.* Leipzig : Duncker & Humblot. (石田　潤・岡　直樹・桐木建始・富永大介・道田泰司 (1995). ダイアグラム心理学　北大路書房　p.164. に引用)

Ericsson, K. A., & Kintsch, W. (1995). Long-term working memory. Psychological Review, *102*, 211-245.

石田　潤・岡　直樹・桐木建始・富永大介・道田泰司 (1995). ダイアグラム心理学　北大路書房

三宅　晶 (1995). 短期記憶と作動記憶　高野陽太郎 (編) 認知心理学2 記憶　pp. 71-99. 東京大学出版会

苧阪満里子 (2002). 脳のメモ帳ワーキングメモリ　p.55 & p.57. 新曜社

苧阪満里子・苧阪直行 (1994). 読みとワーキングメモリ容量：リーディングスパンテストによる検討　心理学研究, *65*, 339-345.

Tulving, E. (1962). Subjective organization in free recall of "unrelated" words. *Psychological Review, 69*, 344-354.

Tulving, E., & Pearlstone, Z. (1966). Availability versus accessibility of information in memory for words. *Journal of Verbal Learning & Verbal Behavior, 5*(4), 381-391.

Warrington, E. K., & Shallice, T. (1969). The selective impairment of auditory verbal shot-term memory. *Brain, 92*, 885-896.

Watson, J. B., & Rayner, R. (1920). Conditioned emotional reactions. *Journal of Experimental Psychology, 3*(1), 1-14.

第 4 章　動機づけ

　教育心理学では，学習への意欲は，おもに動機づけという研究領域で検討されている。動機づけ（motivation）とは，「ある行動を引き起こし，その行動を持続させ，一定の方向に導くプロセス」と定義される。このような動機づけを理解するためには，背景にある個人の欲求，価値，期待，目標を知る必要がある。本章では，まず欲求について学んだ後，自発的に学ぶ意欲（内発的動機づけ），達成動機とその影響要因について学ぶ。

第1節　欲求と動機づけの種類

1-1　欲　　求

　欲求（need）は意図的な行動を生み出す〈みなもと〉であり，動機づけを喚起する重要な要因である。欲求はおもに基本的欲求と社会的欲求の2つに大別される。

　基本的欲求（basic need）とは，生まれつきもっている欲求である。桜井（2004）は，表4-1に示したように，基本的欲求を以下の3種類に分けている。第1の生理的欲求とは，個体が生命を維持するために必要な欲求が含まれる。ホメオスタシス（恒常性維持）に基づき機能している。ホメオスタシスとは，個体が身体内部を一定に保とうとする傾向のことで，たとえば体温を一定に保つために，体温が高くなったときは発汗して熱を逃がし，体温が低くなったときには毛穴を閉じて熱を保持するなどの自律神経系の反応などが挙げられる。第2の種保存欲求とは，性欲や母性の欲求が含まれ，子どもをつくり育てる欲求といえる。生理的欲求が個体の維持に主眼をおくのに対して，

表4-1　欲求の分類（桜井, 2004を参照して筆者が改変）

基本的欲求 （一次的欲求）： 生得的なもので，すべての人に共通する欲求	生理的欲求：	個体が生きるために必要な欲求。生理的な基礎があり，ホメオスタシスに規定される。 飢えの欲求，渇きの欲求，排泄の欲求，睡眠の欲求，呼吸の欲求，適温維持の欲求など
	種保存欲求：	種が保存されるために必要な欲求。 性の欲求，母性の欲求など
	内発的欲求：	よりよく生きるために必要な欲求。 好奇欲求（新奇な刺激を求める欲求），感性欲求（刺激を求める欲求），活動欲求（身体動作のもととなる欲求），探索欲求（視覚的に探索しようとする欲求），操作欲求（自分の操作を通じて環境を探索しようとする欲求），接触欲求（乳児期の柔らかく暖かいものに接触したがる傾向），認知欲求（知る欲求），など
社会的欲求 （二次的欲求）： 生後に獲得されるもので，すべての人に必ずしも共通するものではなく，文化や社会の違いが見られる	達成欲求：	高い基準や価値を設定し，目標とする基準で物事を成し遂げようとする欲求
	親和欲求：	良好な人間関係を築こうという欲求。他者に積極的に近寄り，友好的関係を確立し，それを維持しようとする欲求。
	自律欲求：	自由になり，強制や束縛に抵抗すること
	攻撃欲求：	力ずくで反対を克服する，他のものを攻撃する欲求。 （愛と所属の欲求，承認欲求，自己実現欲求なども含まれる）

これは種を維持することに主眼がおかれる。第3の内発的欲求とは，よりよく生きるために必要な欲求である。好奇欲求など多様な欲求が含まれており，生得的な欲求であるが生理的基盤をもたないという特徴をもつ。

社会的欲求（social need）とは，主に生後の学習経験によって獲得される欲求である。すべての人に必ずしも共通するものではなく，文化や社会により違いが見られる。マレー（Murray, 1964／邦訳, 1966）は，多数の欲求を整理し社会的欲求のリストを作成している。その中には達成欲求（achievement need）や親和欲求（affiliation need）などが含まれている。

1-2　マズローの欲求階層説

マズロー（Maslow, 1970）は，欲求を5つに分類し，各欲求を階層的に捉えた欲求階層説（hierarchy of basic need）を提唱している。

図4-1に示したように，5つの欲求のうち最も低次にある生理的欲求（physiological need）は，生命維持に関する欲求であり，最も基礎的で強力なものである。食物，飲物，保護，性，睡眠，酸素吸入への欲求が含まれる。第2の安全と安定の欲求（safety need）は，予測可能な安定した世界を求める欲求である。社会の秩序や環境の不変性を求める欲求が含まれる。第3の愛と集団所属の欲求（belongingness and love need）は，信頼で結ばれ愛情に溢れた関係を求めたり，所属する集団の中である位置を占めることを渇望する欲求である。

図4-1　マズローの欲求階層説
（Goble, 1970／邦訳, 1972より一部改変）

第4の自尊心と他者による尊敬の欲求（esteem need）は，自尊心（自信・能力・熟練・有能・達成・自律・自由）を求める欲求と，他者からの承認（名声・表彰・受容・注目・地位・評判・理解）を求める欲求が含まれる。最も高次にある第5の自己実現欲求（need for self-actualization）は，「人がなるところのものに，ますますなろうとする願望，人がなることのできるものなら何にでもなろうとする願望」と定義されている。成長・発達・可能性への心理的欲求がこれに含まれる（Goble, 1970／邦訳, 1972）。

マズローによれば，人の欲求は低次の生理的欲求から始まり，段階的に欲求を1つひとつ満たしながら，最終的に最も高次の自己実現欲求を果たそうとするという。彼は，自己実現欲求を各人の可能性を最大限に発揮させようとする成長欲求と呼び，それ以外の欲求を剥奪状態による不満足によって行動が生起する欠乏欲求として区別している。そして，自己実現欲求を満たした状態の自己実現を，人間の最高価値としての人格の完成と位置づけている。

1-3　欲求の阻止：欲求不満，葛藤，欲求不満耐性

欲求が刺激され動機づけが生じると，欲求を充足させる行動が生起する。この行動が何らかの理由で充足されないと，人は不快な緊張状態に陥る。この状態は，欲求不満と葛藤の2つの状態に分けられる。第1の欲求不満（frustration）とは，個人の欲求が何らかの障害によって阻まれ，実現

されずに不満足の緊張を強いられている状態を表す。第2の葛藤（conflict）とは，2つあるいはそれ以上の欲求が同時に存在し，その力の強さがほぼ等しく，その方向が相反するために，そのいずれをとるべきかに迷い，板ばさみに陥っている状態を表す。葛藤には，以下の3つのタイプがある。①接近－接近葛藤（例：映画も見に行きたいし，勉強もしたい），②回避－回避葛藤（例：勉強はしたくないが，親にしかられたくない），③接近－回避葛藤（例；ケーキも食べたいが，痩せるために食べるのを我慢したい）。

欲求不満状態を耐える力のことを欲求不満耐性（frustration tolerance）という。この概念には，欲求不満の状態に耐えるだけでなく，状況を受容し，どう対処したらいいのかを冷静に分析し，合理的な解決を目指すことのできる能力が含まれる。キレやすい子どもが多いといわれる現在，欲求不満耐性を育てることは教育分野において重要な課題となると考えられている（桜井, 2004）。

第2節　自発的に学ぶ意欲

2-1　動機づけの意味と機能

動機づけ（motivation）とは，上述したように「ある行動を引き起こし，その行動を持続させ，一定の方向に導くプロセス」と定義される。このような動機づけの機能には，①行動を喚起し解発する始発機能，②喚起された行動を一定の目標へ方向づける指示機能，③その目標に達するために，いろいろな活動を選択統合し，1つの総合的パターンに体制化する調整機能，④その行動を再び生じやすくする維持機能，が挙げられている。

2-2　内発的動機づけと外発的動機づけ

学習への動機づけは，「なぜ当該の学習をするのか」という内容により，内発的動機づけと外発的動機づけに区別される（Ryan & Deci, 2000）。

内発的動機づけ（intrinsic motivation）とは，学習者自身の意欲から学習活動が生じており（自発性），学習活動それ自体が目標になっている（内的目標性：学習活動自体が楽しい）状態である。勉強が楽しい，学習内容に興味がある，夢中で学習に取り組んでいるなどの状態がこの例である。内発的動機づけが高い子どもほど，成績・創造性・自尊感情が高く適応が良好であり，困難な状況に直面しても学習を続ける傾向が高いことが報告されている。

外発的動機づけ（extrinsic motivation）とは，第三者による賞または罰により駆り立てられており（外発性），学習活動が報酬を得るための手段になっている（外的目標性：目標は学習活動ではなく報酬を得ること）状態である。褒美を得るためや，親や先生に褒められるために学習をしている状態が，この例である。このような外発的動機づけは，教師や親が意図する方向に子どもの学習活動を導くうえで，効果的な手段であると考えることもできる。しかしその一方で，①学習そのものに価値がおかれていないため，一度勉強につまずくとすぐに諦めてしまう，②目標を達成するために，容易な手段（例；カンニングなど）をとってしまう，③教師や親が意図しない学習（例；親や先生を喜ばせるために，先生の機嫌をとる）をしてしまうなどの問題が生じることも指摘されている。

子どもたちの自ら学ぶ意欲を育むためには，教師や親に導かれて外発的に学ぶ状態から，勉強の楽しさに気づき内発的に学ぶ状態に移行することが望ましい。それでは，子どもの内発的動機づけは何もしなくても自然に促進されるのだろうか。

2-3　アンダーマイニング効果：内発的動機づけと報酬の関係

内発的に動機づけられている活動に対して，外的誘因（例：報酬や罰）が導入されると，内発的動機づけが低下してしまうことがある。これを内発的動機づけのアンダーマイニング効果

(undermining effect) という。たとえば，学習活動自体が好きで勉強をしていた子に対して，勉強をしたことを理由にお金（金銭的報酬）を与えていると，次第にお金を得ることを目的に勉強をするようになり，最後にはお金を与えなければ勉強をしないようになってしまうことが，その例である。

デシら（Deci et al., 2001）は，アンダーマイニング効果について，外的報酬を与えられることにより，子どもは親に制御されているという感覚をもち，行動を始発する原因が自分にあるといった感覚を阻害させられることが原因であると述べている。報酬などの外的要因には，制御的側面と情報的側面があり，報酬が制御的に機能した場合（例；金銭的報酬の場合）には，他者により統制されているといった認知が生じ内発的動機づけは阻害される。その一方で，情報的に機能した場合（例；技能が向上したことを褒めるなどの言語的報酬の場合）には，外的要因により行動の結果についての情報がもたらされ，内発的動機づけは促進される。

2-4　自己決定理論

それでは，児童・生徒の外発的動機づけを内発的動機づけに移行するためには，どのような働きかけが有効だろうか。その疑問に対し，デシとライアン（Deci & Ryan, 1985; Ryan & Deci, 2000）は自己決定理論（self-determination theory）で明らかにしようと試みている。

自己決定理論における自己決定性とは，活動の自発性や目標の内発性の高さを表す概念である。デシらは，まず，この自己決定性の高さに基づき，動機づけを，非動機づけ，外発的動機づけ，内発的動機づけの順に一連の連続帯として捉えている。まず非動機づけとは，自己決定性が最も低い状態を指し，目標をもてず，活動にまったく自発性が見られない状態を表す。次の外発的動機づけは，自己決定性が低い状態から高い状態に移行する過程を指し，図4-2で示したように4つの自己調整段階に分けられている。①外的調整は，自己決定性が低い状態であり，外的報酬（賞の獲得と罰の回避）を目標とし，最も他律的（外発的）に〈やらされているから〉学習をしている状態を表す。②取入調整は，自己決定性が少し高まった状態であり，学習活動の価値を少し取り入れ，自分の将来や能力の高さを示すことを目標に〈しなくてはいけない〉という，義務的な感覚を伴って学習している状態を表す。③同一視調整は，自己決定性がある程度高い状態であり，学習活動の価値を自分と同一化し，〈重要だから・大切なことだから〉学習をする状態を表す。④統合調整は，自己決定性が高い状態であり，学習活動の価値が自己の価値観と融合しており，何の葛藤も感じずに学習をする状態を表す。そして，最後の内発的動機づけは内発的調整とも呼ばれ，最も自己決定性が高い状態を指し，学習活動そのものが目標であり，〈楽しくて興味があるから〉学習をする状態を表している。

デシらは，外発的動機づけから内発的動機づけに移行する過程を，上述したように学習活動の価値を自分の価値として内在化していく過程として捉えている。さらに彼らは，このような学習価値の内在化を促進するためには，①自律性欲求（例；行動を自ら起こそうとする傾向性），②有能さ欲

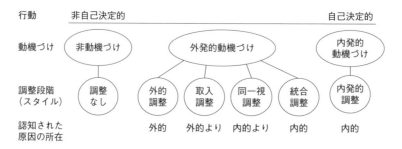

図4-2　自己決定性の連続した調整段階（Ryan & Deci, 2000より一部改変）

求（例；環境を効果的に制御したいという傾向性），③関係性欲求（例；愛されることや集団への所属感を求める傾向性）という3つの基本的欲求を満足させることが重要であると述べている。すなわち，子どもの内発的動機づけを促進するためには，子どもたちが自発的に学べる環境をサポートすること（自律性欲求満足），課題達成を体験させ自分の有能さを確認させること（有能さ欲求満足），教師や仲間と信頼感のある良好な関係を築くこと（関係性欲求満足）が重要であると考えられている。

第3節　達成動機とその影響要因

3-1　達成動機

達成動機（achievement motive）とは，「その文化において優れた目標であるとされる事柄に対し，卓越した水準でそれを成し遂げようとする意欲」を表す概念である。アトキンソンらの理論（Atkinson & Feather, 1966）によれば，達成動機の強さは，成功への接近傾向と失敗からの回避傾向の相対的強さによって決まるという。

まず成功への接近傾向は，成功動機・成功期待・成功の価値により規定される。①成功動機とは，「達成したときに誇りを体験できる能力」と定義され，成功動機が高いほど課題達成に積極的であり，困難を克服してやりとげる傾向が強い。この動機は，幼少期からの達成や成功の経験を通して形成される。②成功期待とは「成功確率がどのくらいあるかという見込み（予測）」のことであり，成功の価値とは「成功したときの満足感（誇りの感情）の高さ」である。成功期待と成功の価値は逆比例の関係にあり，成功期待が低い課題（難しい課題）ほど，成功したときの価値（誇らしいという感情）は高い。③この2つの関係により，成功動機が高い者は，成功期待50％のところで達成傾向が最大になり，それ以外のところでは弱められる。すなわち，成功動機の高い者では，できるかできないかわからないような能力相応の課題が最も達成動機を強めることになる。

一方，失敗からの回避傾向は，失敗回避動機・失敗期待・失敗の価値により規定される。①失敗回避動機とは，「目標が達成できなかったときに恥を体験できる能力」と定義される。具体的には，自己の能力が否定的に評価されることへの不安を表している。失敗回避動機が強いほど，課題解決に消極的になり，回避する傾向が強い。この動機は，幼少期からの失敗体験を通して形成される。②失敗期待とは「失敗をする確率がどのくらいあるかという見込み（予測）」のことであり，失敗の価値とは「失敗したときの恥ずかしいという感情の高さ」である。失敗期待と失敗の価値は逆比例の関係にあり，失敗の価値（失敗した後の恥の感情）は，失敗期待が高い課題（難しい課題）で低くなり，失敗期待が低い課題（易しい課題）で高くなる。③この2つの関係により，失敗回避動機の高い者では，失敗時の恥の感情を回避するために，易しい課題か逆に極端に難しい課題で達成傾向が強まると考えられている。

3-2　原因帰属

ワイナー（Weiner, 1979）は，達成動機と原因帰属との関係について検討を行っている。原因帰属（causal attribution）とは，課題解決の成功または失敗の原因を何かに求める（帰属する）ことである。たとえば，数学のテストで悪い点をとった（失敗事態）ときに，その原因を数学教師の教え方が悪かったことや，自分がテスト勉強をしなかったことに求めることが，その例である。

人は課題解決の成功や失敗の原因として，運や努力などさまざまなものを挙げる。ワイナーは，その原因を表4-2に示すように，3つの次元で整理している。①原因の所在の次元は，成功または失敗の原因が自分の内にあるとするか（内的），自分の外にあるとするか（外的）で分かれる。②安定性の次元は，原因が比較的に持続的で安定しているか（安定的），それとも一時的で不安定であるか（不安定）により分かれる。③統制可能性の次元は，自分の意志や力でコントロール（統制）

表 4-2 成功・失敗の原因と例 (Weiner, 1979)

	内 的[a]		外 的[a]	
	安 定[b]	不安定[b]	安 定[b]	不安定[b]
統制可能[c]	日ごろの努力	直前の努力	教師の偏見	他者からの普通でない援助
統制不可能[c]	能　力	気　分	課題の困難度	運

注) a):「原因の所在」の次元, b):「原因の安定性」の次元, c):「原因の統制可能性」の次元を表す.

できるものなのか（統制可能），コントロールできないものなのか（統制不可能）により分かれる。たとえば，能力とは生まれつきもっている力を表しており，内的・安定的・統制不可能な原因と位置づけられる。そして普段の努力とは，毎日コツコツと学習を続ける努力を表し，内的・安定的・統制可能な原因と位置づけられ，直前の努力は，一夜漬けなどテストの前だけ行う努力を表し，内的・不安定・統制可能な原因と位置づけられる。

ワイナーら（Weiner et al., 1971）によれば，図4-3のように，成功・失敗の原因をどの次元に帰属するかにより，後続の行動に関する成功・失敗の期待や喚起される感情が変わり，この期待と感情を媒介として後続の行動が決定されるという（奈須, 1995）。たとえば，原因の所在に関する認知は，成功を内的原因（例；努力や能力）に帰属するなら誇りという自尊感情に影響を与え，失敗を内的原因（例；努力や能力）に帰属するならば，恥という感情に影響を与える。また原因の安定性に関する認知は，成功の原因を変化しにくい安定的原因（例；普段の努力や能力）に帰属するならば，次も成功するだろうという期待をもつのに対して，変化しやすい不安定な原因（例；運）に帰属するならば，次回は失敗するかもしれないと予想（期待）する。そして，子どもが学習の成功を普段の努力に帰属させ，学習の失敗を運に帰属させるならば，自尊感情を高く維持し，次は成功するだろうという期待をもって学習行動が促進されると推測される。

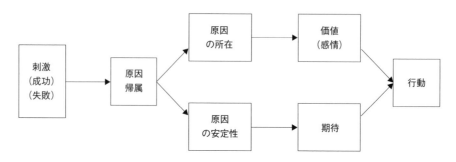

図 4-3　原因帰属と感情，期待，行動の関係（奈須, 1995）

3-3　学習性無力感

学習に対し意欲を失っている子どもの中には，いくら学習し努力しても良い成績は得られないと考え，学習をしない者がいる。このような子どもは，自分の学習行動と結果（良い成績）が随伴しているという認知をもてないために，学習行動が強化されないと考えられている。特定の行動（環境への働きかけ）が特定の結果（環境の変化）を伴うという認知は行動と結果の随伴性認知（perceived contingency）と呼ばれ，この行動と結果の随伴性認知がもてずに無気力になった状態は学習性無力感（learned helplessness）と呼ばれる。

セリグマン（Seligman, 1972）は，自分が何をやっても結果に変わりがない，という信念をもつこと，つまり行動と結果には随伴性がないという認知をもつことが，その後の行動への動機づけを

低下させ，無力感を生み出すと主張している。彼は，回避不可能な状況で電気ショックを与えられ続けたイヌが無気力状態に陥ってしまい，その後の回避や逃避の訓練で成績の悪いことを発見した。彼はこのような無気力状態を学習性無力感と呼び，これはイヌが自らの行動ではその事態をコントロールできないことを学習したからであると解釈した。さらに彼は，この学習性無力感は人間にも生じると考えた。たとえば，子どもが何度も努力し勉強しても，良い成績（結果）が得られないならば，自分が何をしても無駄だと感じ無力感を学習してしまうだろう。子どもたちが無力感を学習すると，①問題解決を求められる場面ですぐに〈あきらめて〉しまい，②少しでも学習困難な状況で学習能力が低下し，③悲しみやうつ状態に陥り自尊感情が低くなることが報告されている。これを回避するためには，子どもたちに達成感や成功経験を体験させることが重要であると考えられている。

3-4 自己効力

バンデューラ（Bandura, 1977）は，人間の行動は認知的活動によって制御されていると考えた。そして彼は，そのような認知的活動を，図4-4に示したように，効力期待と結果期待の2つに分けている。

効力期待（efficacy expectancy）とは，課題遂行能力に関する認知的活動であり，具体的にはその結果に必要な行動を自分が成功裏に実行できるという確信のことである。もう1つの結果期待（outcome expectancy）とは，行動と結果の随伴性に関する認知的活動であり，具体的にはある行動がある結果に至るであろうという予測（期待）のことである。

特に効力期待は，自己効力（self-efficacy）とも呼ばれ，この期待の高低が動機づけを大きく規定すると考えられている。たとえば，ある行動が望む結果をもたらすであろうことは確信できても（結果期待が高くても），その行動をとても自分が遂行できないと考えていれば（効力期待が低い），失望や落胆，劣等感などを感じ，当該の行動は行われない。このような自己効力は，①どのような行動を選択すべきかを決定する（例：自分の能力を超える行動は避けるが，自分の力で処理できそうだと予測する行動には着手する），②困難な課題に直面したとき，どのような努力をどれほど長く持続して払うかを決定する，③課題状況に対する情緒的反応へ影響する（自己効力を低く評価する者は，課題の困難さを実際以上に見積もるために，過度に緊張したり，失敗を恐れて挑戦を避ける傾向が高い），という3つの機能をもつと考えられている。

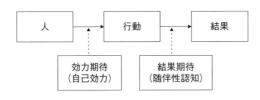

図4-4 効力期待と結果期待（Bandura, 1977）

引用・参考文献

Atkinson, J. W., & Feather, N. T. (Eds.) (1966). *A theory of achievement motivation.* New York : Wiley.
Bandura, A. (1977). Self-efficacy: Toward a unifying theory of behavioral change. *Psychological Review, 84,* 191-215.
Deci, E. L., & Ryan, R. M. (1985). *Intrinsic motivation and self-determination in human behavior.* New York: Plenum Press.
Deci, E. L., Koestner, R., & Ryan, R. M. (2001). Extrinsic rewards and intrinsic motivation in education: Reconsidered once again. *Review of Educational Research, 71,* 1-27.

Goble, F. G. (1970). *The third force: The psychology of Abraham Maslow*. New York: Grossman Publishers. (小口忠彦(訳)(1972). マズローの心理学　産能大学出版部)

Maslow, A. H. (1970). *Motivation and personality* (2nd ed.). New York : Harper & Row.

Murray, E. J. (1964). *Motivation and emotion*. Englewood Cliffs, NJ: Prentice-Hall. (八木　冕(訳)(1966). 動機と情緒　岩波書店)

奈須正裕 (1995). 達成動機づけ理論　宮本美沙子・奈須正裕(編)達成動機の理論と展開　続・達成動機の心理学　pp.41-71. 金子書房

Ryan, R. M., & Deci, E. L. (2000). Self-determination theory and the facilitation of intrinsic motivation, social development, and well-being. *American Psychologist, 55*, 68-78.

桜井茂男 (2004). やる気を高める　桜井茂男(編)たのしく学べる教育心理学―教職にかかわるすべての人に　pp.41-59. 図書文化社

Seligman, M. E. P. (1972). Learned helplessness. *Annual Reviews of Medicine, 23*, 407-412.

Weiner, B. (1979). A theory of motivation for some classroom experience. *Journal of Educational Psychology, 71*, 3-25.

Weiner, B., Frieze, I. H., Kukla, A., Reed, L., Rest, S., & Rosenbaum, R. M. (1971). Perceiving the causes of success and failure. In E. E. Jones, D. Kanouse, H. H. Kelley, R. E. Nisbett, S. Valins, & B. Weiner (Eds.), *Attribution : Perceiving the cause of behavior*. Morristown, NJ: General Learning Press.

●コラム4　ギャンブリング課題と思春期(青年期)

　青年期は，成長という意味で大きな発展が期待できる反面，まだ未熟さを残した不安定な時期でもあり，「疾風怒涛」の時期として表現されてきた。学校不適応としてのいじめや非行，暴力行為，飲酒，喫煙などの問題行動が生じやすい時期でもある。これら青年の行動を理解するために，青年期の認知機能，特に意思決定メカニズムに着目してみよう。

　意思決定メカニズムをみる検査に，ギャンブリング課題がある(Damasio, 1994)。この課題では，4つのカードの山から100回カードを選択することにより，できる限り持ち金を増やすことが求められる。4つのうち2つのカードの山は高リスク高リターンのカードであり，引き続けると最終的には損をするようになっている。一方残りの2つのカードの山は，低リスク低リターンのカードであり，引き続けると最終的には得をする。一般的な選択プロセスとしては，初めのうちは高リスク高リターンのカードを選択するが，手持ちのお金が減ってくると低リスク低リターンのカードを多く選択するようになる。しかし，青年期を対象とした場合には，高リスク高リターンのカードの山を選択し続ける傾向が明らかとなっている(Overman et al., 2004)。つまり，目前の儲けが多い方へ強く惹かれ，長期的に有利となるような選択プロセスをたどらないという傾向だ。これは，青年期が意思決定の脆弱性を示す時期であることを実証的に示しているといえるだろう。

　適切な意思決定を行うには，認知系と感情系の統合が必須だが，青年期には，これら両者を担う脳領域の発達に特徴的な違いが認められるという(Casey et al., 2008)。青年期の脳は，辺縁系という感情を担う脳領域が加速的に発達し，認知制御を担う前頭前野という脳領域がまだ発達途上であるという特徴を有している。これらの脳領域の時差的な発達速度のズレが，行動面において，この時期の青年の意思決定を，目先の利益や快楽の追求といった情緒的なものへと偏向させると考えられるのである。

【引用文献】

Casey, B. J., Getz, S., & Galvan, A. (2008). The adolescent brain. *Developmental Review, 28*, 62-77.

Damasio, A. (1994). *Descartes's error: Emotion, reason, and the human brain*. New York: Avon. (田中三彦(訳)(2000). 生存する脳　講談社)

Overman, H., Frassrand, K., Ansel, S., Trawalter, S., Bies, B., & Redmond, A. (2004). Performance on the IOWA card task by adolescents and adults. *Neuropsychologia, 42*, 1838-1851.

〈城間綾乃〉

第5章　知能・創造性と学力

第1節　学力と学習の最適化

1-1　学　　力

　教師の職務はいろいろあるが第一の仕事は，学習者に確かな学力を保証することであろう。学力とは，端的には学習によって獲得された知識，技能，理解ということになるだろう。もう少し広くいえば，学力とは学習の結果としての，①知識，技能，理解の量および，②態度，理解力，表現力，問題解決能力，鑑賞力，興味，関心の広さ，③以上の諸能力の日常生活場面への転移性，である。これら学力を保証するのが教師，親たちの責務である。学校教育において同じ教師が同じ教授をしているにもかかわらず学習者の間に指導効果ないし学習効果に差異が生じる。これをどのように教えるのかをめぐって，「教授-学習」理論が唱えられている。

1-2　教授-学習理論

　1）プログラム学習　プログラム学習は，1950年代にスキナー（B. F. Skinner）によって提唱された学習法である。通常の授業は一斉授業で実施され，学習者個々の差異に関心が薄かった。スキナーのプログラム学習法はオペラント条件づけを教授-学習に応用したものである。すなわち，学習すべき一連の内容をいくつかのステップに分けて提示し，そのステップごとに反応を求め，その反応結果の正誤を直ちに知らせる手順を繰り返すことによって一定量の学習を完成させるものである。このプログラム学習はつぎの原理に基づいている。①学習材料は小刻みのステップで質問の形で提示されるスモール・ステップの原理，②学習者は質問への解答をする積極的反応の原理，③解答が示されたら直ちに正誤が示される即時強化の原理，④学習速度は学習者個々人のペースでよいとする自己ペースの原理などである。スキナー型のプログラムはプログラムの配列が直線型になっている。ドリル型の学習がなされることになる。

　プログラム学習には，設問に対する解答として複数の選択肢を設け，学習者がどれを選ぶかによってつぎのステップに進む枝分かれ型もある。このように学習者が選べることによって，より学習の個別化が進化しているといえる。

　2）発見学習　ブルーナー（J. S. Bruner）らによって提唱されたものである。新しい学習課題が示されたとき，学習者の状況はあたかも困難な課題に取り組んでいる科学者ないし研究者のそれに似ている。学習者は学ぶべき事項を自ら発見していくことになるが，実際には再発見である。発見学習の基本過程は，①問題意識をもって具体的事実を観察する，②仮説を着想する，③概念へ高める，④生きた能力に転化するなどからなっている。このように知識生成の過程を体験させることで探求的思考力，確かな学力の形成を目指している。

　この発見学習は，発見すべき規則性や法則性がはっきりしている自然科学系の科目の学習に適合するといえよう。

　3）有意味受容学習　学習方法を，有意味的-機械的と，発見的-受容的の2軸を設定し，両者が直交する2次元空間を描くと，4種の学習方法のパターンが構成できる。有意味的で受容的な学

習がオーズベル（Ausubel, 1968）の提唱する有意味受容学習だと考えられる。言語的概念的に大量に蓄積された知的材を効率的に獲得するのに有効な学習法は受容的であり，単に機械的・暗記的に受容するのでなく有意味的に，理解に基づく学習をすることによって効果を発揮する。有意味受容学習は意味のある学習材料を受容することによって学ぶ学習法である。オーズベルは学習において「先行オーガナイザー」の重要性を示す。先行オーガナイザーとは，新しい情報とすでにもっている知識をつなぐ情報を前もって与えられるものである。これによって学習材料は学習者のすでにもっている知識体系の中に統合され，永続性を保持し，記憶負担を軽くする。この学習法は認知構造がある程度発達したピアジェ（J. Piaget）のいう形式的操作期の段階以降で抽象的な概念言語的に理解できる学習者に適用される。

4）CAI と WBT　プログラム学習は，初期段階には印刷媒体によっていた。その後ティーチング・マシンやコンピュータが利用できるようになり CAI（Computer-Assisted-Instruction）が発展してきた。

最近では，インターネットやパソコンなどの情報機器の普及で，WBT（Web Based Training）による学習が可能となり，学習の個別化が進展している。

5）完全習得学習（マスタリー・ラーニング）　ブルームら（Bloom et al., 1956）の主導するマスタリー・ラーニングは，教育目標としての達成目標と指導方法，評価やカリキュラムとを関連させて教授活動に実施する方法に関する説である。教育目標は認知的領域，情意的領域，精神運動的療育に分類され（教育目標分類），各領域は具体的体系的に示される。教室での指導では，その学習が達成されたかどうかが絶えず評価される（形成的評価）ことによって調整される。ブルームの完全習得学習の理論は，キャロル（Carroll, 1963）の学習モデルが出発点であるという（梶田, 1994）。梶田によれば，キャロルの「学習の到達度についてのモデル」はつぎの2点を中核としている。

①どのような学習者であっても，十分な学習時間さえかければ，どのような学習課題でも達成することが可能である。

②現実に生じている学習到達度の差異は，その人が本来必要としていた学習時間量に対して実際にはどの程度の学習時間を消費したか，によって決定される（梶田, 1994, p.193）。

「必要な学習時間」を規定すると考えられる要因は，課題への適性，授業の質，授業理解力の3つである。これらの要因が高ければ高いほど必要な学習時間は少なくてすむ。

「実際の学習時間」を規定する要因として考えられるのは，許容された学習時間としての学習機会と根気よく学習に取り組む学習持続力である。

授業の質と学習機会は，教室における授業展開にかかわるものであり，課題への適性，授業理解力，学習持続力は学習者の要因である（梶田, 1994, p.194 以下）。この適性と授業の質の間には ATI の存在が考えられる。適性は個人間で差があるが，適性自体は必ずしも個人の中で固定したものではない。適性自体が変動する可能性に注意しなければならないのはいうまでもない。

6）ATI（Aptitude Treatment Interaction：適性処遇交互作用）　学習成績は，学習者のもつ適性（aptitude）と教授方法（treatment）の間に交互作用が存在することの結果としてもたらされる。ある学習成績を適性（A_1, A_2）と処遇または処理（授業方法 T_1, T_2）で調べたら，全体としては A_1 と A_2 の間に平均値の差はみとめられず，また同じように T_1 と T_2 間にも差がなかった。適性と処遇を同時に考慮して平均値のグラフを作成したら図5-1のようになったとしよう。適性 A_1 の学習者は T_1 の授業法で優れた達成を示し，適性 A_2 の学習者は T_2 の授業法での成績が良い。これが交互作用である。「適性とはある活動に対する個人の可能性」（「新・教育心理学事典」p.575）である。クロンバックとスノー（Cronbach & Snow, 1977）によれば，個人が成功するかどうかはその

個人の適性によって決定されるという。個人の適性とはつまりは個人差である。すると教室の学習での個人差を考えると，すべての学習者にとって同時に効果的な学習方法（処遇）は存在しないことになる。

スノーら（Snow et al., 1965）は，17-18歳の物理学の受講生の成績について教授方法（教師による授業と教育映画による授業）と適性要因との関連について検討した。図5-2は，授業方法と適性要因（ascendancy：積極性）の交互作用を示している。すなわち，積極性低群は，映画による授業で良い成績を示している。逆に高群は教師による授業で良い成績となっている。低群と高群では授業方法による成績が逆になっている。中群では教授法の違いによる成績の差異は小さく，いずれの授業法でも卓越した成績は得られていない。積極性の高群と低群は，それぞれ受講生の25％で構成され，中群は50％である。上の授業方法のいずれにおいても，大多数を占める中群の受講生は授業から受ける利益が少ないことになる。

東（1977）は，ATIについて「学習が進まない場合に学習者の能力の責任にするような見方は一面的で，さまざまな学習者の特性に応じられる柔軟多様な学習指導法が開発されなければならないことを示唆する重要な事実である」（p.13）と述べている。学習者の事情は多様である。学校教育の中でATIに応じた指導を実施するには教員を増員しなければならないが，これは財政的にも難しい。

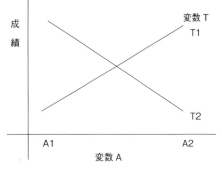

図5-1　交互作用の概念図

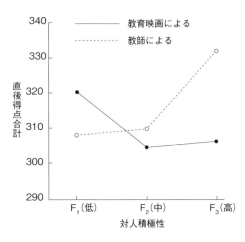

図5-2　適性と指導法の交互作用
（Snow et al., 1965）

7）**学習の最適化**　学習における学習者の個人的要因と処遇要因の間には交互作用があることが明らかになっているので，学習者が自分に最も適した方法で指導を受けたいと考えるのは自然であろう。学習の個別化を推進し，学習者の希望にできるだけ応えるのが教育経営の核心である。しかし教室の中の学習者は適性，知能，レディネス，動機づけ，認知スタイルなどの多様な特性をもっている。つまり，個人差がある。そのような学習者に対する最適の学習指導は何だろうか。これを追求するのが学習指導の最適化（optimization）である。

学習の成果はどのような指導法のもとで行われようが教授目標の達成と密接に関係している。集団の視点で成果が問われるのか，個人の成長・発達を重視するかの違いがある。クロンバック（Cronbach, 1967）は，個人差を考慮した教育指導の段階を表5-1のようにまとめている。一斉指導から個別指導への適応パターンを示している。1_a，1_bは教育目標も指導法も固定されている。2_aは，教育目標は変えられるが，選択された目標ごとに方法は固定される。あるいは個人差に対応して目標を変え将来に備えようというものである。クロンバックは2_bを示していない。3番目の段階は個人差に対応しつつ，3_aは完全習得学習的な一斉学習，3_bはATI的な個別的最適化を実現する方向性を示している。

表5-1　個人差に応じる諸形式（Cronbach, 1967; 東, 1973）

教育目標	教授方法		個人の必要に応ずるために導入できる変化
固　定	固　定	1a	多段選抜により，ついてゆけるとこまでで就学をうち切る。
		1b	みんなを一定目標に達するまで訓練する。したがって必要な訓練期間は人によって異なる。
可　変	それぞれの目標に関して固定	2a	学習者各自に関し，その成人後の役割を想定し，その役割の準備として最適であるような課程をとらせる。
所与主題に関し固定	いくとおりかの可能性がある	3a	1つの系列を追って指導するが，困難を感ずる者には随時治療教育を施してまた主流にもどす。
		3b	生徒によって異なった方法で教える。

第2節　知能と学力

　知能と聞けば，頭がよいことを思うのではなかろうか。そして頭のよい人になりたいとかの思いが，頭をよぎるのではないだろうか。さらに知能指数とか精神年齢に連想が広がるかもしれない。

2-1　知能の定義

　知能とは何か。知能という語は，英語の intelligence の訳語として用いられている。類語に intellect がある。知性と訳され，知能より上位の精神機能だと考えられる。

　知能の定義は多種多様にある。ターマン（L. M. Terman）は抽象的思考能力とし，シュテルン（W. Stern）は，環境や状況に対して適応する一般的能力ととらえ，ディアボーン（W. F. Dearborn）は，学習能力であると考え，ボーリング（E. G. Boring）は，知能を知能検査によって測定されたものであるという操作的定義を示した。

　定義は多岐にわたるが，つぎのウェックスラー（D. Wechsler）の定義は比較的穏当なものとして受け入れられている。「知能とは，目的的に行動し，合理的に思考し，その環境を効果的に処理する個人の総合的・全体的な能力である」（『新版心理学事典』による）。

2-2　知能の測定

　ビネーとシモン（A. Binet & Th. Simon）は子どもの現在の知的水準を測ることを目的に知能検査法を1905年に開発した。この当時は，知能の中心は判断力だと考えていた。同検査は1908年に改訂され年齢尺度として位置づけられた。いわゆる精神年齢の導入である。ある年齢相当の問題として設定された問題を相当の年齢の者が正解すれば実際の年齢相当の精神年齢だと評定される。より上の年齢の問題に正解できれば精神年齢が高いことになり，低い段階の問題しか正解できなければ精神年齢が低いことになる。ただここでいう精神年齢は発達の進み具合を示しているのであって，それは精神の高低や質を意味するものではない。

　シュテルンは，精神年齢と暦年齢（実年齢）の比を考え，知能指数（intelligence quotient：IQ）を考案し，ターマンはビネー検査を米国で標準化し，知能指数を実用化した。知能指数はつぎの式

$$IQ = \frac{M.A.}{C.A.} \times 100$$

で示される。

　（ここで，M.A.：精神年齢，C.A.：歴年齢（または生活年齢），IQ：知能指数を示す。）

　たとえば，歴年齢が8歳で精神年齢が8歳であればこの者の知能指数は100となる。

　ターマンはビネー検査を集団で実施できるようにした。ビネー検査は，本来発達の指標だったの

であるが，IQが導入されることによって「聡明さの指標」に転化してしまった。さらに得点分布がベルカーブを描く正規分布をすることが見出され，知能と遺伝が関連づけられ「知能指数の恒常」説が生まれた。知能指数は一生涯を通じて変わらない，とする拡大解釈が世に広まり知能観に誤解が生じることになった（滝沢, 1971）。

知的水準を表示する方法として，知能偏差値がある。同一年齢集団の中で個人の知能の位置を示す方法である。つぎに式を掲げる。

$$知能偏差値 = \frac{10（個人の得点－集団の平均点）}{集団の得点の標準偏差} + 50$$

個人の得点から同一年齢集団の平均点を減じた値に10を掛け，標準偏差で割り，50を加えたものである。

ウェックスラーは，ウェックスラー式の知能検査を開発し，測定結果は偏差知能指数（dIQ）で示す。つぎに式を掲げる。

$$dIQ = \frac{15（個人の得点－同年齢の者の平均値）}{同年齢の者の標準偏差} + 100$$

ウェックスラーの検査は，言語的内容を主とする言語性知能と動作を主とする動作性検査に分かれる。

2-3　知能の構造

知能は単一の能力なのか，いくつかの関連のない能力の集合なのか，といった知能の構造については統計学的因子分析の研究で進められてきた。

スピアマン（C. E. Spearman）は知的な行動の場面でも有効に働く一般因子（g因子）と，特別な領域でのみ働く特殊因子（s因子）の2因子構造を提案している。

サーストン（L. L. Thurstone）の多因子説は，対象を空間的に思考する空間因子，知覚因子，言語表現されたことを理解する言語因子，数の因子，記憶因子，推論する推理因子，そして語の流暢さの因子，を想定している。

キャッテル（Cattell, 1963）は，知能の構成因子として結晶性知能（g_c）と流動性知能（g_f）を区別している。結晶性知能は経験の結果の結晶として働くもので言語能力と数に関連している。発達的には18歳から28歳にかけて増加し，それ以後も緩やかに上昇する。

流動性知能は，新しい場面に適応する知能で発達的には14-15歳でピークに達し，22歳から老齢

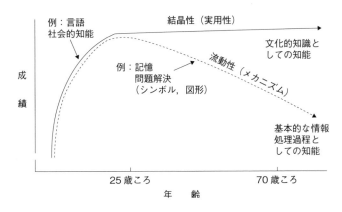

図5-3　知能の発達の概念モデル図（Baltes, 1987; 富永, 2002）

にかけて衰退していく。文化的要因の影響を受けにくいとされる。バルテス（Baltes, 1987）は知的活動の発達変化を図5-3のように模式化している。知能のピークは22-23歳であり，結晶性知能はほぼ現状維持する。流動性知能は以後急激に衰退する。

ギルフォード（Guilford, 1967）は知能ではなく知性の理論的構造モデル（SIモデル）を想定している。それによると，知性は操作（5種），内容（4種），所産（6種）に下位分類され合計120個の因子で構成されている。

2-4 知能指数の恒常性

知能指数あるいは知能偏差値が一生を通じて変化しない，というのが恒常性の考え方である。現代社会では知能の高いことが学業成績や上級学校への進学や専門技術的職業で成功する条件であり，知能次第で人生の幸福が決定されるといった神話がある。もし知能が恒常であり，人生初期に測定された知能が一生変化しないのであればその人生はよほど窮屈なものとなるだろう。

恒常性を調べるには何年にもわたって同一人または同一集団を追跡して複数回同一検査を施せばよい。一般に個人について長期間IQ得点の変動を調べると上昇する者，低下する者，変化しない者，乱高下する者などの4パターンがある。どのパターンに属するかは測定してみないとわからない。得点の変動幅を15点以内で限定すればほぼ90％がその範囲に入る。この限りにおいては知能指数の恒常性は成り立つ（石田, 1975）。

2-5 知能観の転換

1）モラル・インテリジェンス　多重知能理論（MI理論）を提唱するガードナー（Gardner, 1999）は，相互に独立した7個の知能を仮説し，さらに博物的知能，霊的知能を考えている。道徳的知能にも言及している。

コールズ（Coles, 1998）は，道徳性知能を提案している。従来非行と考えられるような行動を知能問題として捉え，道徳性知能（moral intelligence）について論じている。コールズは道徳についての想像力をモラル・イマジネーションと呼び，モラル・インテリジェンスは「人間の精神に備わった感情面と知的な面の資質を総動員して，何が正しく何が悪いかについて考える能力のことだ」（邦訳, 1998, p.14）と述べている。従来，非行問題と考えられていたことがモラル問題ではないかという主張であり，道徳的想像力によってモラル・インテリジェンスが獲得されていくかについて論じている。特にモラル指数などといったものを提案しているわけではないが，知能ないし知性問題について議論の幅を広げていることは確かなようである。

2）情動知能　ゴールマン（Goleman, 1995）のこころの知能指数（EQ）として知られるのが情動的知性である。正確にはEI（emotional intelligence）と呼ぶべきであろう。従来のIQ至上主義に対して情動の重要性を主張したものである。情動知性は，自らの情動を知り，管理し，他人に共感するなどの能力である。情動的知性は才能を生かすものであるとされる。ゴールマンは「人生を成功に導く要因のうち，IQが関係するのは多く見積もってもせいぜい20パーセントどまりだろう」（邦訳, 1996, p.60）と考える。情動的知性はIQとは別の知能であり，学校教育や家庭教育によって育成可能であるとされる。また，EIを測定する研究も始まっている（Ciarrochi et al., 2001）。

スタンバーグ（Sternberg, 1996）は，サクセスフル・インテリジェンスの理論を提唱する。この理論は知能を分析的知能，創造的知能，実践的知能の側面をもつとする。スタンバーグは「わたしが考えるサクセスフル・インテリジェンスは，分析的，創造的，実践的要素をあわせ持つ。分析的要素は問題解決に，創造的要素は解決すべき問題の決定に，実践的要素は効果的解決を導き出すのに用いられる」（邦訳, 1998, p.194）と説明している。分析的知能は物事を分析判断する能力，創造的知能は独創的なアイディアを産み出す能力，実践的知能は的確な分析，独創的な着想を具体的に

実現していく能力である。これら3者がバランスよく働くときサクセスフル・インテリジェンスは最も効力を発揮する。

2-6　知能と学力成績
　知能は学習する能力であると主張されることもあり，知能と学業成績の間には密接な関係があるだろう，と推測される。一般に，教科成績と IQ または知能偏差値の間には科目により変動があるが 0.60 から 0.80 前後の相関が認められる。

　1）成就指数と成就値　知能水準と学力水準の関係を示す指標に成就指数（achievement quotient：AQ）がある。AQ は学力偏差値と知能偏差値の比である。つぎに式を掲げる。

$$AQ = \frac{学力偏差値}{知能偏差値} \times 100$$

　知能に相応した学習効果を上げているかの指標である。AQ が 100 であれば知能に相応した学業成績を示しており，大きければ能力を超えた成績の達成を，小さければ能力が発揮されていない，ことになる。
　知能と学力の関係を成就値で表すこともある。成就値はつぎの式による。

$$成就値 = 学力偏差値 - 知能偏差値$$

　2）学業不振児と学業進捗児　学業不振や学業進捗は知能との関連で，一般に成就値が -8 から -10 以下が学業不振児だとされる。一方，成就値が +8 から +10 以上の場合を学業進捗児という。ただし基準の数値については統計学的に厳密な根拠はない。知能に比べて学力が進んでいるものをオーバー・アチーバー，遅れているものをアンダー・アチーバーという。AQ や成就値は知能指数を根拠にしている。しかし，学力を規定するのは知能に限らない，多くの関連要因があることを忘れてはならない。

2-7　知能と創造性
　創意工夫を重ね何かしら新しい社会的に意味あるものを産み出す能力が創造性である。創造性の因子をギルフォードは，6つ挙げている。問題に対する敏感さ，流暢性，独創性，柔軟性，綿密さ，再定義である。従来創造性そのものと考えられた独創性は創造性の一部とされている。創造性というのは実体としてあるのではなく構成概念である。創造性を捉えるために操作的に創造性テストが考案されている。ギルフォードの SI モデルには創造性と関連する拡散的因子と収束的因子が含まれている。創造性と知能の相関は一般に低い。知能（IQ）と創造性は独立の能力である。しかし，創造性はある一定程度以上の知能がなければ発揮できない。

引用・参考文献
Ausubel, D. P.（1968）．*Educational psychology: A cognitive view*. New York: Holt, Rinehart and Winston.
東　洋（1973）．学習指導の最適化　東　洋・坂本　昂・辰野千寿・波多野宜余夫（編）学習心理学ハンドブック　pp.633-647．金子書房
Baltes, P. B.（1987）．Theoretical proposition of life-span developmental psychology: On the dynamics between growth and decline. *Developmental Psychology*, *23*, 611-625.（富永大介（2002）．知能　前原武子（編）生徒支援の教育心理学　pp.92-97．北大路書房　に引用）
Binet, A. et Simon, Th.（1905）．Sur la nécessité d'établir un diagnostic scientifique des états inférieurs de

l'intelligence. L'*année psychologique*, *11*, 163-190.（中野善達・大沢正子（訳）（1982）．知能の発達と評価：知能検査の誕生　福村出版）

Bloom, B., Englehart, M. Furst, E., Hill, W., & Krathwohl, D. (1956). *Taxonomy of educational objectives: The classification of educational goals. Handbook I: Cognitive domain*. New York: Longmans, Green.

Carroll, J. B. (1963). A model of school learning. *Teacher College Record, 64*, 723-733.（梶田叡一（1994）．教育における評価の理論　II　金子書房に引用）

Cattell, R. B. (1963). Theory of fluid and crystallized intelligence: A critical experiment. *Journal of Educational Psychology, 54*(1), 1-22.

Ciarrochi, J., Forgas, J. P., & Mayer, J. D. (2001). *Emotional intelligence in everyday life: A scientific inquiry*. Philadelphia, PA: Psychology Press.（仲里浩明・島井哲志・大竹恵子・池見　陽（訳）（2005）．エモーショナル・インテリジェンス　ナカニシヤ出版）

Coles, R. (1997). *The moral intelligence of children: How to raise a moral child*. New York: Random House.（常田景子（訳）（1998）．モラル・インテリジェンス：子どものこころの育て方　朝日新聞社）

Cronbach, L. J. (1967). How can instruction be aptitude to individual differences? In R. N. Gagné (Ed.), *Learning and individual differences*. Columbus, OH: Charles E. Merrill.

Cronbach, L., & Snow, R. (1977). *Aptitudes and instructional methods: A handbook for research on interactions*. New York: Irvington.

Gardner, H. (1999). *Intelligence reframed: Multiple intelligence for 21st century*. New York: Basic Books.（松村暢隆（訳）（2001）．MI：個性を生かす多重知能の理論　新曜社）

Goleman, D. (1995). *Emotional intelligence: Why it can matter more than IQ*. New York: Bantam.（土屋京子（訳）（1996）．EQ こころの知能指数　講談社）

Guilford, J. P. (1967). *The nature of human intelligence*. New York: McGraw-Hill.

波多野完治・依田　新・重松鷹奏（監修）（1968）．学習心理印理学ハンドブック　金子書房

石田恒好（1975）．知能の発達　岡本夏木他（編）児童心理学講座 5 知能と創造性　pp.55-113．金子書房

下中邦彦（編）（1981）．新版心理学事典　平凡社

Snow, R. E., Tiffin, J., & Seibert, W. (1965). Individual differences and instructional film effects. *Journal of Educational Psychology, 56*, 315-326.

Sternberg, R. J. (1996). *Successful intelligence: How practical and creative intelligence determine success in life*. New York: Plume.（小此木啓吾・遠藤公美恵（訳）（1998）．知脳革命　潮出版社）

滝沢武久（1971）．知能指数　中央公論社

依田　新（監修）（1979）．新・教育心理学事典　金子書房

●コラム5　模倣学習とミラーニューロン

「学ぶ」と「真似る」という語が，同じ語源であるといわれているが（広辞苑第六版など），私たちは経験的に真似をして学ぶということを行っている。実際，この真似をするという行動は，生後数時間の新生児においても見られることが報告されており（Meltzoff & Borton, 1979），模倣学習がヒトにとって生得的な学習方法であり，さまざまな運動技能の獲得，言語習得，さらには社会規範の獲得にまで大きくかかわっていると考えられている（Meltzoff & Borton, 1979）。

この模倣学習では，一体どのような仕組みで学習が行われているのだろうか？　運動技能の模倣学習を例に考えると，①獲得したい他者の運動を観察することにより，自分の運動プログラムを作り出す（外部からの情報抽出），②この運動プログラムを実行する（模倣実行），③自分の模倣運動と模倣対象の他人の運動を見比べ誤差を見つけ修正し，つぎに行う模倣運動をより観察している運動に類似させていく（誤差検出・修正）という大きく分けて3つの段階から構成されているだろう。

近年，この模倣学習の重要な神経基盤と考えられる神経細胞群がイタリアのリゾラッティら（Gallese et al., 1996）によって報告された。彼らは，運動前野といわれる運動時に活動する脳領域の一部神経細胞が，自分が運動を行うときだけでなく，運動を行わずに自分以外の他者の運動を観察するだけでも活動することを発見した。これらの神経細胞群は，その特性から他者の運動を自分の脳の中で写す鏡にたとえられ，「ミラーニューロン」と名づけられた。このミラーニューロンは，先に述べた模倣学習の3段階に当てはめて考えると，「外部からの情報抽出」の機能を果たしていると考えられる。ミラーニューロンの発見により，脳研究での世界では模倣学習の脳内メカニズムの研究が飛躍的に進歩し，さらには，模倣を通して他者の意図を探る意図理解，心の理論（theory of mind），自閉症などといった今まで困難とされていた社会性の脳機能研究の大きなきっかけとなった。

【引用文献】

Gallese, V., Fadiga, L., Fogassi, L., & Rizzolatti, G. (1996). Action recognition in the premotor cortex. *Brain, 119*(2), 593-609.

Meltzoff, A. N., & Borton, R. W., (1979). Intermodal matching by human neonates. *Nature, 282*(5737), 403-404.

新村　出（編）(2008). 広辞苑第6版　岩波書店

〈大内田　裕〉

第６章　自己理解とパーソナリティ

第１節　性格の捉え方

1-1　自己の理解

私たちは成長とともに,「自分」というものが何であるか考え，理解を深めていく。しかし自分のことであってもすべてを理解しているわけではない。図 6-1 はジョハリの窓と呼ばれる，自己の理解を 4 つの領域で表した図式である（Luft & Ingham, 1955）。私たちは自分のことであっても知っている部分（開放領域）だけでなく，知らない部分（盲点領域）をもっている。盲点領域とは自分は知らなくとも，他人は知っている部分である。その他，他人には見せないようにしている部分（隠ぺい領域）や，時には自分も他人も知らない部分（未知領域）も存在するかもしれない。積極的な自己開示を行うことにより，盲点領域や隠ぺい領域といった他の領域を狭めることができ，円滑な人間関係を育むことができると考えられている。

		自分が 知っている	自分が 知らない
他人が	知っている	開放領域	盲点領域
他人が	知らない	隠ぺい領域	未知領域

図 6-1　ジョハリの窓

「自分」がどのような人間であるのかを捉えるときに手掛かりとなるのが性格である。私たちは各人多種多様な性格をもっている。「A さんは優しい人だ」のように，日常では自分を含めた各人の性格を把握したつもりになり，語ることもあるだろう。しかし，心理学的に性格を捉えることは容易ではない。まず，性格という言葉について確認してみたい。性格という言葉は，広義の意味では，情意的側面である性格と知的側面である知能を含めたものである。狭義の意味では，知的側面を含めず，人柄，人格，パーソナリティと呼ばれるものを指す。そのほかにも，遺伝的で身体的条件による気質，幼年期に家族内の関係でつくられる気性，その後の環境などによる習慣的性格，そしてその場の条件による役割的性格（ペルソナ）という側面をもつ（宮城, 1998）。ペルソナは社会的役割を演じる側面であり，教師が教師らしく振る舞うといったことがこれにあたる。これらは図 6-2 のような層構造となっており，同心円の中心ほど先天的，周辺ほど後天的で社会的につくられたものと考えられている（宮城, 1960）。

性格を表す言葉は多様であり，前述以外にもキャラクターや素質などの用語も存在する。それらの定義は研究者間で必ずしも一致しているとは限らない。性格研究の第一人者であるオルポート（Allport, 1937）はパーソナリティを「個人のなかにあって，その人の特徴的な行動と考えとを決定するところの，精神身体的体系の動的組織である」と述べており，ある人間の「真実あるがまま」であるとしている。ここではパーソナリティを以上のような個人の特性と考える。また，心理学の用語として性格とパー

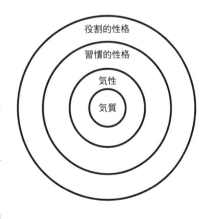

図 6-2　性格の側面（宮城, 1998 を修正）

ソナリティの違いは必ずしも明確ではない（村上，2011）。ここでは性格とパーソナリティを同義のものとして扱い，より一般的な性格という用語を主に使用して，心理学における性格研究を概観する。

1-2 類型論

パーソナリティを理解する枠組みの1つとして類型論がある。類型論は古くは古代インドやギリシャの時代にまで遡る，人間を典型的な少数のタイプに分類する性格の捉え方である。現代日本では（科学的にはまったく支持されていないが）血液型性格判断が浸透しているが，これは典型的な類型論の1つである。古くから存在する類型論を科学の対象とした代表的な研究は，クレッチマー（Kretschmer, 1955）の研究である。精神科医であった彼は，患者の体型と性格の間に関係があることを報告した。図6-3に示すように，彼は体格の型から，細長型は分裂気質，肥満型は躁うつ気質，そして闘士型は粘着気質と考え，それぞれ異なる性格をもつと考えた。クレッチマーの考えは，体型が性格を決定するという因果関係ではなく，体型と性格の間に共通する遺伝的要因などがあると考える相関関係である。今日では，クレッチマーの類型論は完全に否定されている（詳しくは村上，2011を参照）。類型論の本質は単なる分類学ではなく，類型的把握によって性格の本質的な部分を説明しようとするものであるが，科学的な分析を行ううえで重要となる統計的手法と相容れない傾向がある（若林，1998）。類型論はアメリカ精神医学会による精神疾患の分類であるDSMのパーソナリティ障害の分類などに名残を見ることはできるものの（生地，2011），学術的な意義はほぼなくなったといってよい。しかし，人間の性格という捉えにくい対象について，心理学や関連領域がどのようにアプローチを試みてきたか，歴史的な意義として学習する必要はあるかもしれない。

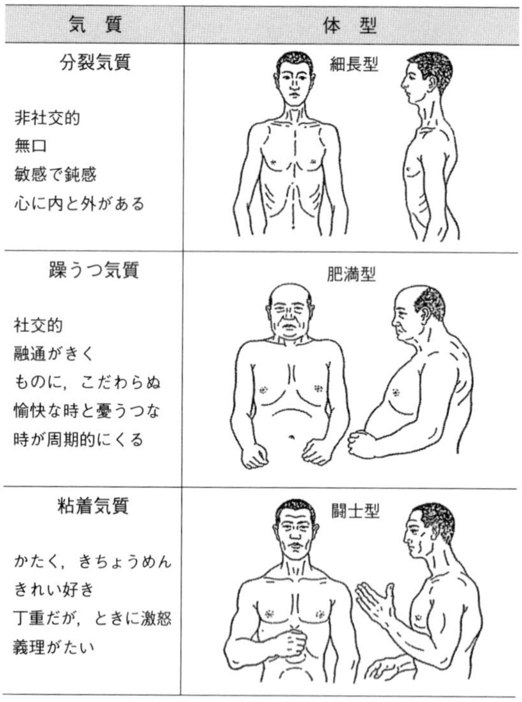

気質	体型
分裂気質 非社交的 無口 敏感で鈍感 心に内と外がある	細長型
躁うつ気質 社交的 融通がきく ものに，こだわらぬ 愉快な時と憂うつな 時が周期的にくる	肥満型
粘着気質 かたく，きちょうめん きれい好き 丁重だが，ときに激怒 義理がたい	闘士型

図6-3　クレッチマーの類型論（宮城，1960を改変）

1-3 特性論

パーソナリティを理解する枠組みのもう1つが特性論である。類型論が性格を代表的なタイプにカテゴリー化する分類とすれば，特性論は社会的な外向性のような性格特性を数値として連続的なものと考える分類である。アイゼンク（H. J. Eysenck）は，性格を外向性－内向性という次元と，情緒的安定性－不安定性（神経症的傾向）という次元の2次元で捉えた（Eysenck, 1959）。このような次元的アプローチが特性論では主流となり，近年ではビッグ・ファイブと呼ばれる5つの次元で性格が構成されるという考え方が主流となっている。この5つの次元は経験への開放性，誠実性，外向性，調和性，そして神経症傾向とされている（表6-1）。研究者によりこれらの名称は異なることがあるものの，内容に関してはおおむね一致している。人間の性格特性はこれらの5つの次元の強弱でプロフィールを描くことができる。人間の性格が5つの特性だけで理解できるわけがない，と批判するものもかつては見られた。しかし，5つの次元のそれぞれの強弱といった情報量は，実際には膨大なものになる。

表 6-1 ビッグ・ファイブ各因子を特徴づける特性尺度の例（岸本, 2003 を改変）

特性因子	代表的な特性尺度	特性因子	代表的な特性尺度
開放性 （知的好奇心・遊戯性等）	・伝統的-独創的な ・冒険心のない-大胆な ・保守的な-進歩的な	調和性 （協調性・同調性）	・イライラした-落ち着いた ・冷酷な-優しい心の ・自己中心的な-無私無欲の
誠実性 （良識性・勤勉性等）	・不注意な-用心深い ・信頼できない-信頼できる ・怠慢な-誠実な	神経症的傾向 （情緒安定性等）	・落ち着いた-心配性な ・強い-傷つきやすい ・安定した-不安定な
外向性	・内気な-社交的な ・静かな-おしゃべりな ・抑制した-のびのびとした		

注）カッコ内は特性因子の別称

1-4 性格の測定法

性格を心理学的に測定するために重要な指標が信頼性（reliability）と妥当性（validity）である。これは性格検査を含めた心理検査全般で重要な指標である。信頼性とは再現性のことであり，測定結果の安定性のことである。いつ測定しても安定した結果が得られるかということである。乗るたびに数値が変わる体重計は信頼性が低く，使用に耐えうるものではない。妥当性は検査が本当に測定しようとしているものを測定しているのかどうかの指標である。算数のテストで，文章問題の日本語が難解過ぎて一部の者しか解けなかったとしたら，そのテストは算数の能力を測定しているとはいい難い。心理検査には高い信頼性と妥当性がなければ，適切な結果を得ることができない。一方，一部の臨床場面では，こうした検査を受検者の真の姿を示すアセスメントというよりは，あくまでカウンセリングなどを進めるための話題の1つとして捉える立場もある。性格検査を含めた心理検査をどのような目的で実施するのかを常に意識する必要があるだろう。性格検査には主に3つの方法が存在する。それぞれの特徴を概観する。

質問紙法は質問紙に記載された質問項目から性格を測定する方法である。アンケート調査に近い形態といえる。基本的には自己評価を測定するため，その人の真の性格が測定できているのかということが問題となる。また，文章による質問のため，児童や知的障害者などではその使用が制限される。代表的な検査としては，Y-G性格検査（矢田部・ギルフォード性格検査）やMMPI（ミネソタ多面人格目録），そしてビッグ・ファイブ理論に基づいた各種質問紙がある。これらの検査は主に「はい」「いいえ」「わからない」の3件法でいずれかを回答させるものである。

Y-G性格検査は学童用のものと成人用ものがあり，12の性格特性を120項目の質問で測定する。質問に対して個人の性格を折れ線グラフとして視覚的にプロフィールを把握することや，プロフィールから5つの性格類型に分類して把握することができる。Y-G性格検査が12の性格特性を測定しているということには批判があり，現在ではその妥当性には疑問符がついている（村上・村上, 2008; 續ら, 1970）。解釈には慎重を期す必要があるだろう。

MMPI（ミネソタ多面人格目録）はアメリカのミネソタ大学で開発された検査である。人格目録の名前のとおり，性格というよりは広義の人格を測定し，精神病質的な側面を測定することができる（表6-2）。臨床場面で使用されることが多い検査である。質問紙法の弱点である受検態度の偏りを測定することができる妥当性尺度が備わっていることが大きな特徴である。このため，受検者が意図的に良い回答をしたり悪い回答をしたりしたときは，それを検出することが可能である。人格の側面を表す臨床尺度では，精神的な問題に関連した尺度を測定し，診療の補助情報とすることができる。MMPIは550の質問があり，すべてを実施するとそれなりの時間を要する検査である。

表6-2　MMPIの尺度一覧（松原, 2002）

	尺度名	尺度記号	項目数	査定内容
妥当性尺度	疑問尺度（？尺度）	？	—	不決断や拒否的態度
	虚構尺度（L尺度）	L	15	社会的に望ましい方向に答える構え
	頻度尺度（F尺度）	F	64	問題点を誇張する傾向，適応水準
	修正尺度（K尺度）	K	30	防衛的で，自己批判的な態度
臨床尺度	第1尺度（心気症）	Hs	33	精神面を無視する傾向や疾病への懸念
	第2尺度（抑うつ）	D	60	現状への不満・不適応感や抑うつ傾向
	第3尺度（ヒステリー）	Hy	60	ストレス対処の仕方，自分の感情の洞察
	第4尺度（精神病質的偏倚）	Pd	50	人及び既成の体制・権威に逆らう傾向
	第5尺度（男子性・女子性）	Mf	60	ステレオタイプな性役割を取得している程度と性役割観
	第6尺度（パラノイア）	Pa	40	対人関係上の敏感さ・猜疑傾向
	第7尺度（精神衰弱）	Pt	48	不安感を始めとする諸種の神経症的傾向
	第8尺度（精神分裂病）	Sc	78	統制と疎外感
	第9尺度（軽躁病）	Ma	46	活動性
	第10尺度（社会的内向性）	Si	70	社会参加や対人接触を避ける傾向

　ビッグ・ファイブ理論に基づいた質問紙検査としては，主要5因子性格検査（The Big Five Personality Inventory: BigFive），NEO-PI（NEO Personality Inventory），そして5因子性格検査（Five-Factor Personality Questionnaire: FFPQ）といったものがある。これらは表6-1に基づいた5つの次元で性格を測定する。明確なデータはないものの，日本においては臨床場面で使われることよりも，基礎研究場面で使用されることが多い印象である。学術的にはその他の指標との関係なども検討され，成果が報告されている有用な性格検査である。
　2つめの測定法は投影法である。これは多義的な解釈が可能な曖昧な刺激を見せ（あるいは状況において），それに対する反応から性格を捉えようとする検査である。検査内容と測定のねらいが受検者にはわかりにくいため，受検者の意図的な反応や虚偽が反映されにくいという特徴がある。代表的な検査を表6-3に示す。投影法は性格の全体的，力動的な側面を深層にわたって捉えることができるという特徴をもつが，分析や解釈には高度の技術や経験を要する。また，検査としての信頼性・妥当性に関する強い批判も存在する（たとえば，Lilienfeld et al., 2004, 2010; 村上・村上，2008を参照）。現在では，投影法を単純な心理検査の一種というよりは，むしろ半構造化面接の一種と捉えて使用する場合もある。いくつかの代表的な検査を概観する。
　ロールシャッハ・テストはインクの染みで作成された刺激図版を用いる検査である（図6-4）。図版は多義的であり，それについて何を見るか，どのような見方をするかといった点に受検者の内面が投影されると考えられている。ロールシャッハ・テストは実施，採点法にいくつかの流派が存在し，それぞれ特色をもっている。TATは多義的に捉えることができる絵を見せて自由に物語を作らせ，物語の内容から性格を捉える検査である（図6-5）。PFスタディは日常的な欲求不満場面

表6-3　投影法の種類（岸本, 2003を改変）

刺激・反応種類	検査名
視覚刺激	ロールシャッハ・テスト，主題統覚テスト（TAT），絵画欲求不満テスト（PFスタディ）など
言語刺激	文章完成テスト（SCT）など
筆記反応	バウム・テスト，人物画テスト，家屋・樹木・人物画テスト（HTPテスト）など

図 6-4　ロールシャッハ・テスト模擬図版の例

図 6-5　TAT 図版の模擬図版の例

が漫画風に描かれた図を示し，受検者は図の中で欲求不満にさらされた人物になったつもりで空欄の吹き出しに入る言葉を考える検査である（図6-6）。児童用と成人用が作成されている。バウム・テストは画用紙に鉛筆を用いて樹を自由に描かせる検査である。その際の教示はいくつか種類があるが，そのうちの1つは「実のなる木を1本描いてください」といったものである。描かれた木がどのような特徴をもつかといったことから性格を捉えようとする検査である。

図 6-6　PF スタディ成人用の模擬図版の例

　3つめの測定法は作業検査法である。これは被検査者に一定の作業を課し，作業の過程や結果から性格を把握しようとする検査法である。代表的な検査として，内田クレペリン精神作業検査がある。これは単純な足し算を連続で遂行させる検査である。作業検査法の長所としては，大勢を一度に検査できる，検査の意図が受検者にわかりにくいといった点がある。短所としては，結果の判定が難しく，主観が入りやすいといった点がある。検査の妥当性にも強い批判が存在し，性格検査としては有用とはいい難い（柏木・山田，1995; 村上，2005）。今日では性格検査としては教科書にも掲載されないことが多い検査であるが，いまだに適性検査などで使用されることがあるため，知識として把握することには意味があるだろう。足し算や素早い筆記作業が求められるため，大まかな知的機能のスクリーニングには使用できるとは考えられる。

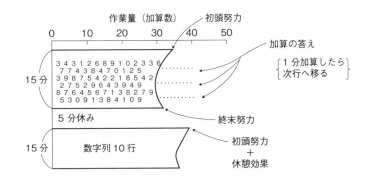

図 6-7　内田クレペリン精神作業検査の例（次良丸・海保, 1986 を修正）

第2節　適応と防衛機制

2-1　適　応

私たちはさまざまな性格に基づいて，環境に合うように自らの身体や行動を変容させることで適応していく必要がある。環境や内的要因といった要因により欲求が生じる。喉の渇きや空腹のような生物的動機に基づく欲求もあれば，他者からの評価といった社会的で高次な欲求もある。欲求は動機づけを表す言葉の1つであり，行動を発現させる内的状態である。「～がしたい」という欲求により行動が起き，行動を起こし持続させる力が動機づけである。

2-2　防衛機制

欲求が満足されれば現実社会への適応へとつながるが，失敗した場合は別の方法で欲求を解決する必要がある。扉が開かないときにガチャガチャ激しく動かしてみたりする攻撃的反応，そもそもの欲求を小さくして目標の追求に消極的になる退却的反応，そして別の行為で代わりとする代償的反応などの方法がある。これらの方法を通しても欲求の解決に失敗していくと，やがてストレスに耐えなくてはならない欲求不満・葛藤の状態となる。葛藤は両立しない複数の欲求が存在する場合に選択ができない状態である。たとえば，試験で良い成績をとりたいが，勉強はしたくないという状況であり，欲求不満のもとになる。ストレス解消に失敗すると不快な緊張状態となり，精神的な苦痛が長期間続くことになると心身に悪影響を及ぼす。このような状態を緩和させ，自我を守るための適応の仕組みとして防衛機制が働く。最終的にこれによる防衛にも失敗した場合，不適応が生じ，心身の不調へとつながることになる。

防衛機制は，もともとは精神分析の創始者であるフロイト（S. Freud）が主張したもので，後に娘のアンナ・フロイト（A. Freud）によって整理された概念である。このため，本来防衛機制は無意識に働く機能であると考えられていた。防衛機制は確かに比較的自動的な心理的過程であり，その働きに気づかないことが多いとされているが，今日では無意識であることを強調することは余り多くない。比較的意識されやすい防衛機制を適応機制と呼ぶこともある。表6-4に主な防衛機制を示す。下に位置している防衛機制ほど高度な適応水準にあるといえる。どのような防衛機制を用いるかは個人によって異なるため，こうした防衛方法もパーソナリティの一部といえるだろう。用いる防衛機制の傾向によって，より適応的か不適応的かが変わってくる。こうしたストレス状況下に対する反応を理解し，傾向を把握することは，自己や他者理解の一助となりうるだろう。

表6-4　主な防衛機制

防衛機制	詳　細
退　行	発達のより初期の段階に戻ったり，より未熟な行動様式に戻ったりすること
否　認	あまりにも不快な事実を認めようとしないこと
投　影	自分のもっている不都合な考えや感情を他人に転嫁すること
合理化	合理的に見える理由づけをして自己正当化をすること
抑　圧	不快や不都合をもたらす記憶を意識の外に閉め出すこと
反動形成	自分の願望と裏腹の態度や行動をとること
知性化	感情を直接意識する代わりに，過度に知的な活動で統制する
昇　華	欲求を社会的に認められる行動に変えて満足させる

第3節　精神保健

　適応に失敗し，不適応となる場合，心理・精神的問題へと発展することがある。不適応や心理・精神的問題が生じるかどうかは性格が重要な役割を果たしている。同じようなストレス状況下であっても，それに対し適切に対処を行える者もいれば，過度に苦しむ者もいる。性格が心身に影響を与える典型例としてはタイプA様式がある。これは冠状動脈性心疾患を起こしやすい患者の行動特性をまとめたものである。タイプA様式には，非常に競争的で達成志向が強く，絶えず時間に追われくつろぐことができず，些細なことで敵意を強めやすいといった特徴が挙げられる。タイプA様式をもつ男性は，そうでない男性よりも冠状動脈性心疾患が約2倍多いという。タイプA様式のような性格特性をもつ者は対人関係での葛藤を経験しやすく，結果として心臓疾患のリスクを高めてしまうのである。こうした性格特性がリスクとなり，適応を妨げている場合，修正が必要となる。タイプA様式はそれを自覚して修正をすることで，疾患のリスクを低減させることができる。

　精神的な健康の維持には性格が大きな影響を与えている。ここでは不適応が生じて心理・精神的問題へと発展した場合の問題を概観する（各疾患の詳細については第17章を参照）。ストレス状況下において不安を感じること自体は正常である。しかし，多くの者が問題にしない状況下であっても不安を感じることは適応的とはいい難い。不安障害は不安を主要な症状とし，過剰な不安が長期間続き，社会・職業上の機能障害を引き起こしている状態である。かつては神経症の名称で呼ばれており，類縁の疾患として恐怖症，パニック障害，強迫性障害などが挙げられる。これらの疾患は生物学的素因も重要であるが，心理社会的側面もまた重要である。すなわち，神経症的傾向に関する性格特性もまた強く影響している。

　嫌なことがあったときに気分が落ち込むこと（うつ状態）は人間として自然な反応である。しかし，抑うつ的な気分が長期間にわたり，日常の生活や職業上の業務に支障をきたす場合は，うつ病である可能性が生じてくる。うつ病もまた生物学的素因が重要となる疾患である。気の持ちようや，根性論で対処ができるものでは決してない。しかし，うつ病に影響する要因の1つとして認知の歪みがある。これは簡潔にいえば，物事をネガティブに受け止める構えといえよう。たとえば，たまたまうまくいかなかった出来事を自分の能力の問題と過度に捉えるような過度の一般化，重要な事柄よりも些細な欠点に過度に注目してしまう選択的抽出などが挙げられる。このような認知の歪みは性格特性とも関連している。うつ病患者に対して行われる認知行動療法では，この認知の歪みも治療対象の1つとなっている。

　これまで見てきた性格の特性が極端なものとなり，長期にわたって社会生活上の不適応が生じる場合，パーソナリティ障害の可能性が生じてくる。パーソナリティ障害の例としては，妄想性パーソナリティ障害や境界性パーソナリティ障害などが挙げられる。詳しくは第17章を参照していただくとして，これらのパーソナリティ障害は性格特性と連続線上にあるのだろうか，それとも質的に異なるのだろうか。この問題はいまだ解決していないものの，現実問題としてパーソナリティ障害の特徴は多かれ少なかれ誰もがもっているものであり，その診断に慎重を期すことは事実である。

　最後に発達障害と性格，不適応の問題について見てみたい（詳しくは第16章を参照）。発達障害は主に認知の側面から発達の諸問題を捉えた分類である。このため，発達障害に関する性格の問題を論じることは困難である。不適応が生じたとしても，それは性格の問題というよりは，発達障害の認知の側面として捉えることがより重要であるからである。しかしながら，アスペルガー症候群といった言語に遅れがない自閉症スペクトラム障害（Autism Spectrum Disorder）の一群は，社会的関係からの離脱や対人関係場面での情動表現の範囲の限定を特徴とするシゾイドパーソナリティ障害との関連が指摘されている（高岡, 2011）。自閉症スペクトラム障害とパーソナリティ障害は合併しやすいといわれることもあるが，そもそも両者の診断基準に重複する部分が多く存在している。

両者の混同には注意をしなくてはならない。また，発達障害の二次障害による不適応の問題も存在する。注意欠如・多動性障害（Attention-Deficit/Hyperactivity Disorder: ADHD）は二次障害として反抗挑戦性障害・素行障害に結びつきやすいことが知られている。これらの障害は反社会性パーソナリティ障害と密接に関連したものである。限局性学習障害（Specific Learning Disorder）は特に学習に対する認知の側面に関する障害である。しかし，代表的な症状である読字・書字の困難さは自尊心の低下を招きやすい。読字・書字の問題は他教科の学習を妨げるだけでなく，教室での友人関係においても強く影響しうる。結果として，気分の落ち込みや不安状態といった二次障害を引き起こす恐れがある。

　心理学的な「性格」というものを考える際は，狭義の意味での「性格」を把握したうえで，それだけではなく，心理・精神的な問題や発達障害のような認知の問題といった側面も含めた，統合的な理解が必要である。そして，自分が捉えている「性格」はどのようなものなのか，他者が想定している「性格」がどのようなものなのかといった観点を忘れずに，客観的な視点をもつことが必要である。

引用・参考文献

Allport, G. W.（1937）．*Personality: A psychological interpretation*. New York: Holt, Rinehart and Winston.
Eysenck, H. J.（1959）．*Maudsley personality inventory*. London: University of London Press.（MPI 研究会（編）（1969）．新・性格検査法：モーズレイ性格検査　誠信書房）
次良丸睦子・海保博之（1986）．性格を育てる―性格形成と教育　杉原一昭・海保博之（編著）事例で学ぶ教育心理学　pp.113-142．福村出版
柏木繁男・山田耕嗣（1995）．性格特性5因子モデル（FFM）による内田クレペリンテストの評価について　心理学研究, 66, 24-32.
岸本陽一（2003）．パーソナリティ　今田　寛・宮田　洋・賀集　寛（共編）心理学の基礎　pp.211-240．培風館
Kretschmer, E.（1955）．*Medizinische Psychologie*. Stuttgart: Georg Thirme.（西丸四方・高橋義夫（訳）（1955）．医学的心理学II　みすず書房）
Lilienfeld, S. O., Lynn, S. J., & Lohr, J. M.（2004）．*Science and pseudoscience in clinical psychology*. New York: Guilford.（厳島行雄・横田正夫・齋藤雅英（訳）（2007）．臨床心理学における科学と疑似科学　北大路書房）
Lilienfeld, S. O., Lynn, S. J., Ruscio, J., & Beyerstein, B. L.（2010）．*50 Great myths of popular psychology: Shattering widespread misconceptions about human behavior*. Malden, MA: Wiley-Blackwell.（八田武志・戸田山和久・唐沢　穣（訳）（2014）．本当は間違っている心理学の話　化学同人）
Luft, J., & Ingham, H.（1955）．*The Johari window; A graphic model of interpersonal awareness*. Los Angeles, CA: Unversity of California Extension Office.
松原達哉（2002）．心理テスト法入門―基礎知識と技法習得のために（第4版）日本文化科学社
宮城音弥（1960）．性格　岩波書店
宮城音弥（1998）．性格研究の方法論　詫摩武俊（編）性格　pp.1-14．日本評論社
村上宣寛（2011）．性格のパワー　日経BP社
村上宣寛（2005）．「心理テスト」はウソでした。日経BP社
村上宣寛・村上千恵子（2008）．改訂臨床心理アセスメントハンドブック　北大路書房
生地　新（2011）．パーソナリティ障害―ミロンからDSM-5への展開　現代のエスプリ, 527, 50-62.
高岡　健（2011）．パーソナリティ・パーソナリティ障害・発達障害・病前性格の位置関係　現代のエスプリ, 527, 73-78.
續　有恒・織田揮準・鈴木真雄（1970）．質問型式による性格判断の方法論的吟味―YG性格検査の場合　教育心理学研究, 18, 33-47.
若林明雄（1998）．性格類型論によるパーソナリティの理解　詫摩武俊（編）性格　pp.15-35．日本評論社

● コラム6　イルカセラピー

　イルカセラピーは，「ドルフィンヒーリング」と「イルカ介在療法」とに大別される。ドルフィンヒーリングは，イルカのそばで泳いだり体に触れたりすることを通してイルカのもつ特殊な力を感じ，それによって病や障害を癒そうとする活動のことをいう。一方イルカ介在療法（Dolphin Assisted Therapy：以下DAT）は心理療法にイルカを介在させた活動で，イルカとのふれあい遊びを体験するなかで，参加者や保護者・介護者に療育的もしくは心理ケア的な効果をもたらすことが目的とされている。ここでは，後者のDATについて紹介する。

　DATは，1970年代にアメリカでベッツィ・A・スミス（B. A. Smith）によって始められた。彼女は主に自閉症スペクトラムをもつ子どもたちを対象に，DATが子どものスキル習得や社会性の発展に役立つ手法であるということを証明するために実践と研究を重ねた。DATの統一した定義はないが，一般に自閉症スペクトラムや注意欠如・多動症などの発達障害，あるいはうつなどの精神病理的な問題をもつ人に実施されることが多い。3-5日間を1クールとし，期間中は毎日1-2回イルカと遊ぶ時間（イルカセッション）が設けられる。イルカセッションには，特別な訓練を受けたイルカトレーナーと，医師や心理療法士，作業療法士，看護師などの医療関係者が加わる。各スタッフが専門的な技能を生かして参加者の反応や行動を評価し，その評価をもとにイルカセッションの目標と内容を毎回オーダーメイドで組み立てる。DATで設定される目標にはつぎのようなものがある。

　①できない活動ができるようになる（たとえばイルカに触れること）：イルカが介入する大抵の活動は参加者にとって初めての体験となる。そのため，できないことができるようになっていくプロセスが展開されやすい。

　②したい活動を選んで伝える：イルカと遊ぶ体験は快感情につながりやすいため，参加者のふれあい活動に対する動機や，自発的に意思を表現する力が促されやすい。

　3-5日間のプログラムの間に，参加者は毎日少しずつ目標を達成していくプロセスを経て，〈できた〉という達成感を感じ続けることができる。さらに，その達成感が新しい活動の動機となる。また保護者や介護者にとっては，参加者が少しずついろいろなことが可能になっていく様子を観察することで，それまでは気づきにくかった参加者の能力を認識するきっかけになることがある。

　DATには上述した療育的，あるいは心理ケア的な効果が期待される。しかしそれ以上に，DATに参加する人は，たとえ重度のコミュニケーション障害があっても，イルカとの交流を心から楽しんでいるように見え，一方，イルカ側も人との交流を心待ちにし，水中での人とのかかわりを本当に楽しんでいる様子に見える。このような人とイルカとのノンバーバルな交流による効果の研究の必要性を感じる。しかし，DATの研究はこれまで十分に行われておらず，その有効性はまだ科学的に実証されていないのが現状である。その理由は，DATの参加には経済的負担が大きいことや，安全性と倫理面の問題提起がある。DATの創始者であるベッツィ・A・スミスすら，イルカを心理療法に介在させることへの倫理的な懸念を示し，DATの研究を中断しているという。DATをはじめ，人とのふれあい活動にイルカなどの動物を介在させるこのような療法には，ある程度の制約が設けられる必要があるといわれている。しかし，DATが障害や疾患を有する人々の生活の質の向上に貢献することは確かであろう。

【引用文献】

Pavlides, M.（2008）. *Animal-assisted interventions for individuals with autism* (1st ed.). London: Jessica Kingsley.（古荘純一・横山章光（監訳）赤井利奈・石坂奈々（訳）（2011）．自閉症のある人のアニマルセラピー——生活を豊かにする動物たちのちから　明石書店）

Smith, B. A.（1996）. *Dolphin assisted therapy.* Tokyo: Kodansha Publishers.（青木薫・佐渡真紀子（訳）（1996）．イルカ・セラピー——イルカとの交流が生む「癒し」の効果　講談社）

〈山本諭希〉

第7章 心理検査

第1節 心理検査に求められる要件

　心理検査は，性格，対人関係，発達段階など，その人の内面や状態を理解するための一助となる道具である。身体計測にたとえると，体重を知りたい場合，体重計に乗るだろう。その場合，体重計は体重を知るための道具である。さて，乗るたびにあまりにも違う結果になる体重計があったとすれば，その体重計の信頼性はないといえる。あるいは身長を知りたいのに体重計に乗ることはない。なぜなら体重計で身長を測ることは妥当ではないからである。
　心理検査は心理を測定する道具であり，体重計のような測定機器と同様に，信頼性と妥当性が求められる。

1-1　信　頼　性
　信頼性とは，測定したい目的をどのくらい安定して測定しているかを示す指標である。繰り返し測定していくとバラツキが生じるが，それを誤差という。測定誤差が低い検査ほどよい検査であり，心理検査に求められる要件の1つである（第6章第1節「性格の捉え方」も参照のこと）。信頼性の検討は，2つの測定値間の相関関係に基づいて統計学的に推計される。信頼性の指標として最もよく用いられる指標は，内部均一性に関するクロンバックのα係数である。同じ内容を測定した項目を，折半法などで相関係数を算出し，それに基づいて信頼性係数を推定する。ほかには，同じ検査を同じ被検者に対して時間間隔をあけて実施し，2つの結果間の相関関係を検討する再検査信頼性などがある。

1-2　妥　当　性
　妥当性とは，測定した値が測定したいものを的確に測定しているかを示す指標である（第6章第1節「性格の捉え方」も参照のこと）。心理検査で扱う内容は目に見えないため，妥当性は特に重要である。妥当性の検討は，さまざまな外的基準との相関係数を算出して推計する。たとえば，ある基準との相関が高い（あるいは低い）とき，妥当性が高い（低い）と考える。それを基準関連妥当性という。ほかには，検査が測定しようとする内容をどれくらい反映しているかをみる内容的妥当性，構成概念を測定しようとする場合の構成概念的妥当性などがある。妥当性は，信頼性と同様，よい心理検査に求められる要件の1つである。

1-3　実　用　性
　心理検査を実施するには，実用性の観点も考慮する必要がある。検査は項目数が多いほど，その信頼性と妥当性は高くなる。しかし項目数が多いほど，被検者には負担となり，時間を要する。したがって，実用性の観点からは項目数が少ないほどいい。また，どの検査も採点には熟練を要するが，採点が容易かどうかも実用性を判断する1つの指標である。そして教育現場で行う場合には，教育的配慮も必要である。

第2節　心理検査の種類

　ここでは，方法の違いに基づいて，代表的な心理検査や教育現場で使われる心理検査を概説する。知能検査に関しては第5章『知能・創造性と学力』に譲り，ここでは取り上げない。

2-1　質問紙法

　質問紙法とは，意見や行動に関する特徴を多数記述した項目をあらかじめ印刷して用意しておき，それを被検者に提示して「はい」「いいえ」「どちらでもない」の3件法や5件法など，所定のやり方で回答させる検査法である。

　1) Y-G性格検査　ギルフォード（J. P. Guilford）の3種類の性格検査をモデルとして矢田部達郎らが作成した性格検査である（第6章第1節「性格の捉え方」を参照のこと）。

　2) MMPI　Minnesota Multiphasic Personality Inventory（ミネソタ多面人格目録）の略称で，ミネソタ大学のハサウェイとマッキンレイ（S. R. Hathaway & J. C. McKinley）らが，人格を多面的に測定する目的で開発した検査である（第6章第1節「性格の捉え方」を参照のこと）。

　3) MPI　Maudsley Personality Inventory（モーズレイ性格検査）の略称で，アイゼンク（H. J. Eysenck）の人格理論に基づいてモーズレイ（H. Maudsley）が考案した性格検査である。向性の次元（外向 - 内向）と神経症傾向から性格を把握しようとする。各24項目と虚偽発見尺度20項目および中性項目を加えた合計80項目で構成されている。結果の処理では，外向性 - 内向性を3分類，神経症傾向も3分類し，それらを組み合わせて9類型に分類する。9類型には，それぞれ下位型がある。

　4) 職業適性検査　ある職業に必要な資質・能力の有無を判定する検査で，どのような職業に適性があるかの判定に用いる一般的職業適性検査と，特定の職業への適性判定に用いる特殊職業検査がある。ほかにGATB（General Aptitude Test Battery）がある。GATBは仕事に必要な適性能を検査するが，適性能を知的能力，言語能力，数理能力，初期的知覚，空間判断力，形態知覚，運動協応，指先の器用さ，手腕の器用さの9つの領域から測定しようとする。結果の処理では，それらの能力と連動した職業領域がわかるようになっている。

　5) 職業興味検査　職業興味検査はいくつかあるが，ホランド（J. L. Holland）が作成したVPI職業興味検査（Vocational Preference Inventory）がよく用いられる。この検査は160の職業名が記されており，それに対し興味・関心の有無を回答する。結果の処理では，現実型，研究型，社会型，慣習型，企業型，芸術型の6つの得点として算出される。ほかにストロング（E. K. Strong Jr.）が考案したストロング職業興味検査（Strong Vocational Interest Blank: SVIB）がある。調査項目は職業名，娯楽，学科，趣味活動，人間のタイプなどの分野にわたる。男性用と女性用があり，いずれも400の質問項目から構成されている。職業興味検査は，簡単に自己採点でき，職業選択の参考資料として気軽に使える点が特徴である。

2-2　投影法

　曖昧で多義的な絵や文章などの刺激を提示し，比較的自由に被検者に反応を求める検査法である。被検者が意識して回答をコントロールしにくく，あまり意識していない感情や欲求など，質問紙法と比べて，より深層を測定できるといわれている。

1) ロールシャッハ・テスト　ロールシャッハ（H. Rorschach）が考案した人格検査である（第6章第1節「性格の捉え方」も参照のこと）。白紙にインクを落として紙を2つ折にして偶然できた左右対称の図形で構成されている。カードは白黒図版5枚，カラー図版5枚，合計10枚である（第6章図6-4参照）。検査は，まず被検者が自由に答える自由反応段階，次に何が見えたか，どこに見えたか，なぜそのように見えたかを質問していく質疑段階，そして質疑段階で明確にできなかった点や疑問などを明らかにするために，検査者が直接的，誘導的に質問する限界興味段階の3段階で行う。結果の処理ではいくつかの流派が存在するが，人格の知的側面，情緒的側面，向性，自我機能の側面などの診断に用いられる。

2) TAT　Thematic Apperception Testの略称で，絵画統覚検査と訳される検査である（第6章第1節「性格の捉え方」も参照のこと）。マレー（H. A. Murray）とモーガン（C. D. Morgan）が発表した検査法で，曖昧な1枚の絵カードを提示し，物語を作るように求める。絵カードは18枚あり，検査者が絵カードを選択して使用する（第6章図6-5参照）。結果の処理にはいくつかの方法あるが，マレー法では欲求−圧力分析に基づいて，物語の意思や願望といった欲求，外界から受ける圧力，主人公の感情や態度といった内的状態，欲求と圧力の葛藤をどのように解決していくかという解決行動様式，そして，どのように物語は終結したかという結末の5つの視点から分析する。検査を通して人格や欲求，情緒，感情，葛藤などを明らかにしようとする。なおベラック（L. Bellack）は，児童は人間より動物に同一化しやすいとして，幼児・児童向けに動物を用いた絵で物語を作らせるCAT（Children's Apperception Test）を考案している。

3) P-Fスタディ　Picture Frustration Studyのことで，Picture Frustration Test（PFT）ともいわれ，絵画欲求不満テストと訳される検査である（第6章第1節「性格の捉え方」も参照のこと）。ローゼンツヴァイク（S. Rosenzweig）が欲求不満理論に基づいて作成した検査で，欲求が阻止された不満状況が1コマ漫画風に合計24場面が描かれている（第6章図6-6参照）。各場面は2名の人物がいて，日常で誰もが経験しそうな欲求が阻止された場面で構成されており，左側の人物の吹き出しには台詞が書かれ，右側の人物の吹き出しが空白になっている。被検者は思いついた言葉を空白の吹き出し部分に記入していく。結果の処理では，攻撃性がどこへ向いているか，すなわち外罰傾向，内罰傾向，無罰傾向の3つと，反応のタイプとして，障害優位型，自我防衛型，要求固執型の3つを組み合わせて9類型（2種の変形を加えて11類型）に分類して人格を評定する。

4) SCT　Sentence Completion Testの略称で，文章完成テストと訳される検査である。「私はいつも」のように，文章の出だしだけが記述され，続きが空白になった未完成な文章を刺激として提示し，被検者が空白を埋めて文章を完成させる（表7-1参照）。文章は社会，家庭，身体，知能，

表7-1　SCTの質問項目と回答例（槇田, 2000）

質問文	回答
将来	はよいオクサマになりたいと思います。
私はよく人から	気易いと言われます。
死	ナンテ，まだ切実に考えることは不可能。
私が嫌いなのは	オバケと地震とオサシミ。
家の人は私を	太っている太っていると言います。

循環気質の20歳女性による回答の事例

気質，力動，指向といった7カテゴリー，合計60文で構成されている。結果の処理では，全体をざっと読んで外観する方法と，基準を設けて客観的・量的に評価する方法がある。検査結果に基づいて被検者の性格，適応状態，生活環境，病態水準などを推定する。

5）**描画法**　描画法とは，描かれた絵から人格を推定する検査法で，投映法の1技法である。描画法には，樹木を描かせたり，特定アイテムを順番に書かせたりして風景を構成する風景構成法や家族画テストなどがある。

①バウムテスト：　樹木を描かせる検査で，職業コンサルタントのユッカー（E. Jucker）が心理診断の補助手段として用いていたものに，コッホ（K. Koch）が理論的基礎を与えて心理検査の形式にしたテストである（第6章第1節「性格の捉え方」も参照のこと）。検査では，A4判の画用紙と鉛筆，消しゴムを用意する。教示方法にはいくつかの種類があるが，そのうちの1つは「実のなる樹を描いてください」と教示し，自由に木を描かせる。結果の処理では，描かれた木の全体を評価する全体的評価，木の位置，大きさ，実写の程度，筆圧などを分析する形式分析，そして木の種類，強調や省略や歪曲などを分析する内容分析にそって性格を把握していく。検査の実施が簡単であることや，被検者に検査目的を知られにくい反面，解釈には熟練を要する。

②HTP：　バック（J. N. Buck）が考案した検査で，House（家屋），Tree（樹木），Person（人物）のそれぞれの頭文字をとってHTPと称される。検査では，被検者に家屋，樹木，人物を1つずつ違う用紙に描かせる。結果の処理では，描く順序，スタイル，位置などの観点から，感情や願望，葛藤，人格と知能などを診断する。

2-3　作業検査法

被検者に連続加算や記号の抹消など，何らかの一定作業を課し，遂行結果の特徴から性格を診断する検査法である。

1）**内田クレペリン精神作業検査**　クレペリン（E. Kraepelin）が作業心理の研究で用いた連続加算の手法を，内田勇三郎が心理検査として開発したものである。内田クレペリン検査ともいう（第6章第1節「性格の捉え方」を参照のこと）。

2）**ベンダー・ゲシュタルト検査**　ベンダー（L. Bender）によって開発された検査で，図形を1枚ずつ被検者に示して模写させる検査である。刺激図形は点，線，閉合図形などを組み合わせたもので，合計9枚で構成されている。結果の処理では，模写過程と模写されたものを採点基準に照らして評価し，視覚・運動ゲシュタルト機能の成熟度や機能的，器質的障害の発見，退行，パーソナリティの偏りなどを診断する。最近は言語によらない投影法として利用されることもあり，被検者の抵抗が少なく，集団で実施可能な点が特徴である。

3）**ITPA**　Illinois Test of Psycholinguistic Abilities の略称で，イリノイ大学の特殊児童研究所においてカーク（S. A. Kirk）らが開発した言語学習能力診断検査であり，イリノイ式心理言語能力検査とも訳する。言語学習に障碍をもつ子どもの言語能力の器質的・機能的疾患を診断する目的で開発された。検査は，言葉の理解，絵の理解，言葉の類推，絵の類推，言葉の表現，動作の表現，文の構成，絵さがし，数の記憶，形の記憶の合計10の下位検査で構成されている。結果の処理では，全検査の言語学習年齢と各下位尺度の評価点を求め，下位検査の結果と平均との差異から，情報処理特性や個人内特性を把握する。この検査ではコミュニケーション能力を知る手掛かりだけでなく，

下位検査間の差異から，個人内差を扱うことができる点が特徴である。

2-4 対人関係の測定

対人関係の測定では，選択や排斥や成員間の勢力構造，成員間のコミュニケーション構造など，対人関係や集団の心理構造を測定する。プライバシーの問題や，現実の人間関係に影響を及ぼしかねないなどの問題から，実施には注意と配慮が必要である。

1) **ソシオメトリック・テスト**　モレノ（J. L. Moreno）が選択と排斥の関係性から集団構造を測定する目的で開発したテストである（第14章第1節「学級集団の構造」を参照のこと）。

2) **ゲス・フー・テスト**　ハーツホーン（H. Hartshorne）らが考案したテストである。集団成員の中で，あるモデルに最もよくあてはまる人物を推定させるテストで，人物推定法あるいは人当てテストともいわれる。たとえば「まわりから信頼されている人は誰ですか」や「困っている人の世話をすることが多い人は誰ですか」など，望ましい（あるいは望ましくない）特性や行動について質問し，当てはまると思う人物の名前を回答させる。結果の処理では，望ましい特性で名前が挙がったら1点，望ましくない特性で名前が挙がったら−1点のように得点化し，各個人の合計得点を算出する。このテストは，児童・生徒同士の相互評価を知る手掛かりとなるが，検査後に及ぼす心理的影響や集団の雰囲気の変化に注意が必要である。

3) **親子関係診断検査**　親子関係の把握を目的とする検査で，3つに分けられる。1つは，子どもに対する親の態度・行動を，親，子ども，あるいは観察者に検査するもので，質問紙法，評定法，略画法などがある。2つめは，親に対する子どもの態度・行動を，上記と同様に検査する。3つめは，子どもの扱いについて親の意見を問う検査であり，それらを通して親子関係を把握しようとする検査である。

2-5 発達検査

乳幼児の発達状況を確認する検査で，検査結果に基づいて発達指数（Developmental Quotient）を算出する。発達指数は知能指数の算出と同様な要領で行う。生活年齢（月齢）を分母とし，発達年齢（発達検査の結果から得られた年齢（月齢））を分子として割り算を行い，その結果に100をかけて発達指数を算出する。

1) **遠城寺式乳幼児分析的発達検査**　遠城寺らが乳幼児の発達状況の把握を目的として作成した検査である。適用年齢は0歳から4歳8か月までで，検査は運動領域（移動運動と手の運動），社会性（基本的習慣と対人関係），言語（発語と言語理解）の3領域（細分化すると6領域）で構成され，1枚の用紙にまとめられている。各領域は発達段階にそって配列されており，たとえば移動運動の領域では「つたい歩きをする」ができれば10か月程度，「座った位置から立ちあがる」ができれば11か月程度の発達状況と推定する。検査は当該の生活年齢から始め，合格が3つ続いたら，高い年齢へ進む。3つ連続不合格が続いたら，その領域の検査は終了する。結果の処理では，各領域の結果をグラフ化し，描いたプロフィールから心身の発達状況を診断する。

2) **新版K式発達検査**　京都児童院が開発した発達検査の新版で，ビネー（A. Binet）検査を乳幼児期まで拡大する研究から生まれた検査である。乳幼児向けの検査問題は，ゲゼル（A. Gesell）の発達診断やビューラー（Ch. Bühler）らの発達検査から採用されており，学童期以降の検査問題は，ビネー検査から採用されている。適用年齢は0から14歳までで，検査は姿勢・運動領域，認

知・適応領域，言語・社会領域の3領域で構成されている。結果の処理では，各領域の得点，発達年齢，発達指数を算出する。全領域についても同様に得点，発達年齢，発達指数を算出し，発達状況を診断する。

2-6 その他の検査

1) **創造性検査**　問題解決に役立つ新しい考えや価値を作り出す能力を創造性といい，それを測定する目的で考案された検査を指す。狭義には知能検査から独立した創造性を測定する検査で，広義には創造活動の諸要因を測定する各種検査を指す。たとえば課題解決の際，問題点や改良点を読みとる能力を検査したり，解決方法にこだわらず，さまざまな方法を求め，いろいろと思考をめぐらす能力を検査したりする。

2) **認知型テスト**　外界の見方や捉え方は個人によって異なるが，個人に特徴的な反応様式を認知型といい，それを測定する検査を認知型テストという。認知型には，熟慮－衝動型，場依存－独立型などがある。

第3節　教育現場における心理検査の意義と留意点

心理検査は児童・生徒の心理面を測定して評価するという点で，広義の教育評価に含まれるが，教育評価に関する詳細は他章に譲り（第8章『測定と評価』），ここでは教育現場における心理検査の意義と留意点について述べる。

3-1 教育現場における心理検査の意義

心理検査は，児童・生徒の性格，対人関係，発達段階などを診断することができる。検査結果は普段の子どもとのやりとりや観察からはわからない面を知る資料になるとともに，児童・生徒の理解の一助につながる。また，検査結果に基づいて日常の教育場面でのかかわりに有用な示唆が得られること，さらには児童・生徒間の比較にも活用可能である，などの意義がある。

3-2 教育現場における心理検査の留意点

児童・生徒の理解のためには，心理検査の結果にだけ頼らないよう留意が必要である。また，ピグマリオン効果やゴレム効果，ハロー効果，寛大効果，社会的望ましさなど，さまざまな要因が影響し，結果の判断を歪めてしまう危険性があることに留意が必要である。そして，検査結果次第で児童・生徒の誤解や偏見を助長してはならないし，検査の使用目的を誤ってもいけない。さらに，結果には，検査状況や体調など，さまざまな誤差が入り込むことにも留意し，得られた結果は実施した時に得られたものとの認識も忘れてはならない。

3-3 心理検査の問題点

ここでは質問紙法と投影法の問題点について，いくつか触れておく。質問紙法は自己評価によるものであり，正直に回答せず結果を歪めてしまう問題点がある。それを少しでも防ぐために虚偽発見項目や受検態度を測定する項目を備えた心理検査もあるが，いずれにせよ，質問紙法は，被検者側の要因で結果が歪められる恐れがある。また，質問紙法は，所定の決まったやり方で回答するため，選択の自由が少ないこと，該当しなくてもあえて回答せざるをえないことも生じうる問題である。それに対して投影法は，採点に熟練を要するとともに，検査者の主観が入り込みやすく，検査者側の要因で結果が歪められる恐れがある。また，投影法には，検証可能な理論背景が少ないことなども問題として指摘されることがある。

複数の心理検査を組み合わせて実施することをテスト・バッテリーというが，質問紙法と投影法の問題点を相補うために，また被検者を多角的に把握するために，テスト・バッテリーを組むことが望ましい。

　道具は使い方によって，有益にも有害にもなりうる。心理検査が有害になるとすれば，道具が問題なのではなく，使い方が問題なのである。そのことを意識して，ぜひ教育現場で有益に活用していただきたい。

引用・参考文献

Avé-Lallemant, U. (1996). *Baum-Tests: Mit einer Einführung in die symbolische und graphologische Interpretation*. München: Ernst Reinhardt Verlag.（渡辺直樹・坂本　堯・野口克巳（訳）投影描画法テスト研究会（責任編集）(2002). バウムテスト　川島書店）

伊藤隆二・松原達哉（編）(1992). 新訂増補心理テスト法入門―基礎知識と技術習得のために　日本文化科学社

岩脇三良（1970）. 心理検査入門　日本文化科学社

Koch, K. (1957). *Der Baumtest: Der Baumzeichen-versuch als psychodiagnostisches Hilfsmittel* (3 Aufl.). Bern: Verlag Hans Huber.（岸本寛史・中島ナオミ・宮崎忠男（訳）(2010). バウムテスト（第3版）心理的見立ての補助手段としてのバウム画研究　誠信書房）

Kirk, S. A., & Kirk, W. D. (1971). *Psycholinguistic learning disabilities: Diagnosis and remediation*. Urbana, IL: University of Illinois Press.（三木安正・越智啓子・上野一彦（訳）(1974). ITPAによる学習能力障害の診断と治療　日本文化科学社）

槇田　仁（2000）. SCT―文章完成法　詫摩武俊・鈴木乙史・清水弘司・松井　豊（編）性格の測定と評価 pp.121-135. ブレーン出版

島津峯眞（監修）生澤雅夫（編集代表）(1985). 新版K式発達検査法―発達検査の考え方と使い方　ナカニシヤ出版

下山晴彦・子安増生（編）(2002). 心理学の新しいかたち―方法への意識　誠信書房

塩見邦雄（編）(1998). 心理検査ハンドブック　ナカニシヤ出版

戸川行男（2002）. TAT日本版絵画統覚検査解説　金子書房

渡邊芳之（編）(2007). 朝倉心理学講座1 心理学方法論　朝倉書店

●コラム7　WISC-Ⅳの新しい解釈

　WISC-Ⅳ（ウェクスラー児童用知能検査第4版；Wechsler, 2003, 日本版は2010）は，5歳0か月（米国版では6歳0か月）から16歳11か月の児童の知能を測定する個別式の包括的な臨床検査であり，WISC-Ⅲの改訂版である。元来知能検査の主な目的は，知的障害を特定することにおかれていたが，時代の流れとともにその重点は，個人の認知機能のより部分的な領域を測定することにおかれるようになった。そのような背景のもと，WISC-Ⅳでは，子どもの全般的な知能を表す合成得点「全検査IQ（Full Scale IQ: FSIQ）」と特定の認知領域の知的機能を表す4つの指標得点が算出されることとなった。そこでは，WISC-Ⅲにあった2種類のIQ（言語性IQと動作性IQ）が使用されなくなり，また指標を構成する下位検査にも変更が加えられ，従来の合成得点（全検査IQ，群指数）が変更された。その4つの指標とは，「言語理解指標（Verbal Comprehension Index: VCI）」，「知覚推理指標（Perceptual Reasoning Index: PRI）」，「ワーキングメモリ指標（Working Memory Index: WMI）」，「処理速度指標（Processing Speed Index: PSI）」である。知覚推理指標はWISC-Ⅲの「知覚統合（Perceptual Organization: PO）」から変更，また，ワーキングメモリ指標はWISC-Ⅲの「注意記憶（Freedom from Distractibility: FD）」からの変更である。ワーキングメモリは，会話や文章の理解，暗算，思考，推論など，高次認知で重要な役割を担っている記憶システムである。WISC-Ⅳのいくつかの変更はワーキングメモリの評価を強化することが目的であったことからも，ワーキングメモリの評価の重要性がうかがわれる。

　これらの変更は，神経心理学的評価をより可能にするものであると考える。つまり，検査結果から子どもの得意面・不得意面を解明し，その評価の結果と器質的要因との関連性（脳損傷の有無や損傷部位の予測など）や何らかの疾患（発達上の疾患など）との関連性を解釈し，そのことが日常生活上にどのように影響するのかを評価し，適切な支援や対応を判断することが求められる。そのため，WISC-Ⅳを解釈する際，神経心理学的評価の観点をもって解釈することが支援や対応において重要であると考えられる。

【引用文献】

苧阪直行（2000）．ワーキングメモリと意識　苧阪直行（編著）脳とワーキングメモリ　pp.1-18．京都大学学術出版会

Wechsler, D.（2003）. *Wechsler Intelligence Scale for Children*® - Fourth Edition.（WISC®-Ⅳ）San Antonio, TX: Pearson.（日本版WISC-Ⅳ刊行委員会（訳編）（2010）．日本版WISC-Ⅳ知能検査　理論・解釈マニュアル　日本文化科学社）

〈向　陽子〉

第8章 測定と評価

第1節 教育測定

1-1 測定とは

　教育活動において，その効果や程度は教育目標に照らし評価が行われる。存在するものは量的に存在する。量的に存在するものは測定できる，という趣旨の主張をしたのはソーンダイク(Thorndike, 1918)である。彼を中心に米国では20世紀初頭に教育測定運動が展開され，従来の口頭試問や論述試験の欠点とされていた測定の客観性の欠如や恣意性を克服する試みがなされた。そこでは，教育活動の客観的で厳密な測定と評価が目指されていたのである。

　量的に存在するものの内，物理量は重さや長さ，あるいは形をもち，秤や物差しで測定することができる。しかし，教育活動やその効果，あるいは個人の学習の成果や能力・学力などは構成概念であり心理量であり，物理量の測定のようにはいかない。測定するのには困難があるのである。心理量の測定は，いわゆるテストで間接的になされる。間接的測定であるがゆえに，テストには信頼性と妥当性が求められる。

1-2 テストの信頼性と妥当性

　テストの信頼性とは，同じ測定対象について，いつ測定しても，何度測定しても，測定者が代わってもほぼ同じ結果が得られることであって，測定に一貫性や安定性が備わっていることである。信頼性は，再検査法，並行テスト法，折半法などで確認される。

　テストの妥当性とは，テストが測定を意図していることを意図どおりに測定していることである。妥当性は，テスト項目が測定しようとする事柄を過不足なくカバーしているか否かに関する内容的妥当性と，あるテスト得点と基準となるテスト得点との関連を表す基準関連妥当性，そしてテストの結果が測定しようとする構成概念に関する構成概念妥当性がある。

1-3 テストの種類

　評価活動に必要な資料を得る方法にテストがある。テスト法には客観テスト，論文体テストがある。

　1) **客観テスト**　客観テストは，採点が客観的になされるような出題形式のテストである。その長所は，まず採点が採点者の主観や恣意に左右されず客観性があること，採点が短時間でできること，多数の問題が出題できることなどが挙げられる。逆に，短所としては，作問に時間がかかること，断片的な事実や知識の理解になりやすく，深く複雑で思考力を問う問題を出題しにくいことなどが挙げられる。

　客観テストの作問法としては，学習した知識，技術，理解に関する記憶について想起させる再生法と再認法がある。

　再生法とは学習内容の知識・技能を直接再生する方法である。再生形式には，単純再生法，完成法，並べ替え法などがある。

　再認法はいくつかの手掛かりの中から学習した事項を確認する方法である。再認形式には，真偽

法（○×テスト），選択法，組み合わせ法などがある。

2）論文体テスト　論文体テストは，指定された設問に対して論述で解答する形式のテストである。幅広い知識や理解力，論理的な思考力，表現力などの能力を把握することが可能であり，作問が容易で短時間でできるなどの長所がある。しかしながら，受験生の問題文の読み取りに個人差が生じる恐れがあること，出題数が少なく多くの領域をカバーするのは難しいこと，記述式なので採点に時間がかかることなどの欠点もある。加えて，採点の際，答案の文字の上手下手，表現の巧拙など測定目的とは直接関係のない要因が採点者の主観に入り込みやすく，客観性が乏しいなどの問題も指摘されている。ある程度の客観性を維持するためには，採点前に採点基準を明確にしておく必要がある。採点に複数の人がかかわるときには，あらかじめいくつかの答案を抽出し採点研究をしてルーブリックを作成しておくのがよい。ルーブリックとは質的採点の基準表のことである。

橋本（1976）は，評価領域別に評価目標と適合する評価用具（テスト，検査）を網羅的に示している（表8-1を参照）。どのような評価目標のとき，どのテスト用具を選ぶかの指針である。

1-4　測定の歪み

測定には歪みがつきものである。正しい評価を行うには測定が正しくなされていなければならない。測定対象について背景的な情報が混入し測定に歪みが生じることがある。

ハロー効果は，その一例である。表現の稚拙さや文字の上手下手など測定意図とは直接かかわらない要因によって測定に歪みが生じることである。眩暈効果とも呼ばれる。

ホーソン効果は，見掛け上の一時的な成績向上の現象であり，新しい教育方法の導入や，重要なプロジェクトの対象になっているなどの気分により生じる現象である。

ピグマリオン効果は，教師の児童生徒に対する熱意や期待の反映として，学習者の側に意欲が高まり顕著な影響を与える現象である。

1-5　標準検査と教師作成テスト

標準検査は，検査作成過程において，標準化の手続きを経て作成された信頼性や妥当性が考慮され，これらが保証されているテストである。学力検査や知能検査などがある。標準化されているので，全国レベルや地域間レベル，学区間レベルなどの比較ができる。そうすることで学業達成の差異が明らかになる。良し悪しは別として，達成度を客観的に示すことができるということである。

試験成績の得点はほぼ正規分布をする（図8-1）。成績が正規分布することを前提に，いわゆる5段階評価の人数は決められる。上位7％が「5」下位7％が「1」，「4」と「2」はそれぞれ24％，「3」が38％となる。40人学級であれば「5」の評価を得るのは40人×0.07＝2.7で約3人になる。

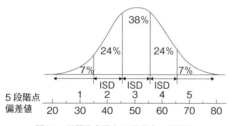

図8-1　正規分布図と5段階点，偏差値

個人の得点はその分布の中に位置づけられる。個人が集団の中でどの位置にあるかは偏差値によって表される。偏差値はつぎのように定義される。

$$偏差値 = \frac{10（個人の得点 - 集団の平均値）}{集団の標準偏差} + 50$$

個人の得点が集団の平均点と同じなら，偏差値は50となる。50より大きければ平均より上位に位置づけられ，小さければ下位に位置づけられる。

教師作成テストは，具体的には児童生徒の学習活動の状態をきめ細かく把握できるように，教育

表8-1 評価目標と用具との適合関係 (橋本, 1976)

評価の分野	評価目標			妥当するおもな用具
知能適性の検査	知能	一般知能, 特殊知能		知能テスト (標準化)
	適性	職業適性		職業適性検査 (公式・非公式), 観察法, 面接法
		進学適性		進学適性検査, 観察法, 面接法
		学習レディネス		レディネステスト (公式・非公式), 知能テスト
人格性の評価	気質, 情緒性			自己目録法 (公式), 作業検査, (公式) 質問紙, プロジェクティヴテクニク, 観察法, 評定法, 逸話記録, 面接法
	適応性, 行動性, 態度・興味, 道徳性			観察法, 評定法, 面接法, 逸話記録, ゲスフーテスト, 質問紙, 自己目録法 (公式), プロジェクティヴテクニク
学習の評価	理解 (全教科についての)			論文体テスト, 客観テスト (特に選択法, 完成法), 標準テスト, 観察法, 面接法
	知識 (全教科についての)			各種の客観テスト, 標準テスト
	技能	読み・書き・計算		各種客観テスト, 標準テスト, ノート検閲, その他の観察
		会話・討議などの社会的技能		観察法, 評定法, 逸話記録, ゲスフーテスト
		図表・図書・機械器具などの使用技能		観察法, 評定法, 客観テスト
		描図・描画・工作・裁縫・実験・運動の技能		観察法, 評定法, 客観テスト
	問題解決力	問題の発見・構成, 資料解釈, 知識, 原理の適用力		観察法, 評定法, 面接法, 問題場面テスト (論文体と客観的と)
	作品表現	図画・工作などの作品, 音楽・体操などの表現		評定尺度, チェックリスト, 一対比較法, 順位化法, 等現間隔法
	態度・習慣・興味・鑑賞	価値観		文章体テスト, 質問紙, 面接法
		学習態度・習慣・興味		観察法, 面接法, 逸話記録, 評定法, 質問紙, ゲスフーテスト
		鑑賞		観察法, 評定法, 質問紙, 文章体テスト, 並立比較法, 順位化法
	学習や作業の過程	読み・歌唱・運動・実験・計算などの学習のプロセスによる分析目標		観察法, 面接法, 学習の時間的経過に即して作られたチェックリスト, 録音, 映像記録
身体の評価	内臓その他の医学的検査目録			医師の診察, 身体検査
	身長・体重・視聴力・体力, 運動能などの測定学的目標			身体検査, 体力測定, 標準検査, 評定法
	からだの釣り合い, 活力, 元気, 姿勢, 食欲, 皮膚, 弱視, 難聴など			見えによる観察法, 面接法, 評定法
	健康知識, 理解, 習慣, 態度			観察法, 評定法, 質問紙, 客観テスト, 問題場面テスト, 面接法, ゲスフーテスト
学校評価	教科指導の計画, 生徒指導, 施設, 管理, 生活指導, 図書館活動, 教職員など			観察法 (書類検閲・参観など), 面接法, 質問紙, 評定法
問題児の診断	行動問題児, 学習問題児など			ケース・スタディ

活動を行う教師自身が作成したテストのことである。形成的評価の実施や，定期テストなどにおいて使用されることが多い。信頼性や妥当性については保証しがたい面もある。また，学校現場では自校内での比較は可能だが他校や都道府県や全国レベルの状況との比較はできない。

1-6 パフォーマンス・テスト

習得した知識や技能を使って，パフォーマンス課題について成果をテストする。学習者が制作した作品，あるいは演技（パフォーマンス）について質的に評価する。松下（2010, p.6.）はパフォーマンス評価について「ある特定の文脈のもとで，様々な知識や技能などを用いて行われる人びとのふるまいや作品を，直接的に評価する方法」と説明している。人びとの潜在能力としてのコンピタンスが顕在したパフォーマンスを客観的に評価する方法である。パフォーマンスは正答・誤答が明白ではないので，採点には前もってルーブリック（質的評価の基準表）を作っておき，それに基づいて評価される。このルーブリックはアイススケート競技や体操競技のような「採点」の場合の仕組みに似ている。ただ，あるルーブリックでは想定されていなかったパフォーマンスが現れるかもしれない。この意味で，そのルーブリックも修正される場合もあるだろう。評価の客観性を保つためにはいろいろ工夫が必要である。このようにルーブリック作成はたやすくない。

松下（2010）は，学校で通常行われているアチーブメントテストによる評価とパフォーマンス評価を比較している（表8-2）。個別的に評価がなされるため実施と評価に長時間を要する。集団的に評価するのは難しい点がある。ただしパフォーマンスが記述式でなされた場合には集団の一斉テストも可能ではある。しかしこの場合も，記述式であることによって論文体テストがもっていたように採点・評価において客観性を保つには問題がある。

表8-2 ふつうのテストとパフォーマンス評価の比較（松下, 2010）

	ふつうのテスト	パフォーマンス評価
評価手段	ペーパーテスト	具体的活動，ペーパーテスト
解答形式	択一式，簡単な記述式	自由記述式（ペーパーテストの場合）
問題数	多い	少ない
テストの性格	スピードテスト的性格	パワーテスト的性格
評定尺度	比較的限定された学力を，一元的な尺度で評価する（正誤の二分法）	複合的な学力を，多次元的な尺度で評価する（複数のレベル）
評価観点の設定時機	どのような学力をみる問題かをあらかじめ決めておく（採点コードを用いる）	どのような学力が発揮されているかは，事後的に個人的に明らかになる（採点と同時並行で作成したルーブリックを用いる）

1-7 ポートフォリオ

学習単元の継続中，学期ないし学年など比較的長期の時間の経過の中で学習を記録したものがポートフォリオである。学習者個人の学習の成果としての制作物，答案，絵画や写真，録音・録画の記録などが集積されたものである。学習者はこれらの諸記録について自己評価を行い，教師は到達目標と照らし合わせて学習者の成長発達を支援する役割をもつ。

1-8 テスト活動

テストの活動について橋本（1966）は，生徒と教師双方の視点から関連を検討し，表8-3のように整理して示している。一連の活動を明示的に知ることによって，よりよいテスト活動が可能となる。教師にとってテストは採点して返却すればことが済むのではない。誤答分析を通して問題点を確認し授業改善に資するものとして位置づける必要があるだろう。児童生徒にとっても答案の点数

表 8-3 テスト活動（橋本，1966）

	教師側からみたテスト活動	生徒側からみたテスト活動
事前の活動	1 テストすることを予告する 2 用意の仕方について指示する 3 問題を作成する 　3-1 出題内容を決める 　3-2 作問形式を決める 4 標準テストを選択する	1 テストの予告を受ける 2 用意の仕方について指示を受ける 3 テストの準備をする
テストを実施する（受ける）活動	5 テストを実施する	4 問題を読んで答を想起したり考えたりする 5 答案を書く
事後の活動	6 答案を採点する 7 結果を分析・診断する 8 答案の返却または結果を知らせる	6 答案を受け取り調べてみる，あるいはテストの結果を知らされる 7 自己採点をする 8 テストの後，私的に合否をテキストやノートで照合してみる
テストの頻度	9 しばしばテストをする	9 しばしばテストを受ける

にのみ一喜一憂するのでなく問題点を明白にすることによって確かな学習の歩みがなされるのである。

1-9　質問紙法

学力テストなどで知識理解技能を把握する以外に，興味・関心・意欲・態度，性格などの目標を捉える方法の1つに質問紙法がある。質問紙法は児童生徒が一連の質問に回答する形式が一般的である。

第2節　教育評価

2-1　教育評価とは

1）教育の目的と教育評価　わが国の教育の目的は，教育基本法第1条に「教育は，人格の完成を目指し，平和で民主的な国家及び社会の形成者として必要な資質を備えた心身ともに健康な国民の育成を期して行わなければならない」（昭和22（1947）年制定，平成18（2006）年改正）と謳われている。人格の完成が教育の目的であり，この目的達成のために教育活動が行われる。目的に即してより具体的には教育の目標が個別的に公示される。目標の達成状況は試験などを通して評価される。

2）教育評価の思想　目標達成には歴史的あるいは社会的な制約により意図どおりに進まないことが多い。しかし，教育活動においてはその目的なり目標なりがどう達成されたか評価する活動が必要になってくる。この活動は学習者の成長・発達を支援する活動である。梶田（2007）は，教育評価思想について，①一次元的評価思想（例；席次を重視する，テスト得点で序列化する），②多次元的評価思想（例；個人の個性を多側面から評価する），③無評価の思想（例；各自が各自の形で成長発達を遂げればよいと考え，教育に評価を用いない）の3種に分類している。①は権威主義的であり人を上下などの序列化を志向する，②は合理主義的であり，個人の特性を多元的に表現する，③は理想主義的であり評価無用論とされる。

梶田（1981）は，教育の成果に責任をもつ視点からのモデル図を示している（図8-2）。評価の形態からは，相対評価や絶対評価または認定評価ではなく到達度評価を，評価の機能については総

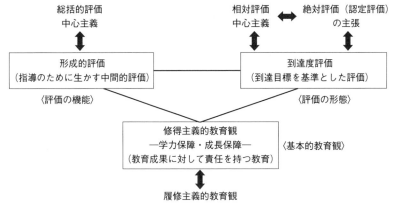

図8-2 教育評価のポイント（梶田, 1981）

括的評価中心ではなく形成的評価を，基本的教育観としては履修主義的でなく修得主義を強調している。相対評価にこだわれば児童生徒の序列化が避けられず，履修主義に徹すると学習そのものが，学んだことがあるというレベルにとどまってしまう。総括的評価を強調すると，一度評価が出てしまえばもはや習得の修正が不可能となる。

3) **教育目標分類学**　梶田ら（1973）は，ブルームら（Bloom et al., 1971）の教育目標分類学，形成的評価，完全習得学習（マスタリーラーニング），到達度評価などについて研究し，以下のように説明している。

教育目標分類学に関して，ブルームらは，教育目標になりうるものの全体を，認知的領域，情意的領域，精神運動的領域に三分し，領域ごとに階層的に区分している。具体的には，認知的領域は知識の再生や理解，知的な諸能力の発達に関する目標を表し，情意的領域は興味，態度，価値観，正しい判断や適応性の発達に関する目標を表し，精神運動的領域は運動技能などの発達に関する目標を表す。特に認知的領域に掲げられる目標は，客観的に観察できる形で設定され，行動目標と呼ばれる。

4) **絶対評価，相対評価，個人内評価，到達度評価**　評価は，評価基準を何に置くかによって，絶対評価，相対評価，個人内評価に区分される。

絶対評価：　評価者が自身の内にもつ物差しを基準にして評価するシステムである。個人の努力や進歩が適正に評価される。しかし評価者の主観に左右され，恣意的である。時には独善的になりやすい。物差しの基準の正当性が課題であるなどの欠点が指摘される。

相対評価：　ある児童・生徒の成績（点数）をその構成する集団の中に位置づける評価システムである。たとえば，5段階評価や順位づけなどがその典型例である。集団の平均点と標準偏差によって偏差値が算出され場合がある。ただ，ある個人が努力し改善がなされているとしても他の者が同様に努力しているとすれば，集団内部での相対的位置づけに変動は起こらず，学習者の努力の成果が表れにくい，といった欠点も指摘できる。

個人内評価：　評価基準が学習者個人の中に置かれた評価方法である。個人に特化した評価方法である。個人内評価には2つの方法がある。1つ目は縦断的評価であり，たとえば過去の成績と比較してどのような変化が見られるのかを判断する方法である。2つ目は横断的評価であり，教科間の得手不得手などの把握を可能とする方法である。同一教科内での観点別の特性も明らかにすることができる。また，学力テスト成績と知能検査得点との比較を行うことにより得られる成就値により，学習達成の状況を知ることができる。

到達度評価：　絶対評価の一種である。従来の絶対評価では評価基準が評価者個人に内在してい

たのに対して，到達度評価では，評価基準が到達目標（クライテリオン）として外在的に設定されている。この評価を行うには，①具体的目標を可視化し，②その目標を代表するアイテムのサンプルを選び出し，③サンプルに基づいた到達度評価のスタンダードの設定が重要である（橋本, 2001a）。到達目標は行動目標として表現される。たとえば，「何々について理解する」とか「鑑賞する」とかの抽象的な表現ではなく，「何々ができる」などの具体的な目標設定をする。行動目標の達成が点数化された場合，その度合いを客観的に判断する基準もあらかじめ設けられているものとする。このように，絶対評価の基準の恣意性や相対評価のもつ欠点を払拭するものである。

5）診断的評価，形成的評価，総括的評価　評価を行う時期の違いによって，あるいは評価の意図の違いによって評価の意味合いは異なる。ブルームら（1971）は，表8-4のように概括している。

診断的評価：　学年または学期開始前，あるいは単元開始前に，児童生徒の学習の前提となるレディネス（準備状態）を把握するためになされる評価である。これによって児童生徒の配置，学習指導の授業計画，補充指導に役を立てることができる。

形成的評価：　教育活動の過程において，授業の中でなされる評価である。授業に参加している児童・生徒の理解や興味・関心・態度，理解の程度などきめ細かく絶えずチェックしながら完全習得学習を目指す評価である。その目的は，教育目標に応じた成果が得られているかについて，指導過程の途上で適宜把握，判断し，その結果をそれ以降の教育や学習活動の改善に役立てることである。教師にとっては，評価情報を即時に指導に生かすことができ，学習者にとっては，自分の学習の様子をモニターし学習計画を修正することに役立てることができる。いわゆる落ちこぼれを発生させないで，学力保障，成長保障を促すものである。

総括的評価：　従来の期末テストや学年末テストの性格をもつ評価である。到達目標に沿って，その達成の度合いが評価される。総括的評価により，教師は，カリキュラムや指導方法など自分の教育実践を反省し，今後のよりよい実践を構想する手掛かりとすることが期待されている。また学習者は，自らの学習成果を総括的に理解し，つぎの学習に生かすことが期待されている。

2-2　学習指導要録と通信簿

指導要録は，児童生徒の学籍並びに指導の過程及び結果の要約を記録し，その後の指導及び外部に対する証明等に役立たせるための原簿となるものであり（文部省通知），作成と保存が義務づけられている。指導要録は指導機能（学習の記録）と証明機能（学籍）をもち，前者は5年，後者は20年の保存期間が定められている

通信簿はおなじみの文書である。学習者にとって，緊張を誘うものである。通信簿は法定の文書ではなく，学校や市町村の自由裁量に任されている。児童生徒に関する学校と家庭のコミュニケーションの役割を担っており，とりわけ成績の記載があるので関心が高い文書である。児童生徒の進歩の現状と将来の成長に資するような内容で作成されることが期待される。

2-3　教育評価のパラダイム転換

従来の相対評価中心の評価が，2001年の指導要領の改訂で「目標に準拠した評価」に転換した。さらに各教科の「観点別評価」，学習者個人の成長が継続的に把握しうる個人内評価，そして関心・意欲・態度の評価を重視している。関心・意欲・態度の評価は動機づけの評価である。どのように目標を明確にするか，従来の知識・理解・技能の把握に比べて客観的な評価は困難である。

「教育評価とは子どもたちを値踏みして，序列・選別するものではなく，教育活動それ自体に反省を加えて，教育活動を修正・改善をおこなう」（田中, 2009）ものである。従来教育評価は教員が行うものと信じられてきた節がある。では，評価の主体は誰なのであろうか。田中は，①子どもたち，②教師，③保護者，④教育行政機関，⑤第三者機関を，挙げている。これら5者は，教育活動にあっ

表 8-4　評価のタイプ（Bloom et al., 1971 ／邦訳, 1973）

	評価のタイプ		
	診断的	形成的	総括的
機　　能	クラス分け： ―必要とされる技能があるかないかの確認 ―あらかじめ習得されているレベルの確認 ―各種の教授方式に関係があると思われるさまざまな特性による生徒の分類。持続的な学習上の問題点の底にある原因の確認	生徒の学習の進展に関する教師と生徒へのフィードバック治療的な指導の方針をはっきりさせることができるよう単元の構造の中で誤りを位置づけること	単元，学期，課程の終わりに，単位を認定したり成績をつけたりすること
実施時期	クラス分けのためには，単元，学期，学年が始まるとき通常の授業によっては十分学習できないことが一貫して明らかな場合には教授活動の進行中	教授活動の進行中	単元，学期，学年の終了時
評価の中で強調される点	認知的，情意的および精神運動的能力 身体的，心理的，環境的要因	認知的能力	一般的には認知的能力，教科によっては精神運動的能力や情意的能力も
評価手段のタイプ	予備テスト用の形成的テストと総括的テスト 標準学力テスト 標準診断テスト 教師作成のテスト 観察とチェックリスト	特別に作られた形成的テスト	期末試験，あるいは総括的テスト
評価目標のサンプリング方法	要求される個々の能力に関する特定のサンプル 重みづけをした課程目標群のサンプル 特定の教授方式に関係があると考えられる生徒側の変数のサンプル 身体的，情緒的，環境的要因やそれに関連した能力のサンプル	単元のヒエラルキーにおける相互関連的なすべての課題に関する特定のサンプル	重みづけをした課程目標群のサンプル
項目の困難度	要求される技能や能力の診断には，やさしい項目をたくさん用い，65％以上の通過率	前もって指定できない	非常にやさしい項目から非常に難しい項目まで 35％から 70％にいたる範囲の平均的通過率
採　　点	「規範」あるいは「達成基準」に基づく	「達成基準」に基づく	一般に「規範」に基づく。「達成基準」に基づくこともありえる

てのステイク・ホルダー（利益関係者，評価参加者）である。子どもたちが評価のステイク・ホルダーであることはもちろんのこと保護者や諸機関が参加することによって教育評価はパラダイム転換を余儀なくされる。教師には自らの教育活動の反省，学校には教育の成果に対して説明責任（アカウンタビリティ）が求められている。教育評価に多くのステイク・ホルダーが加わることによってよりよい教育活動の修正・改善が行われるのである。

引用・参考文献

東江平之・前原武子（編著）(1989). 教育心理学　福村出版
東　洋 (1979). 子どもの能力と教育評価　東京大学出版会
Bloom, B. S., Hastings, J. T., & Madaus, G. F. (1971). *Handbook on formative and summative evaluation of student learning*. New York: McGraw-Hill.（梶田叡一・渋谷憲一・藤田恵璽（共訳）(1973). 教育評価法ハンドブック：教科学習の形成的評価と総括的評価　第一法規）
橋本重治 (1966). 学習におけるテストの効果　日本心理学会モノグラフ委員会
橋本重治 (1976). 新教育評価法総説　金子書房
橋本重治 (2001a). 到達度評価の研究　図書文化
橋本重治 (2001b). 続・到達度評価の研究　図書文化
橋本重治 (2003). 教育評価法概説（改訂版）（財）応用教育研究所（編）図書文化
梶田叡一 (1981). 新しい教育評価の考え方　第一法規
梶田叡一 (2007). 教育評価（第2版補訂版）有斐閣
松下佳代 (2010). パフォーマンス評価　日本標準
田中耕治（編）(2009). よくわかる教育評価　ミネルヴァ書房
Thorndike, E. L. (1918). The nature, purposes, and general methods of measurements of educational products. In G. M. Whipple (Ed.), *The measurement of educational products* (17th yearbook of the National Society for the Study of Education, Part Ⅱ, pp.16-24.) Bloomington, IL: Public School Publishing.

●コラム 8　DN-CAS（Das-Naglieri Cognitive Assessment System）と教育

　近年，さまざまな心理検査が開発されているが，知能を認知処理過程として捉え，それを測定する新しい検査がDN-CASである。DN-CASでは，プランニング・注意・同時処理・継次処理の4つから，子どもの認知処理様式を捉え，個人間差や個人内差を検討することが可能である。特に，注意欠如・多動性障害（ADHD）や学習障害（LD）をもつ個人の認知特性を評価することができ，また，知的障害のある子どもの鑑別診断の助けとなる役割ももつ（Naglieri & Das, 1997）。

　これらの理論的背景にはルリア（Luria, 1973）の脳モデルをベースとした知能のPASS理論（planning-attention-simultaneous-successive theory）がある。ルリアは脳の機能を3つの基本的機能単位系（functional unit）に分けた。それは，人間の認知処理過程を知能の1つの枠組みとして捉え，それらを構成する基本的な4つの概念をプランニング，注意，同時処理，継次処理とし，それらが相互に連携したり，知識と連携したりして情報を処理すると考えられている（Das et al., 1994）。

　PASSモデルを具体的な学習において考えると，プランニングが苦手で，除算の筆算につまずいている可能性のある児童や，注意がうまくできず計算ミスが多い児童などが想定される。特に算数学習に着目すると，K-ABC（Kaufman Assessment Battery for Children）のハンドブックの中で，算数学習と認知処理様式との関連が考察されているが，教科学習の各段階において，継次処理または同時処理あるいは両方がかかわるために，いずれかが弱い場合も学習上の困難が予想されるという（Kaufman & Kaufman, 1983）。例としては，算数の場合，数の関係の基礎概念の形成は，視覚 – 視空間システムに依存していることから，同時処理に弱さをもつ児童は数概念の把握が困難で，機械的記憶の学習に頼らざるをえないという。一方で，継次処理が苦手な児童は，計算や文章題を解くための段階的な手続きを必要とする方略に困難を示すという。さらに，ダスら（Das et al., 1994）は，文章題でも，継次処理に問題がある場合は，提示された一連の構成要素を読み取る際に困難を感じることを示唆している。

　子どもの得意な部分と苦手さを感じている部分をDN-CASという検査で測定し，実際の学習や生活場面に生かすことができれば，かかわる大人が子どもを理解するための手助けになると同時に，子どもに合わせた丁寧なかかわりを行うことで自尊心や自己肯定感を支えるための有効な手段となるだろう。

【引用文献】

Das, J. P., Naglieri, J. A., & Kirby, J. R. (1994). *Assessment of cognitive processes: The PASS theory of intelligence*. Needham Heights, MA: Allyn & Bacon.

Kaufman, A. S., & Kaufman, N. L. (1983). *Kaufman assessment battery for children*. Circle Pines, MN: American Guidance Service.（松原達哉・藤田和弘・前川久男・石隈利紀（訳編著）（1993）．K-ABC心理教育アセスメントバッテリー　丸善メイツ）

Luria, A. R. (1973). *The working brain: An introduction to neuropsychology*. New York: Basic Books.（鹿島晴雄（訳）（1999）．神経心理学の基礎―脳のはたらき　第2版　創造出版）

Naglieri, J. A., & Das, J. P. (1997). *Cognitive assessment system*. Itasca, IL: Riverside Publishing.（前川久男・中山　健・岡崎慎治（訳編著）（2007）．日本版DN-CAS認知評価システム　日本文化科学社）

〈當眞江里子〉

第9章　発達の原理

第1節　発達とは

1-1　発達とは

　DPE という3文字の略字は，街の写真屋さんの看板に掲げられている，写真屋さんを表す和製英語の略字である。この意味するところは，development, printing, enlargement である。ここでいう development とは，発達とか発展とかという意味でなく，現像という意味で使われている。この現像という意味は，発達という言葉の意味する内容と深く関わっている。現在はディジタルカメラがほとんどだが，以前は写真の現像には暗室で現像液を用いていた。現像液の中で，印画紙に像を浮かび上がらせながら現像していたものである。印画紙は白紙で，この白紙に像が浮き上がってくる，このプロセスを development というのである。印画紙は真っ白な紙であるが，その中に像が浮かび上がるということは，本当はそこに像があったということになる。

　それでは人間の発達ということは，どういうことを指すのか。人間は生まれたときは白紙だといわれる。これは経験論の立場にあたる。人生は白いキャンバスにデッサンをしていく過程にたとえられる。この考えは人間の発達においては環境がいかに大きな影響を及ぼすかということを重視している。しかし，現像の場合の印画紙に本来像があることを考えると，人間も生来的にみて，生物として遺伝的規定を強く受けているはずである。もともと人間に備わっている生得的な要因を発達では無視することはできない。白い印画紙の中には，生得的な遺伝的要因が隠れていることになる。人間は，この遺伝要因と生まれてからの環境要因が相互に関連しながら生きていく動物ということになる。

　そうであるならば，人間の発達過程を考えるとき，まず，人のどのような機能が遺伝に強く影響を受け，またそれが環境によってどう変化するのかということを見ていく必要がある。

1-2　環境閾値説と輻輳説

　図 9-1 は東（1968）によるジェンセン（Jensen, 1968）の環境閾値説の考え方を示している。すなわち，環境要因がどれだけ人の特性の発達に影響を及ぼすかということを示したものである。この

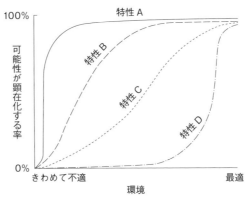

図 9-1　環境がどの程度発達に適しているか：ジェンセンの環境閾値説（Jensen, 1968; 東, 1969）

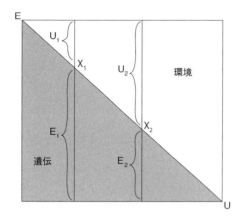

図9-2 ルクセンブルガーの図式
(Luxenburger, 1943; 藤永, 1982)

図からいえることは，特性Aは，環境がきわめて劣悪な状態にあっても，その機能・特性が顕在化することを示している。たとえば，戦後直後は食糧難で食べるものに大変不自由した時代があったが，それでも背の高さの成長には栄養の偏りなどは，それほど影響を与えず，背が高くなる人はそのような環境でもちゃんと成長している。このような特性Aは，その可能性がきわめて劣悪な環境で育ったとしても，顕在化する可能性を示す。一方，特性Dは最適な環境でないと，その人の本来持っている特性が顕在化しないことを示している。たとえば，音楽的素養を持っていても，その人が音楽的な素養，たとえば音に対する感性や外国語の音韻知覚などを発揮できる最適な環境の中で育たないと，その特性は開花しないことになる。このような特性は環境要因の影響を大きく受けることになる。特性Bや特性Cなどはその機能が環境と素質の両方の影響を受けながら顕在化することになる。特性Bや特性Cは，知能検査ではかられる知能や学業成績などがそれにあたる。

この説のもとには，シュテルン（W. Stern）の輻輳説がある。輻輳説とは，内因的要因と外因的要因が輻輳して，ある心理的機能の発達に関わるという考え方である。たとえば，人間には2つの眼球があるが対象は1つしか認知しない。これは目の働きは双方の眼球が輻輳して外界の認知を生起させるメカニズムを備えているからである。このように内的遺伝的要因と外的環境要因が輻輳して人間の心的機能が発達するという説である。図9-2はこのことを示したルクセンブルガー（H. Luxenburger）の図である。これは遺伝的要因が強い場合は，環境的要因が弱く，逆に遺伝的要因が弱い場合は環境的要因が強く働くという考え方である。すなわち，両者の要因が独立的に1つの心的機能の発達に関与する考え方である。

1-3 家系研究法と双生児研究法

人間の発達を考える場合に，この遺伝か環境かという議論は双方の研究史にも表れている。生得説をとるか，環境重視説をとるかという論点である。前項では，遺伝と環境が相互に関わりながら発達することについて述べたが，ここでは，具体的な両者に関わる研究について説明する。

1）**家系研究法**　生得説を支持する立場に，家系研究法がある。家系研究法とは何らかの特性を有する個人を中心に，その特性が同一家系に出現する頻度を研究するものである。図9-3に進化論で有名なダーウィン（C. Darwin）の家系を示す。ダーウィンの例は生得的要因がその後の成育に

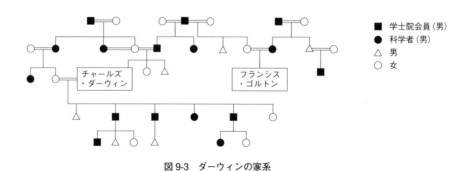

図9-3 ダーウィンの家系

大きな影響を与えている例である。
　しかし，家系研究法は心的特性の遺伝的な影響の大きさを示す，生得説を支持するよい例であるが，生得説ではそれぞれの家系の環境の違いなどを考慮することができず，環境による要因と遺伝による要因を完全に区別することができないという問題が研究の当初より指摘されている。現在はこのような研究法は科学的には認められていない。この欠点を補う研究法が双生児を用いた双生児研究法である。

表9-1　一卵性双生児における身体的・心的諸特性の相関係数
(Newman et al., 1937; 粂・佐藤, 1992)

身体的・精神的特性	生育	
	同一家庭	別家庭
身体的特性（身長）	0.98	0.97
知能（ビネー法IQ）	0.91	0.67
学業成績	0.96	0.51
性格（神経質傾向）	0.56	0.58

注) 相関係数が1.00に近い程，一卵性双生児の2人の間に違いがないことを意味する。

　2) **双生児研究法**　双生児には，1つの受精卵が2つに分かれた一卵性双生児（この場合は生まれた双子は同一の遺伝子をもつことになる）と，2つの受精卵から生まれた二卵性双生児（きょうだいが同時に生まれたことと同じになる）がある。さまざまな環境条件のもとで，遺伝的に同一である一卵性の双生児とそうでない二卵性の双生児を比較することで，遺伝と環境の影響の違いを知ることができることになる。表9-1は，ニューマン（H. H. Newman）による一卵性双生児の研究結果である。このことから，性格などの心的特性は，身体的特性に比べて遺伝的な影響を受けることが少ないことがいえる。それでは，人はどのように身体的特性や心的特性を発達させていくのであろうか。

第2節　発達の原理

2-1　身体と脳の発達

　年齢に伴う心身の変化のプロセスを発達という。広義には一生の変化の過程を指すが，狭義には一応の成熟に到達する時期の上昇的な変化を指す場合もある。しかし，人生80年といわれる昨今では生涯発達的な側面で発達を捉える必要が生じており，生まれてから死ぬまでの過程を発達として捉えるようになってきた。

　図9-4は，身体各部の発達の比率を示したものである。身長の発達に伴って体型が大きく変化していく。新生児の体型では頭部が大きく，4頭身である。幼児期前半の2-3歳児になると，頭部の占める割合は比較的小さくなるが，それでもほかの身体部位に比べてかなり大きく，5頭身である。幼児期後半になると，より成人に近い体型に近づき6頭身となる。

　この時期の脳発達の指標である神経細胞の樹状突起の伸長は，図9-5に示されているように3つの段階に分けられる。第1段階は生まれてから3歳頃まで，第2段階は4歳から7歳頃まで，そし

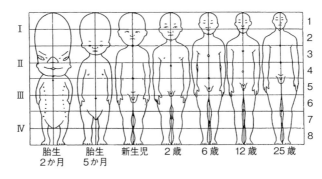

図9-4　発達に伴う身体各部の割合の変化（Stratz, 1922; 舟島, 1995）

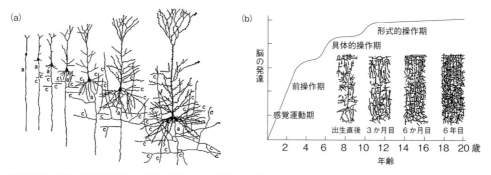

樹状突起の発達 (a) 樹状突起の形成（図中のaは軸索，cは軸索の側枝，ほかの突起は樹状突起）；(b) 神経回路の形，

図9-5 樹状突起の発達（ピアジェの発達段階を重ねる）（時実，1970を改変）

て第3段階は10歳前後にあたる。その後ゆっくりと進み20歳頃にピークを迎える。第1段階は乳児期から幼児期前期，第2段階は幼児期後期から児童期前期，第3段階は児童期後期から思春期にあたり，それ以降は青年期に大まかには対応する。この樹状突起などの神経回路の形成は，大脳新皮質全体に均一に行われるのではなく，各段階によって異なっている。特に第2段階から第3段階にかけての前頭前野の神経回路網の形成は，生涯発達にとって重要な意味を持つのである。

それでは発達の方向性はどのような原理に基づいているのであろうか。

2-2 発達の原理

人の発達のしかたは各個人ではばらばらではなくほぼ以下のような発達の原理がみられる。脳と心の発達の一般的傾向を理解しておくことが，教育実践の場で有意義な情報を提供してくれる。

1) **発達の連続性**　人間の発達過程は生誕から死にいたるまでの連続的な変化過程にほかならない。上昇的な発達を遂げる乳幼児期，児童期，青年期，比較的変化が少ないといえる壮年期を経て，その後の退歩的な衰退傾向を示す初老期，老年期にいたり最終的には死を迎えることになる。

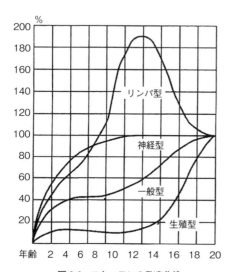

図9-6 スキャモンの発達曲線
（Scammon, 1930; 新井, 1997）

2) **発達の順序性と方向性**　発達には一定の順序や方向性がある。身体の発達については，上部から下部への順序性，たとえば，頭－首－胸－足－足首－足指，と中心部から末端部へ向かう方向性，肩－腕－手首－指先とがある。たとえば，乳児が皿にのっている甘納豆を手で掴もうとしても皿からこぼしてしまう。幼児で指を用いて，かろうじて1つの甘納豆を掴むことができるようになる。さらに年長の幼児になると箸で1つの甘納豆をつまむことがでるのである。

3) **発達の波動性**　身体の部位によって成長率は異なる。伸長は生誕後に急増し，その後の発達は緩やかになる。スキャモン（R. E. Scammon）は，器官別に20歳の時を100にして，身体発達の様子を4つに分類している（図9-6）。

①リンパ型： 扁桃腺，リンパ腺などの分泌腺は10歳から12歳にかけて最も発達するが，その後は年齢とともに低下する。
②神経型： 脳髄，脊髄，感覚器官などの神経組織は最も早い時期に発達が進み，幼児期後半には約90％までの発達を示し，12歳頃にほぼ完了する。
③一般型： 骨格，筋肉，内臓，身長，体重などでは，1歳から2歳での発育急進期と，14歳前後の第2発育急進期の二度にわたって著しく発達する。
④生殖型： 生殖に関する器官で，12歳頃まではほとんど発達らしい発達はみられないが，12歳以降になると急速に発達し始めることになる。

4）**分化と統合**　前述した甘納豆を子どもが掴むという行為の中に，分化と統合をみることができる。手先を使って物を掴む動作では，運動的側面では腕の動き，肩の動き，さらには指先の動きが精緻化されていくことによって可能になる。さらに，目で見るという知覚過程と運動の過程がうまく協応されない限り，箸で甘納豆をつまむ行為はできないのである。ある目的的行為のためには感覚器官と運動器官との統合がなされる必要がある。それと同時に，各器官の細やかな分化が必要になってくる。発達過程の中で，未分化な機能が分化し，次第に特殊化していく。そのことによって各部位が相互に関連性を持つことになり，全体として有機的に統合が生まれるのである。

5）**臨界期**　環境的条件や経験が，有機体の発達に最大の影響を及ぼし，それを逃すと後で取り返しがつかず，永続的に非可逆的になってしまう時期が発達の過程でみられる。このことを臨界期という。たとえば言語の発達では2歳から6歳頃までが臨界期にあたり，この時期における言語的経験や学習の在り方が，後の言語能力の発達に大きく影響を及ぼす。この臨界期の概念は，動物行動学者のローレンツ（K. Lorenz）のインプリンティング（刻印づけ）の概念から発展した。さらに臨界期の概念は，児童期の認知的活動での敏感期や，発達課題という概念へ拡延している。

6）**関連性**　骨格の発達により運動機能が発達し，言語活動の発達により思考が発達する。このように心身のあらゆる機能は独立に存在するものではなく，相互に関連性を持ちながら発達するのである。

身体的に健康な子どもは，活発に遊ぶことができ，体力や運動能力も優れることになる。また，健康であることで，ほかの子どもたちとの交流も活発になり，精神的にも健康であると想像できる。そのことによって子どもの自己有能観が育つことにもなる。その反対に，病弱な子どもの場合はどちらかといえば過保護になり，消極的な生き方に陥ったりする。このことは心身の発達にとってマイナスになる。

7）**個人差**　発達には以上のような一般的傾向がみられるが，すべて同じ時期に同じ速度で人は発達するものではない。発達の一般的傾向を知ることは，個人差を知ることにもつながる。発達の標準的な過程を知ることによって，一人ひとりの個性を的確に把握し，それを教育に結びつけていく必要がある。

第3節　発達の理論と発達課題

3-1　発達段階

発達の過程を理解する指標して，古くから発達段階が考えられてきた。発達でみられる構造上および機能上の変化や，一定年齢段階での心的特徴を総括的に把握しようとしたものが発達段階である。発達段階の捉え方はどのような心的特徴に中心を置くかによって研究者によって異なった発達

表 9-2 発達段階を区別することの利点と問題点（松山・倉智, 1980）

利点	・ある時期における子どもの全体的な姿や特徴を，直線的，印象的に捉えることができる。 ・ある心身の機能が，低い段階から高い段階へと，どのように変化していくのか，その過程が理解できる。 ・各発達段階の特徴から，それぞれの段階で達成すべき課題や発達のめやすを知ることができる。
問題点	・発達段階を縦断的にみた場合，ある段階から次の段階への移行は飛躍的ではなく，徐々に行われ，各段階の間には移行期があるために，段階間に明確な一線を引くことが困難である。 ・発達段階を横断的にみた場合，研究者によって異なった基準を用いて段階区分が行われているため，それぞれの発達段階の分け方が一致していない。 ・制度による区分のように，年齢によって一律に発達段階をきめることもあるが，身体的，精神的発達には個人差があるため，個人個人を年齢によって一律にどの段階にあるかをあてはめることは困難である。

段階説が設けられてきた。あくまでも発達段階の年齢区分は，一応の基準的な発達を仮定したものであって絶対的なものではない。個人の具体的な発達は，これらの基準より多少早まったり遅れたりすることを考慮する必要があろう。表 9-2 に発達段階の区分の利点と問題点を列挙した。

3-2 発達理論と発達課題

発達は連続的な過程である。しかし，心身の諸特性は同じ速度で発達するものではない。発達する諸特性の著しい時期を目安として，人間の一生をいくつかの段階に区分したものが発達段階である。それには研究者の発達観が色濃く反映される。ここでは，乳児期から 13 から 14 歳までにいたるまでの発達の初期の段階の認知発達を中心に理論化したピアジェ（J. Piaget）の理論と，生まれてから死にいたるまでの一生の発達を自我の心理・社会的な発達の観点から理論化したエリクソン（E. H. Erikson）の生涯発達論について概説する。

1）認知機能の発達に視点を当てた発達段階：均衡化理論によるピアジェの発達理論　認知発達に関係する基本的な機能を，シェマ（スキーマ，枠組），同化，調節という概念を用いて均衡化理論で説明した。シェマとはそれまでの経験によって形成された活動の様式で，自分でできる動作や考えの枠組である。同化とはすでに持っているシェマを当てはめて新しい事実を理解する結果にあたる。しかし，現在のシェマで理解できないことが生じると，現実に当てはめるように自己のシェマを修正することになる。それが調節の働きである。ピアジェは，子どもは外的環境と相互作用しながら，同化と調節を繰り返し，新しいシェマをつくり上げながら，環境を認知していくと捉えた。このような考えに基づいて，認知発達の基本的な特徴の違いを 4 段階で説明した。要約すると，表 9-3 のようになる。

①感覚運動期（0-2 歳頃まで）：　この時期の乳幼児は，感覚と運動の協応に基づいて外界の世界に適応しようとする。乳児の泣くという行為はその最たるもので，賢い乳児はいろいろな泣き方で，

表 9-3　ピアジェの認知の 4 基本段階とその特徴

基本段階	時　期	特　徴
感覚運動期	誕生 –2 歳	感覚と運動を組み合わせることにより，身近な外界と関わろうとする。対象の永続性が獲得される。
前操作期	2–7 歳	表象思考が可能になり，言葉を使って説明することが可能になる。自己中心的な志向が強く，直感的な判断に依存する。
具体的操作期	7–11 歳	自己中心性から脱却する。具体的な事象においては，論理的な思考が可能になる。
形式的操作期	11 歳 –	抽象的な思考が可能になり，仮説演繹的推理が可能になる。

主たる対象である母親の反応を引き出そうとする。その行為によって，母親が抱いてくれたりあやしてくれたり，幼児にとって快刺激を得たり，不快刺激を回避することを学ぶ。その結果から，さらに乳幼児は次の反応を引き起こしていくといった循環反応を生じさせ，新しい行動様式を形成していくのである。また乳幼児は，自己と外界が別ものであるということを知り，外界の対象が見えなくなっても，存在していることなど表象（イメージ）の形成が可能になってくる。

②前操作期（2-7, 8歳）： この時期になると，幼児は徐々に表象機能が発達してきて，外界の対象を内的に表象することができるようになる。しかし，その表象機能は不安定で，空間認知能力や保存の概念が未分化な状態にある。たとえば，図9-7にあるように4, 5歳の幼児の目の前で，2種類の容器の一方に入っている水をそのままの状態で，片方の容器に移し替えると，水面の高さが低くなることで水の量が減ったと考える。高さが変わって

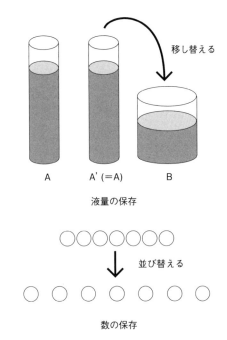

図9-7 保存課題

も量が一定であるという量の保存の概念はまだ十分発達していない。この時期の幼児は，同様におはじきの数は同じ場合でも，おはじきどうしの空間を空けて並べているときは，その間隔を狭めて並べたときよりも，数が多いと考え，数の保存の概念も未完成である。保存の概念が完成するには，6, 7歳になるまで待たなければならない。同様に空間認知においても，自分のところからの視点で対象を捉えることはできるが，他者の視点からどのように見えるかなどはよく理解できない。このように自己の視点でしか物事の関係を捉えられない，自己中心的な認知様式を保持している。事物を多面的・総合的に把握できる脱中心化は具体的操作期になってから可能になる。

③具体的操作期（7, 8-11, 12歳）： この時期に入ると，自己中心化から脱却し，具体的な事象について論理的に物事を思考することが可能になる。前操作期でみられた論理的な誤りは消失するようになる。しかし，具体的な事象や内容を離れた思考に達するためには次の時期を待たねばならない。

④形式的操作期（11, 12歳-）： この時期になる子どもは抽象的，一般的な大人に近い思考が可能になる。読書の内容も変わってきて，推理が必要なものや冒険を扱った内容を好むようになり，推理・判断が要求とされる仮説演繹的思考（仮説→検証→修正）が可能になる。この段階で思考様式は，成人の思考の基本的条件を身につける。

2）自我の心理・社会的な発達を中心に捉えた発達段階（心理-社会的発達理論）　フロイト（S. Freud）の弟子であるエリクソン（E. H. Erikson）は，生誕から老死にいたる人間の一生をライフサイクル（人生周期）と捉え，生涯にわたる発達的変化を8つの段階で図式化した（図9-8参照）。その中で特に心理学のみならず人文社会科学全般に大きく影響を与えた心理学上の概念はアイデンティティ（identity）であろう。自我のアイデンティティ（ego-identity）の確立は青年期の発達課題である。

彼のいう発達課題は，各発達段階で各個人のおかれた環境と個人との相互作用上で設定される心的課題である。課題が達成できるかどうかの緊張状態を心理-社会的危機と呼ぶ。危機とは言い換えると峠のようなもので，その峠を越えるとその時期の徳（virtue）を達成したことになる。そのとき重要な他者の存在やそのときの社会的環境が，各危機を乗り越えるための重要な要因となる。

エリクソンの基本的な考えは後漸成（epigenesis: エピジェネシス）という発生学的概念に由来す

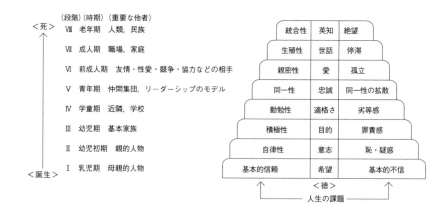

図9-8 エリクソンの生涯発達論（岡堂，1981を一部改変；石田ら，1995）

る。すなわち，生体の発達はあらかじめその発達順序などが，発生学的には決定されているが，個体の発達の様相は生誕後のさまざまな外的要因によって影響を受ける。個体の発達に漸進的に関わるものが，発達課題であって，それを乗り越えることで人は人間として成長していくものとして捉えている。そこで重要な要因は，その個人が属する社会・文化であるという。

引用・参考文献

Erikson, E. H. (1963). *Childhood and society* (2nd ed.). New York: Norton.（仁科弥生（訳）(1977). 幼児期と社会Ⅰ, Ⅱ　みすず書房）

石田　潤・岡　直樹・桐木建始・富永大介・道田泰司 (1995). ダイアグラム心理学　p.164. 北大路書房

Jensen, A. R. (1968). Social class, race and genetics: Implications for education. *American Education Research Journal, 5,* 1–41.（東　洋 (1969). 知的行動とその発達　岡本夏木・古沢頼雄・高野清純・波多野誼余夫・藤永　保（編）児童心理学講座　第4巻　認識と思考　p.20. 金子書房）

Luxenburger, H. (1943). Kurzer Abriss der Psychiatrischen Erblehre und Erbgesundheitspflege. In E. Bleuler (Ed.), *Lehrbuch der Psychiatrie.* pp.130–178. Berlin: Springer.（藤永　保 (1982). 発達の心理学　p.73. 岩波書店）

Newman, H. H., Freeman, F. N., & Holzinger, K. J. (1937). *Twins: A study of heredity and environment.* Chicago, IL: The University of Chicago Press.（粂　幸男・佐藤実芳 (1992). 教育心理学　p.7. 近畿大学豊岡短期大学通信教育部）

松山安雄・倉智佐一（編）(1980). 現代教育心理学要説　p.19. 北大路書房

岡堂哲雄 (1981). 人間のライフサイクルと精神の健康　エリクソンは語る　pp.147–177. 新曜社

Piaget, J. (1963). *La naissance de l'intelligence chez l'anfant.* Neuchâtel: Delachaux et Niestlé.（谷村　覚・浜田寿美男（訳）(1978). 知能の誕生　ミネルヴァ書房）

Piaget, J. (1964). *Six études de psychologie.* Genève: Gonthier.（滝沢武久（訳）(1968). 思考の心理学　みすず書房）

Scammon, R. E. (1930). The measurement of the body in childhood. In J. A. Harris, C. M. Jackson, D. G. Patterson, & R. E. Scammon (Eds.), *The measurement of man.* pp.171–215. Minneapolis, MN: University of Minnesota Press.（新井邦二郎 (1997). 発達課題　新井邦二郎（編）図で分かる発達心理学　pp.9–22. 福村出版）

Stratz, C. H. (1922). *Der Körper des Kindes und seine Pflege.* Stuttgart: Verlag Von Ferdinand.（舟島なおみ (1995). 看護のための人間学　p.61. 医学書院）

時実利彦 (1970). 人間であること　岩波書店　p.30.

●コラム9　子どものたくましい成長と脳

　ジャマイカの農村では出産の20%以上が10代の母親によるもので，欧米の一部では生後数か月間，赤ちゃんの手足の動きを固定し布でぐるぐる巻きにする伝統が残っており，またある民族では子どもにはできるだけ話しかけない習慣があるという。このように，世界の子育て環境はきわめて多様である。それでも子どもたちは発達段階に沿って同様に，生後8か月頃ハイハイをするようになり，2歳頃に「パパ，バイバイ」などの二語文が話せるようになり，4歳頃には色や形の違いを区別できるようになる。たとえ非常に厳しい環境により，これらの成長が遅れることがあっても，その後の経験や学習で遅れを取り戻したり，さらには能力を高めていくこともできるのである。子どもの成長はたくましい。

　子どものこうしたたくましい成長のルーツは，いったいどこにあるのだろうか。それは脳の発達プロセスにある。生まれたばかりの子どもの脳は未熟な状態で，その後かなりの時間をかけて，ゆっくりと発達していく。ここでは「刈り込み」と「ミエリン化」という脳の2つの発達プロセスから，子どものたくましい成長のルーツをみていこう。

　脳の1つひとつのニューロン（神経細胞）は，単独で働くのではなく，たくさんのニューロンがつながったネットワーク，神経回路として情報を伝え合って働く。ニューロンはシナプスという構造を介してほかのニューロンと接続するが，これらニューロンやシナプスは脳の発達に伴って数や機能が変化していく。

　具体的に説明すると，ニューロンやシナプスは幼い子どもで過剰につくられるが，はじめはきちんと機能しておらず，その後次第に不要なものが削られる「刈り込み」のプロセスを経て，必要なものだけが残る。残ったニューロンでは軸索（神経回路で配線の役割をする突起部）がミエリン鞘（情報伝達に必要な絶縁体）で覆われる「ミエリン化」のプロセスを経て，より速く情報を伝えるようになる。そして残ったシナプスも，働けば働くほどますます効率よく情報を伝えるようになる。このように脳は，シナプスやニューロンの数や機能を変化させながら発達するのである。

　また「刈り込み」や「ミエリン化」は，脳の場所によって行われる時期がさまざまで，基本的な機能（視力・動作など）を担う場所から高度な機能（効率的な作業・計画など）を司る場所へと，10年以上の歳月をかけて，順を追って行われるプロセスである。

　以上みてきたように，これら2つのプロセスによって，子どもの脳は，豊富につくられたニューロンやシナプスの中から，自らの環境や経験に役立つものを敏感に察知し，不要な接続を削り，役立つ配線を強化しながら，一人ひとりにふさわしく，より優れたものへと着々と形づくられていくのである。そしてこれらのプロセスこそ，多様な環境や経験に柔軟に応じながら，発達段階に沿って徐々に能力を高めていく，子どものたくましい成長のルーツなのである。

　一方で成熟した大人の脳が無駄なく効率的な神経回路をもっているならば，子どもの脳は柔軟で可能性豊かな神経回路をもっているといえる。そのように考えれば，教育の現場において，子どもの脳は，多くの教科やさまざまな体験を柔軟に受け入れ，効率が悪くとも時間や労力を惜しまず，何度でも挑戦できるという，学習に最も役立つ資質を備えており，また適切な教育を受けることで，自らの環境に縛られず，世界に羽ばたく広い可能性をもっているということができよう。

〈新里早紀〉

第10章　発達段階の特徴

「発達とは，受精から始まり死に至るまでの，身体・行動・精神活動など人の心身の変化の総称である」。発達は連続的な変化であり，その変化は，いくつかの発達期に分かれている。身体的な成熟，精神構造の変化，社会的慣習などの視点に基づいて，特定の発達期の特徴的な変化の様子を発達段階と呼んでいる。各発達段階には，その時期に乗り越えなければならないさまざまな課題があり，それらを理解することは非常に重要である。発達段階の代表的な例としては，胎児期，乳児期，幼児期，児童（学童）期，青年期，成人期，老年期がある。本章では，乳児期から青年期の発達の特徴について述べることとする。

第1節　乳幼児期の発達の特徴

1-1　乳幼児期

生まれてからの1年間は，特に人間の発達の中で非常に特殊な時期である。ポルトマン（Portman, 1951／邦訳, 1961）は，哺乳類の出生時の様子から，出生時にかなりの運動能力を備え，自力で移動が可能であり，食べ物を自力で得ることができる高等な哺乳類を離巣性哺乳類とし，一方出生時にかなり未熟で，自力での移動ができず，食べ物を親の養育に依存しなければならない下等な哺乳類の様相を留巣性哺乳類とした。ところで，高等哺乳類に属するヒトは本来であれば離巣性であるはずなのに，出生時の様相は留巣性に近いことがわかる。このようなヒトの生まれてからの約1年間の，高等哺乳類でありながら下等哺乳類の発達を呈することから，ポルトマンはヒトの生まれながらの特性を「第二次留巣性」と呼んでいる。

さらに，このような一見矛盾したヒトの発達の生後1年間は「生理的早産」の状態であり，生後1年間を子宮外の胎児期であると説明している。このような，出生後の1年間は，生命の維持に関しては，親の養護を絶対的に必要とし，人的影響，文化的影響を受け成長を遂げる特殊な存在なのである。

1）**身体の発達**　乳児期は，生後1年ないし1年半の間の時期を指している。この時期は，身体・運動の発達が著しい時期である。新生児の出生時の体重はおよそ3kg，身長は約55cmである。特に，生後数か月間の発達は著しく，1年後には，体重は約3倍の約9kg，身長は約1.5倍の約75cmにまで成長する（表10-1, 2）。

2）**運動の発達**　新生児の行動の特徴的なものに，新生児の意志とは無関係に生ずる上下肢の伸縮運動や首ふりなどの身体の不随意運動があるが，これらは未分化な全身運動である。また，音や光，特定の刺激に対し，意志とは無関係の動きが生じる反射がある。出生直後から見られ，数か月もすると消失する反射を原始反射と呼んでいる。原始反射には，モロー反射，把握反射，口唇探索反射，自動歩行などがある。そして，神経系の成熟，骨格や筋肉の発達に従って未分化な全身運動から，少しずつ身体のコントロールが可能になっていく随意運動へと変わっていく。

このような身体のコントロールは，首の座り，顔あげ，寝返り，座位，ハイハイ，つかまり立ち，つたい歩き，歩行の順に「頭部から脚部へ」，「中心から周辺へ」という方向性があり，次第に，よ

表 10-1　平成 2 年，平成 12 年，平成 22 年の乳幼児の体重の平均値（kg）

	〈男　子〉			〈女　子〉		
	平成 2 年 (1990)	平成 12 年 (2000)	平成 22 年 (2010)	平成 2 年 (1990)	平成 12 年 (2000)	平成 22 年 (2010)
出生時	3.15	3.04	2.98	3.06	2.96	2.91
1　歳	9.58	9.51	9.28	9.04	8.88	8.71

表 10-2　平成 2 年，平成 12 年，平成 22 年の乳幼児の身長の平均値（cm）

	〈男　子〉			〈女　子〉		
	平成 2 年 (1990)	平成 12 年 (2000)	平成 22 年 (2010)	平成 2 年 (1990)	平成 12 年 (2000)	平成 22 年 (2010)
出生時	49.6	49.0	48.7	48.9	48.4	48.3
1　歳	75.4	75.5	73.9	74.2	73.8	73.3

り細かな運動能力が備わるようになり，未分化な状態から分化した状態へ発達が進んでいくのである。幼児期になると，より身体のコントロールが可能になり，1 歳を過ぎるころから，積み木を 3，4 個重ねたり，なぐり書きを楽しんだりできるようになる。3 歳を過ぎれば，ボタンをはめたり，ハサミを使ったり，ボールを投げたりするなど動きが活発化すると同時に，より一層の分化した動きが可能になる。歩行機能が安定し，排泄に関わる筋肉が鍛えられ，2 歳から 3 歳には排泄の自立も可能になり，より一層の活動が活発化していく。6，7 歳頃には大人と同じような全身運動が可能になっていくのである。しかし，このような身体の発達も個人差があることに留意し，一人ひとりの発達を捉えることが必要である。

1-2　認知機能

1）外界認知の発達　　胎児の網膜は胎芽期には形成されているが，子宮内の光刺激が乏しいため，視力は，出世後に急速に発達することが明らかになってきている。新生児の視力は約 0.03 であるといわれている。その後，徐々に発達し 4，5 歳頃には大人と同じような視力になり，複雑な外界認知が可能になってくる。

たとえば（Fantz, 1963）は，図 10-1 に示されるように，生後数日の新生児から 6 か月の乳児に対し，6 種類の円板を提示して注視時間を調べた結果，乳児は特に人の顔を好んで見ていることがわかった。

このことは，単純な図形よりもより複雑な刺激を好んでいるということであり，乳児の好奇心と探索心の存在を示唆するものである。

一方，乳児の奥行き知覚すなわち 3 次元世界の認知に関する研究に，視覚的断崖（visual cliff）実験がある（図 10-2）。ハイハイを始めた乳児（6 か月から 14 か月）は，母親がガラス越しの深い側

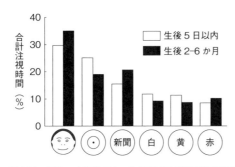

図 10-1　異なった刺激パターンに対する乳児の注視時間
（Fantz, 1963）

図 10-2　視覚的断崖（Gibson & Walk, 1960）

から呼んでも，移動を行わなかった。このことは，この時期の子どもにも奥行き知覚が成立していることを示している。

2) 言葉の発達　子どもが誕生して最初の発生は産声である。この泣き声が次第に不快の表現として使われるようになる。生後2か月ころになるとクーイングと呼ばれる喉の奥をならすような音声が出てくるようになる。続いて，4，5か月ごろになると，「マンマン」「ブーブー」といった意味のない音声が繰り返し発せられる喃語が始まる。1歳を過ぎたころ，最初の言葉，初語が出てくる。1歳半を過ぎるころから言葉の数が増え，単語を組み合わせた二語文へと変化しコミュニケーションの幅が飛躍的に広がる。また，このころは，「ナニナニ期」と呼ばれ，語彙爆発の時期を迎える。3，4歳頃には語彙数は1,500から3,000までに増加し，日常的な会話が可能になってくる。

3) 思考の発達：ピアジェの発達理論　ピアジェは，認知の発達を質的変化に基づいて4段階で説明している。この説明は第9章第3節で述べたので，そこを参照されたい。感覚と運動機能を駆使して多くの適応行動を習得していく感覚運動的段階（誕生から2歳），心の中で形成されたイメージ（表象）を使って思考を行うが，まだ自己中心的，直観的な思考を行う前操作的段階（2から7，8歳）へといたる。またこの時期は主観と客観が未分化な状態であるためにアニミズム（すべてのものに生命や意識があると考える），実在論（夢などの心理的産物が実在すると考える），人工論（自然界のものは人間が作ったと考える）といった思考の特徴もみられる。その後イメージを用いて適切に，論理的な思考を行うことができる具体的操作段階（7，8歳から11，12歳），大人と同じような抽象的な思考が可能になる形式的操作段階（11，12歳以降）へと進んでいく（表10-3）。

表10-3　認知の発達段階

感覚運動的段	0-2歳ごろ
前操作的段階	2-7, 8歳ごろ
具体的操作段階	7, 8歳 -11, 12歳
形式的操作段階	11, 12歳 -

1-3　社会性の発達

1) 愛着の発達　乳児は，自らが生きていくために大人にさまざまなサインを送信する。たとえば，微笑んだり，泣いたり，見つめたりしながら大人の働きかけを獲得することができる。それに対応して，周りの大人も多様な育児活動，コミュニケーションを通して積極的に乳児にかかわりを深めていく。日々の養育者との間で交わされる相互作用の中で特定の養育者と子どもとの間に心理的な絆が形成される。この特定の人との間に形成される絆が愛着である。愛着が形成されるようになると乳児は，養育者を安全基地として，心の拠りどころとしながら探索活動を広げ，より積極的に知的好奇心を高めていくのである。

2) 第一次反抗期　養育者を安全基地としながら，積極的に外界にかかわりをもち始め，3歳を過ぎるころから，自己の認知や欲求の所在が明確になってくると，次第に周りの大人に自分の意見や欲求を主張し，大人からの指示を拒否するようになってくる。これを第一反抗期と呼び，自分が試してみたいこと，挑戦してみたいことを確かめ，大人とは違う考えや意思をもっていることを確認する自己意識の芽生えを意味している。

3) 遊びの発達　幼児期になると，同年齢の子どもたちとのかかわりを求めるようになってくる。集団で遊ぶなかで，遊びの方法，仲間内でのルールの存在，言語による行動調整などを身につけていく。遊びを通して形成した社会性やコミュニケーション能力の発達に応じて，遊びの内容も変化していく（表10-4）。

表 10-4　遊びの発達（Parten, 1932）

一人遊び：	ほかの子どもとのかかわりはなく，一人で遊んでいる
傍　　観：	ほかの子どもたちに関心はあるが，遊びには加わらない
平行遊び：	ほかの子どもと一緒に遊んではいるが，相互交渉はない
連合遊び：	子ども同士で同じ遊びをしているが，役割等はない
協同遊び：	子どもそれぞれに役割のある遊びができるようになる

4）友人関係の広がり　これまで，親子関係を中心に対人関係を形成してき乳児期から，身体機能，言語機能，社会的欲求の高まりとともに，同じ世代の子どもとのかかわりを求めるようになる。同世代の子どもたちとのかかわりのなかで，ルールの存在や自己の欲求の抑制や自己主張など，多くの社会性を身につけていくのである。さらに，児童期になると親や先生，友人関係のなかで，幼児期に比べると明らかに複雑な社会的能力，自己主張や自己の統制能力が必要になり，より自己への関心が高まっていく。

第 2 節　児童期の発達の特徴

　小学校への入学を機に，子どもの生活は遊び，家族中心から学校中心の生活へと大きく変化する。児童期は学童期とも呼ばれ，およそ小学校の時期を含んでいる。児童期前期の子どもたちは，まだ幼児期の思考や行動の特徴が見られ，親子中心の生活に依存している。小学校入学後，学校生活においては教師との関係性を築き，学校での規則や学習課題に取り組み，友人関係を広げ学級集団に適応しなければならない。近年，学校生活のなかで小 1 プロブレムと呼ばれる問題が取り上げられる。学校生活への不適応の問題が浮上している。学校生活のなかで大きな割合を占める学習では，児童期前期の子どもの思考の特徴である自己中心的な思考から脱却できず多次元的な思考ができるまでには時間を要する。児童期中後期になると自己中心的な思考から，多次元的な思考，論理的な推論が可能になり，大人と同じような思考が可能になってくる。このころには，親子中心の生活から，次第に友人関係を重んじるようになり，この時期特有のギャングエイジの出現が見られ，対人関係の広がりを体験するのである。

2-1　思考の発達：自己中心性からの脱却

　幼児期の自己中心的思考から脱却し，児童期では複数の次元について，多様な判断ができるようになる，いわゆる脱中心化の思考が可能になってくる。ピアジェの思考の発達段階によれば，児童期の初期は，まだ，幼児期と同様の前操作段階にあたるが，児童期中，後期になると具体的操作段階へと進んでいく。この児童期の中期ごろに見られる思考は，幼児期に獲得したイメージを利用して，物事を論理的，体系的に考えることができるようになるのである。具体的な内容については第 9 章第 3 節で述べたのでそこを参照されたい。

2-2　友人関係の発達

　児童期になると，生活空間の中心は家庭から外の世界へと大きな広がりを見せる。対人関係においても親子関係から，同年齢の友人関係へと移行してくる。この友人関係を形成する要因は，年齢によって変化することが知られている。

　児童期前期においては，家や席が近いといった近づきやすさによって友人関係が成立する。中期には，一緒にいて楽しい，面白い，やさしいといった友人の性格の良さに焦点が当てられ，後期には，考え方が類似している，気が合うといった類似性を挙げている。このように，発達に応じて内面的な要因に基づいて，友人関係を形成するようになるのである。

　児童期中期になると一定の仲間集団が形成され，数名の友達から構成される結束力の強い仲間集団が形成される。この仲間集団をギャンググループといい，この時期の特有な年代をギャングエイジと呼んでいる。この同年齢の同性からなる集団は，時として排他的で閉鎖性が強い傾向が見られ，

集団内の規則やルールに従順に従い，集団内での活動に積極的に参加するようになる。このような仲間集団の経験は，子どもの社会性の発達や集団内の規範意識やルールの理解などの社会生活に向けてのスキルを習得する機会である。

しかし，近年のわが国の子どもを取り巻く環境は大きく変化しており，子どもの遊びの質や放課後の時間の使い方が変化を見せている。習い事や塾に通う子どもたちが増加し，子ども同士が仲間を形成しながら遊ぶ姿が少なくなってきた。さらには，携帯電話やゲーム機，パソコンなどの情報機器の使用が多くみられ，子ども遊びの質的な変化が生じている。

2-3 学校生活への適応

児童の小学校への入学は，未知な環境への適応が求められる。友人，教師，家族との関係性を基盤に学校生活が形成され，学習活動を行わなければならない。このような急激な環境変化は，子どもたちの問題行動へとつながることもある。学校生活への適応をめぐる問題行動に不登校，いじめの問題がある。

不登校は，「何らかの心理的，情緒的，身体的あるいは社会的要因・背景により，登校しないあるいはしたくともできない状況にあるために，年間30日以上欠席したもののうち，病気や経済的な理由によるものを除いた者」と定義されている。不登校の要因としては，学校内での友人，教師との対人的な課題，家族内要因，本人の社会的スキルの未熟さなど，多くの要因が考えられる。平成27（2015）年度の文部科学省の調べによると，小中学校の不登校指導生徒数は122,902人と報告されている（表10-5）。

表10-5 近年の不登校児童・生徒数（人）
（文部科学省, 2015）

	小学校（児童）	中学校（生徒）
平成22年度（2010）	22,463	97,428
平成23年度（2011）	22,622	94,836
平成24年度（2012）	21,243	91,446
平成25年度（2013）	24,175	95,442
平成26年度（2014）	25,866	97,036

いじめに関しては，文部科学省は，平成18（2006）年度よりいじめの定義を「当該児童生徒が，一定の人間関係のある者から，心理的，物理的な攻撃を受けたことにより，精神的な苦痛を感じているもの」とし，「起こった場所は学校の内外を問わない」といった新しい定義がなされた。文部科学省の調べによる児童のいじめの認知を見ると，まだ，多くの児童がいじめを認知していることがわかる（表10-6）。児童らの問題行動の解決を目指すには，周りの教師，親，友人がかかわり問題行動の理解に努め，児童の成長を援助していかなければならない。

表10-6 近年の児童・生徒のいじめ認知の推移（件数）
（文部科学省, 2015）

	22年度（2010）	23年度（2011）	24年度（2012）	25年度（2013）	26年度（2014）
小学校	36,909	33,124	117,384	118,748	122,721
中学校	33,323	30,749	63,634	55,248	52,969

第3節 青年期の発達の特徴

青年期の最大の特徴は，身体的な変化が急激に出現することと，それに伴う精神的な変化が生じる時期である。児童期でもなく成人期でもない移行期である青年期は，大人でもなく子どもでもない非常に不安定な状態に陥る。このような状況をレヴィン（Lewin, 1951／邦訳, 1956）は周辺人と表現している。

青年期は，身体成熟の特徴である第二次性徴の発現とともに始まり，12, 13歳から15, 16歳を青年期前期（思春期），それ以降を青年期後期としている。

表 10-7 平均身長の推移（cm）（文部科学省, 2015）

	11歳		14歳		17歳	
	男子	女子	男子	女子	男子	女子
昭和23年 (1948)	130.4	130.8	146.0	145.6	160.6	152.1
平成6年-13年 (1944-2001)	145.3	147.1	165.5	156.8	170.9	158.1
平成26年 (2014)	145.1	146.8	165.1	156.4	170.7	157.9

注）平成6年度-13年度あたりをピークに，その後横ばい傾向である。

表 10-8 体重の推移（kg）（文部科学省, 2015）

	11歳		14歳		17歳	
	男子	女子	男子	女子	男子	女子
昭和23年 (1948)	28.2	28.2	38.9	40.1	62.6	52.9
平成10年-18年 (1996-2006)	39.5	40.1	55.5	50.9	63.9	53.7
平成26年 (2014)	38.4	39.0	53.9	50.0	62.6	52.9

注）平成10年度-18年度あたりをピークに，その後減少傾向である。

3-1 青年期のはじまり

　小学校の高学年から中学校にかけて，身長や体重などの身体の発育が著しくなる。児童期前半の身長と体重の変化は緩やかであるが，10, 11歳ごろから13, 14歳ごろにかけて急激な伸びが見られ，これを思春期スパートと呼んでいる。また，内分泌系の変化により第二次性徴が出現する。男子では，声変わり，精通，女子では，乳房の発育，初潮といった身体的変化を体験することとなる。このような変化は，これまで形成してきた自己イメージを変容させることになり，自己意識を高めることとなる。また，自分の外見的な変化や精神的な変化に関心が向けられるようになり，周囲の大人，同年齢の同性，異性への関心も高まり，悩みや不安が生じるのもこの時期の特徴でもある。このような内面的な変化は，親や，教師，大人および社会一般の権威への反抗，批判，いら立ちとして現れ，青年期前半に見られる第二次反抗期である。顕著な身体的変化とそれに伴う内面の葛藤や不安や悩みを抱える。この時期をホール（G. S. Hall）は，疾風怒涛の時代と表現している。ところで，わが国では近年，体格の向上が見られ，世代が新しくなるにつれて，身体的な発達が促進される発達加速現象が見られる（表10-7, 8）。さらに，性的成熟に関しては成熟前傾現象が見られる。このことは，親世代，祖父母世代に比べ身体的・生理的な発達が早いことを意味している。身体面での発達は顕著ではあるが，精神的な発達とのアンバランスが生じ，青年期のさまざまな問題と結びつくことが多い。

3-2 自我同一性（アイデンティティ）の確立に向けて

　1）自我の発達　11, 12歳ころになると，ピアジェの認知発達段階の形式的操作段階に入り，これまでのような具体性，現実性に重きを置いていた思考から，抽象的な概念に関する思考や仮説演繹的な推論が可能になる。このような認知機能の発達は，第二次性徴の出現や身体の発達によって向けられた自己への変化の気づきをより内面化させることとなる。そして，より客観的に自分を見つめることにより，自我が発達するのである。

　このような自我の発達は，児童期までの安定していた親子関係にも大きな変化をもたらすことになる。これまで物理的にも精神的にも依存していた親子関係から，内面の関心が増大した青年は自己主張や親の保護と養護から脱して，自立への道を模索するようになる。親との心理的な依存関係から脱却である児童期から青年期への移行を心理的離乳と呼んでいる。

　2）アイデンティティの確立　親から心理的に独立し，一人の人間として生きていくためには，自分の人生を自分らしく生きることが望まれる。まさに，青年期は，「私は何がしたいのか」「私はどのような人間になりたいのか」「私が私らしく生きるにはどうしたらいいのか」という問題に答えなければならない。このような問いかけの答えを主体的に見つけるなかで，自我を確立させていくこ

とを，自我同一性の確立と呼んでいる。

　エリクソン（Erikson, 1963／邦訳, 1977）のいう発達段階説については第9章第3節を参照されたい。ここでは青年期の課題である自我同一性（エゴ・アイデンティティ）の確立についてふれることにする。エリクソンは，個人には生涯の発達段階のなかには，解決しなければならない心理－社会的課題があり（図9-7を参照されたい），各々の発達段階で遭遇する危機を乗り越えることによって，自我が発達すると述べている。特に青年期の課題である自我同一性の確立は，人生の自我発達のなかで主要な課題であると位置づけている。なぜなら，青年期は，進路選択，就職，友人関係の構築，異性とのかかわり，社会への参加など多岐にわたる課題が山積している。このような課題に直面しながら，どのように生きていくのかの答えを見出しながら，自我同一性の確立を行うのである。

　しかし，自我同一性の確立は簡単ではないため，青年期を子どもから大人になるために与えられた猶予の期間（モラトリアム）であるとし，しばらくの間，社会的出生や責任を先送りするのである。時には，このような状態が長く続くと，自我の同一性に混乱をきたし，同一性の拡散が起きると指摘している。無気力（アパシー）やさまざまなことへの無関心，怠けといった症状を呈する青年期の若者も見受けられ，さまざまな問題行動や不適応行動を引き起こすこともある。

　このように，青年期の抱える課題は非常に大きい。この課題を乗り越えるためにも，親や教師の支援を受け，青年期の一人ひとりの若者の課題や危機を乗り越えながら自我同一性を確立するのである。

　3）青年期を取り巻く課題　　現代社会は，自分らしい生き方や自分とは一体何者なのかについて考えること，自我同一性を確立するのが難しい時代である。発達加速現象や第二次性徴の低年齢化により青年期の始まりは，早期化しているものの精神的な発達が伴っていないという状況である。そのようななか，青年期の後期には，就職や社会人としての自覚等への積極的な取り組みといった自己の人生を大きく左右するような大きな自己決定を迫られる時期でもある。

　しかし，現代日本は，不景気などによる雇用不安や就職の難しさが指摘されており，親の経済的な援助やアルバイト収入によって生計を立てているフリーターや，進学・就職に関与していないニート，長期にわたって学校や仕事に行かずに社会活動に参加できない状態にあるひきこもりの若者の存在も指摘されている。

　また，青年期後期から成人期にかけて社会とのかかわりのなかで，自らの存在を確認することが多くなる。たとえば，就職，結婚，次世代の育成や地域社会への参加などにより，大人としての自己を確立させ，自分のもつ能力や可能性を最大限発揮しなければならない。

　その一方で，青年期を取り巻く環境は，高度情報化，価値観の多様化，国際化のなかで，青年期の生き方そのものを見つめにくくしていると考えられる。その結果として，自我同一性の確立を困難なものにし，青年期の長期化を生じさせているのである。

引用・参考文献
Erikson, E. H. (1963). *Childhood and society* (2nd ed.). New York: Norton.（仁科弥生（訳）(1977). 幼児期と社会 I，II　みすず書房）
Fantz, R. L. (1963). Pattern vision in newborn infants. *Science, 140*, 296-297.
藤田主一・楠本恭久（編）(2011). 教職をめざす人のための教育心理学　福村出版
Gibson, E. J., & Walk, R. D. (1960). The visual cliff. *Scientific American, 202*, 67-71.
厚生労働省（2010）. 平成22年乳幼児身体発育調査
河野義章（編）(2008). 教育心理学・新版　川島書店
Lewin, K. (1951). *Field theory in social science: Selected theoretical papers by Kurt Lewin* (Edited by D.

Cartwright). New York: Harper & Brothers.（猪股佐登留（訳）(1956). 社会科学における場の理論　誠信書房）
文部科学省（2012). いじめの問題への取組状況に関する緊急調査
文部科学省（2012). 学校保健統計
文部科学省初等中等教育局児童生徒課（2015). 平成26年度「児童生徒の問題行動等生　徒指導上の諸問題に関する調査」における「いじめ」に関する調査結果について
文部科学省初等中等教育局児童生徒課（2015). 平成26年度「児童生徒の問題行動等生　徒指導上の諸問題に関する調査」について
西村純一・井森澄江（編）(2011). 教育心理学エッセンシャルズ　ナカニシヤ出版
岡本夏木・清水御代明・村井潤一（監修）(2011). 発達心理学辞典　ミネルヴァ書房
Parten, M. B. (1932). Social participation among pre-school children. *Journal of Abnormal and Social Psychology, 27*, 243-269.
Piaget, J. (1963). *La naissance de l'intelligence chez l'anfant*. Neuchâtel: Delachaux et Niestlé.（谷村　覚・浜田寿美男（訳）(1978). 知能の誕生　ミネルヴァ書房）
Piaget, J. (1964). *Six études de psychologie*. Genève: Gonthier.（滝沢武久（訳）(1968). 思考の心理学　みすず書房）
Portmann, A. (1951). *Biologische Fragmente zu einer Lehre vom Menschen*. Basel: Benno Schwabe.（高木正孝（訳）(1961). 人間はどこまで動物か：新しい人間像のために　岩波書店）
山内光哉（編）(2010). 発達心理学上　ナカニシヤ出版

●コラム10　子どもの遊びの変遷

　現代の子どもの遊びの変容を，深谷（1990）は，「群れ型」の遊びから「孤立型」の遊びへの変化であると表現している。かくれんぼに鬼ごっこ，けん玉，羽根つき，お手玉，あやとりなど，時代を越えて行われてきた昔ながらの遊びには，何人かの友達と，眼や体を動かしながら，創意工夫をこらし，子どもだけの世界の中で遊ぶといった共通点があった。このような「群れ型」の遊びを通して，相手の表情を読みとったり，相手の気持ちを思いやったりすることを自然と身につけていった。ところが現代では，一人きりで，テレビやゲームなどで遊ぶ子どもが多くなった。このような「孤立型」の遊びによって，平面的な狭い空間でのみ眼を動かすだけで，からだ全体を使う機会も減り，他者とのかかわりも減少しているといえる。

　こうした子どもの遊びの変遷は，人間性の根本にかかわる脳，すなわち前頭前野の働きに影響を与えていると考えられる。前頭前野には，目標に向かって意欲的に行動する働き，表情やしぐさから相手の気持ちを読みとる働き，緊張感をもって仕事や勉強などに集中する働き，気持ちを切り替えたりする働きなど，人間らしい思考・判断を司る高次の機能がある。しかし，現代の「孤立型」の遊びには前頭前野の活動を促す要素が含まれなくなっている。たとえば，コンピューターゲームをしているときと一桁どうしの足し算のような単純計算をしているときの脳の働きを比較した研究では，単純計算よりもゲームをしているときのほうが前頭前野の活性が低いことが明らかになっている（川島, 2001）。一方，けん玉など眼やからだ全体を使った遊びでは，運動野のほかに前頭前野が活性化することがわかっている。また，ことばや声の調子，表情，しぐさなどを使ってコミュニケーションをとるときも，前頭前野は活動している。

　昔ながらの遊びには，子どもたちの前頭前野を刺激して，発達に大きな役割を果たすヒントが含まれているといえる。

【引用文献】

深谷昌志・深谷和子（1990). 子ども世界の遊びと流行　大日本図書
川島隆太（2001). 自分の脳を自分で育てる　くもん出版

〈知念敦子〉

第11章　社会化と個性化

第1節　「社会化」と「個性化」

　人間の発達は，生物学的存在である〈ヒト〉から，社会的存在としての〈人間〉へと成長変化していく過程とみることが可能であり，この生涯にわたる変化の過程には，「社会化」と「個性化」の2つの方向が考えられる。「社会化」と「個性化」は，相互に影響し合うものであり，切り離して考えることはできないものと考えられている（堂野, 1989）。現代日本における「社会化」と「個性化」の課題は，人間理解にせまる重要な要因の1つであり，今後の教育の在り方を吟味する手掛かりになりうるだろう。

　社会化の概念は，複合的で多様な人間的事象を読み解くためのキーワードの1つであり，社会学，人類学，心理学などの人間諸科学で広く用いられている。「社会化」とは，子どもが所属する社会の価値規範，行動様式，言語などを獲得して，その社会の生活に適応していく過程，すなわち，社会性をしだいに身につけていく過程のことである。従来は，子どもに社会性を身につけさせるという意味あいが強かったが，今日では，子どもが主体的に社会に働きかけることをとおして社会的行動を学習し自らを社会化していく側面と，まわりの人びとが子どもにその社会の文化を伝達しながら，子どもがその社会に適応していくのを援助する側面の，2つの方向から進行すると考えられるようになっている。すなわち，「社会がどのようにして個人を社会の成員に作り上げていくか」であり，「個人がどのようにして社会を支える成員になっていくか」ということである（繁田, 1991）。

　菊池（2010）のレビューによると，わが国における「社会化理論」について最初に書かれた書物は，1974年に出版された，斎藤・菊池（編著）の『ハンドブック社会化の心理学』であった。それから15年ほどが経過した1990年に，斎藤・菊池（編）による『社会化の心理学ハンドブック』が出版され，これによって，わが国の心理学における社会化研究が一領域として認知されたものといえる。このとき提案された社会化の領域は，言語的社会化，認知的社会化，性的社会化，対人技能（社会的スキル）の社会化，道徳的社会化，政治的社会化，職業的社会化，ライフスタイルの社会化などに及んでいる。それからさらに20年が経過し，第3回目の試みとして，2010年に，菊池・二宮・堀毛・斎藤（編著）によって，『社会化の心理学／ハンドブック：人間形成への多様な接近』が出版された。あとがきで二宮（2010）は，「大人（古いメンバー）も子どもや青年（新しいメンバー）によって，社会化される」という視点の重要性を指摘している。『社会化の心理学／ハンドブック』（2010）では，社会化の概念を，以前より抽象度の高いものとして再構成しており，わが国の社会化研究領域自体が，社会化の定義同様，現代社会に適応的に対応し，多岐にわたる価値観を内包し，独自のパーソナリティともいえる特徴を形成しつつ進行していることがうかがえる。

　一方，社会化の過程は，各自が独自のパーソナリティを形成していく，個性化の過程と表裏一体のものであり，この個性化の過程をも包含した過程と考えられている。堂野（1989）は，ヒトが人間社会に生まれ，その後の長い成長期間を通じて周囲の環境と自発的にかかわり合いながら，さまざまな「心身の諸機能を発達させていく過程」，そしてこれによりその個人に「独自なパーソナリティ」を形成し，ひとりの「自律的な人間」に成長していく過程を「個性化」と呼んでいる。「個性化」は，もともとユング（C. G. Jung）が分析的心理療法を背景に，成人の人格発達に関して用いた用語であり，心理療法が進んでいく過程で，当人の人格の発達・成熟を促し，究極的には人格

の可能性が全体的に実現するところにまで導かれることによる。その根底には,「個人の独自性がきわだってくるとともに,しかも全体として自己実現にもとづく過程」が,健康な成人にとっても当然追求されるべき人格発達の目標であるという考えが存在しているという（Jung, 1961／邦訳, 1972）。この「個人の独自性がきわだってくるとともに,しかも全体として自己実現に近づく過程」こそ,生物学的存在としての〈ヒト〉が,社会的存在としての〈人間〉になることを意味すると堂野は指摘しており,明確な出現は成人期以降であろうが,人間はすでに胎児のときから発達の道すじをたどりはじめており,ユングのように成人だけに限定しないで,「個性化」を人間の受精から死にいたるまでの長い発達を示すキーワードの1つとして使用することを提案している。

このように,「社会化」と「個性化」は,人間の発達における,自律的な人格の発達,および個人として有効に生きる場としての社会への適応の過程である。すなわち,「社会化」と「個性化」とは,「人格形成」の過程なのである。そこで,次項において「人格適応論」を取り上げてみよう。「人格適応論」は,人格理論であり心理療法の一方法でもある「交流分析」における新しい展開の1つである。

1-1 人格適応論

人格適応型とは,交流分析（以下TA）理論の中で,新たに開発されたパーソナリティの査定道具である。ポール・ウェア（P. Ware）によって理論化され,ヴァン・ジョインズ（Joines, 2002）によってTA理論に組み込まれた人格適応論は,新たなパーソナリティ分類を可能にした画期的な理論であり,ジョインズによって開発・市販化された測定尺度もまた,画期的な道具である（新里, 2006）。ウェアは,人格適応論における適応型は,人生早期の体験の結果,環境に適応していくために身につけた〈適応様式〉であると捉えており,その適応様式を6つのタイプに分類し,それぞれ適応様式を身につけていくアプローチのしかたが違うと述べている（Ware, 1983）。子どもは幼児期における両親（または両親に代わる人）とのかかわりのなかで,その後の人生への適応のしかたを身につけていく。子どもの欲求が適切に満たされる環境の中で育つのが理想であろうが,現実には子どもの望むものすべてが手に入り欲求がすべて満たされるわけではない。6つの適応型は発達段階により,大きく2つに分けられる。スキゾイド（シゾイド）型,反社会型,パラノイド型は一次適応型と呼ばれ,基本的信頼が崩れたときに自分自身の面倒をみるやり方であり,0-18か月の間に身につけられるとされ,生存のための適応（surviving adaptation）といわれている。受動攻撃型,強迫観念型,演技型は二次適応型とされ,両親からの達成への期待に沿おうとして身につけるやり方で,18か月-6歳の間に発達するとされ,達成のための適応（performing adaptation）といわれている（表11-1参照）。親の養育スタイルは,子どもにとってそれぞれ異なって経験されるのである。

〈スキゾイド型〉： 親が未熟であったり,何らかの事情で十分に子どもの世話ができないときに,

表11-1 親の養育態度と適応型（花岡, 2006）

適応型		親の養育態度	欲求不満の段階
スキゾイド型	生存のための適応 surviving adaptation	あてにならない	口唇期
反社会型		先取りする	口唇期
パラノイド型		一貫性のない	口唇期
受動攻撃型	達成のための適応 performing adaptaion	過剰な支配	肛門期
強迫観念型		目的達成重視	肛門後期 – エディプス
演技型		他人を喜ばせる	エディプス

子どもは「あてにならない」と感じ，親を支えることで自分の面倒をみてもらおうと，支持的になることを学び，それがうまくいかないと自分で自分の面倒をみるために空想の世界へ引きこもる。

〈反社会型〉： 子どもが要求する前に親の都合で与えすぎる「先取りする」養育では，子どもにとっていつでも欲しいものが手に入るのが当然となり，それが手に入らないときには相手を操作してでも手に入れるやり方を身につける。

〈パラノイド型〉： 親がその時々によって極端に対応を変える「一貫性のない」養育態度の場合，子どもは疑い深く慎重になる。

〈受動攻撃型〉： 管理的で「過剰に支配的」な親の場合，子どもは自分の欲求を満たすには常に闘うしかないと考える。しかし，結局はかなわず，「少なくとも思いどおりにはなるもんか」と頑固で粘り強くなる。

〈強迫観念型〉： できたことだけを評価する「目的達成重視」の養育スタイルでは，子どもはいくらやってもまだ足りないと思い，完璧主義の仕事中毒となる。

〈演技型〉： かわいい子でいて両親をいい気分にし，「周りを喜ばせる」ことを求められると，子どもは他者の気持ちに敏感になる。

　人間は，発達の過程で生存のための適応のうち1つ以上，達成のための適応のうち1つ以上を身につけるとされ，そのうちの1つが顕著に現れている場合も多いが，いくつか組み合わさって現れる場合もあるとされる（白井, 1998；繁田, 1998；花岡, 2006）。養育スタイルによって，人格の6つの適応型が形成されていくというのである。

　これまで，家族研究の領域においても，子どもの発達に及ぼす家族の影響について，多くの研究が関心を払ってきた。前原ら（2001）は，小中学生を対象に，家族環境尺度を作成し，小中学生の家族認知を明らかにしている。金城ら（2001）は，家族環境尺度とストレス反応との関連を検討し，

表 11-2　適応型診断尺度

	項目内容
第一次適応型	〈スキゾイド型〉 私は，他人が自分を利用したり危害を加えたりするのでは，と疑いをもっている 私は，友人または仲間の誠実さや信頼を疑う 私は，侮辱されたり傷つけられたことを許さない 私は，パートナーが浮気をしているのではないかと疑う 〈反社会型〉 私は，衝動的で将来の計画を立てられない 私は，怒りやすく攻撃性が強い 自分または他人の安全を考えない向う見ずなところがある 私は，無責任である 〈パラノイド型〉 私は，ひとりでいてもあまり寂しくない 私は，体を動かすよりは，むしろ理屈を考えたりするのが好きだ 私は，ぼうっと何かを考えて自然に時がたってしまうことがよくある
第二次適応型	〈受動攻撃型〉 私は，しなければならないことを延期し，期限に間に合わない 私は，やりたくないことをするよう言われた時，怒りっぽく理屈っぽくなる 私は，「忘れていた」と主張することで義務を逃れようとする 私は，権威ある地位の人に対して，理由なく批判的，軽蔑的である 〈脅迫観念型〉 私は，完璧にやろうとして課題の達成が遅くなる 私は，娯楽や友人関係を犠牲にしてまで仕事や課題にのめり込む 私は，道徳，倫理または価値観について過度に誠実で融通がきかない 私は，他人が自分のやり方に従わない限り，仕事を任せられない 〈演技型〉 私は，小説などを読むと，自分が主人公になったような気がする 私は，派手な服装が似合う方だ 私は，周囲の人の理解があったらもっと才能を伸ばせたのに，と思う

小学生ですでに家族環境の機能不全が彼らの適応上の問題を内包していると報告している。また金武（2006）は，青年の家族認知と自己認知の関係について検討しており，青年における家族環境尺度の3因子構造を見出し，不適応との関係を検討している。その結果，家族の満足度，情緒的結合，および社交性の認知が自尊感情を代表とする自己認知同様，不適応（ストレス反応）に拮抗する力を持つことを見出している。金武（2009）は，看護学生を対象に，養育スタイルによって獲得される人格適応型と，家族環境尺度との関係について検討した。人格適応型（表11-2）と家族認知（表11-3）の相関研究から，家族環境尺度の，ルールや価値規範を重んじる内容からなる「価値・規範」因子は，〈受動攻撃型〉との間に有意な負の相関関係を示したほかは，その他の適応型と独立の関係であった。実質的な家族の温かさを測る「情緒的結合」および，親戚づきあいや他者との交流にかかわる「社交性」は，あてにならない養育による〈スキゾイド型〉，先取りする養育による〈反社会型〉，管理的で支配的な養育による〈受動攻撃型〉との間に負の相関関係を示した。

また，「家族満足度」では，〈スキゾイド型〉，および〈受動攻撃型〉との間に，有意な負の相関関係が見られ，このことから，適応型が養育スタイルによって形成されることを勘案すると，「あてにならない」養育スタイル，および「過剰に支配的」な養育スタイルでは，家族への肯定感情や愛着といった「満足度」が低くなることが予測される。人格適応型と家族認知の関係においては，〈受動攻撃型〉が家族のすべての側面と負の相関関係にあることが明らかとなり，これは「過度に支配的」な養育スタイルによって，「少なくとも思いどおりにはなるもんか」，「自分の欲求を満たすには常に闘うしかない」と考えるようになり形成された〈受動攻撃型〉では，ネガティブな家族認知が形成されることを示唆している。

表11-3　家族環境尺度

価値・規範	わが家では，決まりを守ることがとても大切にされている わが家では，学校でよい成績をとることが，とても大事にされている うちの家族は，学校での行事によく参加する 家族で決めたことは，厳しく守られる 私の家では，時間をきちんと守ることがとても大切にされている わが家では，どんなことでも最高を目指すことが，とても大切にされている わが家では，何事もいい加減にすますことは許されない うちの家族は，他人との競争に負けると，とても悔しがる	社交性	うちの家族は，スポーツの試合を見るのが好きだ 私の家族は，よく，他の人を家に連れてくる 私の家族は，キャンプやビーチパーティが好きだ うちの家族は，よく親戚つきあいをする うちの親は，私に友人の親と仲良くする (-) うちの親は，私の友人の名前をほとんど知らない
情緒的結合	何か悩んでいるとき，私の家族はいつも相談相手になってくれる 私の家族はみな，自分の考えをはっきりと口に出して言う うちの家族は，なんでもよく話をする (-) 大事なことでも，家族にはなかなか言えないものである (-) 私の家族は，地域の人との付き合いがとても嫌いだ 家族には，自分の意見を言いやすい (-) うちの親に，自分の本当の気持ちを分かってもらうのは難しい (-) わが家では，言いたいことがあってもはっきり言えない雰囲気がある 悩みや不満をぶちまけても，私の家族は，いやな顔をしないで聞いてくれる	家族満足度	私は，自分の家族が大好きである 私は，自分の家族を誇りに思っている (-) 自分がよその子だったらいいのに，と思う 私は，自分の家族にとても満足している (-) 私は，ときどき，自分の家に帰りたくない，と思う 私は，大人になったら，今のような家族を作りたい (-) 私は，他の人に自分の家族のことを知られたくないと思う (-) 私には，家族のことで悩んでいることがある 私は，家族と一緒にいると，とても気持ちが落ち着く

第 2 節　人間発達における社会化と個性化の過程

「社会化」とは,「社会性」を身につけていく過程であり,「社会性」とは, 最も広義には, その社会が支持する生活習慣, 価値規範, 行動基準などにそった行動がとれるという全般的な社会適応性を指す場合もあり, 一方最も狭義には, 他者との円滑な対人関係を営むことができるという対人関係能力に限定して使われることもある。

乳児期に獲得される子どもと母親との情愛的な結びつきをアタッチメントという概念で説明したボウルビィ (J. Bowlby) のアタッチメント理論は, 人間の乳児は成人との接近や接触を求める生物学的傾性をもって誕生するという前提から出発する。乳児の成人への接近, 接触要求行動はミルクによって誘発されたものでも, 学習によって獲得されたものでもなく, 生得的なものだというのである。つまり, 人間という生物は誕生の時点から他者とのかかわりを求め, 他者とのかかわりの中で生きていこうとする, きわめて社会的な存在だと主張しているのである。子どもが主体的に働きかける社会とは, 子どもの社会化を援助する, 社会化のエージェント (社会化の担い手, 推進者) と呼ばれる人びと, すなわち母親, 父親, 祖父母, きょうだい, 親戚の人びと, 教師, 保育士, 近隣の人びと, 友達たちによって構成されている社会である。この社会化のエージェントたちとどのようにかかわり, どのような関係をつくりあげていくかは, その子どもの社会化の過程に重大な影響を与えるものとされている。

図 11-1 は, 西平 (1973) によって紹介された, キュンケル (F. Künkel) による発達の生活弁証法曲線であり, 自己の形成・発達のプロセスを示すものである。生涯をとおして絶えず内面の経験の世界をつくり, 環境に働きかけていく存在である人間の, 外向化と内向化を反復しながら発達していく様子がよくわかる。各発達段階の課題 (稲谷, 2008; E. H. Erikson の心理-社会的発達段階) を参照し, 発達の生活弁証法曲線にそって見ていくこととする (図 11-1)。

誕生以来, 外向・客観の世界で親と一体化して過ごす乳児の自我にとって, 適応的・調和的なのが「信頼」の感覚であり, それが不適応的な場合は「不信」の感覚となる。この 2 つのバランスが

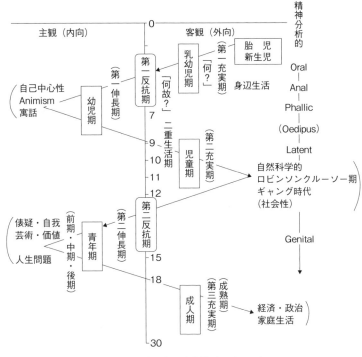

図 11-1　生活弁証法曲線 (西平, 1973)

人生に対する最も基本的な展望である「希望」の土台をつくり上げる力となり，この力を目覚めさせるのが「母親的養育者」であるという。その主たる養育者である母親的存在に対する乳児のアタッチメントの形成というのは，乳児にとって生まれて初めて他者に対して愛情と信頼という感情を向ける経験となる。この愛着の形成が，その後の対人関係の形成に重要な基礎となるのである。

　次の段階である幼児期前期の段階では，「自律」と「恥・疑惑」がテーマとなる。この2つの感覚が「意志」の基礎的な力の萌芽を育てる助けとなる。2-3歳の子どもは，自分の意志をもって環境に働きかけるようになり，それは遊びのなかで際立ってくる。2-4歳頃に「第一反抗期」を迎え，親に従順であったこれまでと一転して反抗的・拒否的態度を示すようになる。外向化から内向化に向かう中間地点がこの反抗期として位置づけられており，人は，一回目の反抗期以降，児童前期にいたるまでの幼児期を内向・主観の世界で過ごすことになる。

　幼児後期は遊戯期といわれ，「自発性・主導性」の感覚と「罪悪」の感覚との間の葛藤を経て，「目的」を心に描くことを決意させるのだという。4歳ごろから学校にあがるまでの子どもは，主要な対人関係の対象である「家族」との関係，および近隣の子どもたちとのかかわりを提供するより広い生活環境の中で，いきいきとした空想を描きながら遊び，自発的に学びかかわる。

　その後，小学校入学の時期に外向・客観の世界に戻ることになるが，この時期は「潜在期」といわれている。心理-社会的課題として「勤勉性」と「劣等感」があり，それらが交互に作用することで「コンピテンス（能力・有能感）」が生まれるとされる。このステージの子どもには大きな好奇心が存在し，本来学びたい，知りたいという動機が備わっているとされる。学童期では，人がその文化の中で要求される技術（スキル）を学び，生産的になる「勤勉性」と，技術を習得しようとして失敗した結果もたらされる非同調的な感覚である「劣等感」を経験する。人間は，環境との相互作用の過程で必要に応じて古い行動を修正したり，熟成させたり，新たな行動をも開発しながら柔軟に生活する能力に優れており，受動的に社会化の鋳型にはめられるものでなく，能動的に生活環境とかかわって自分らしさをつくっていくものである。このような能力をホワイト（White, 1959）はコンピテンスと呼び，環境との能動的な相互関係の中で，個人が自己の有効性を経験し，満足感を得ようと動機づけられていることを強調した（前原，1996）。この能力は学校や社会に参加するための基礎となり，学童期では，学校教育において，学習意欲とその準備性（レディネス）とのバランスをとることが大切である。第二充実期ともいわれるこの時期は，はじめ幼児の延長的な特色があり，生活は依存的で自己中心的な面を残すが，身体も充実してくることから運動能力が著しく発達する。8歳から10歳頃までには行動が活発になり，仲間意識が急速に発達して，非常に連帯感の強い同性8-9名の集団をつくるようになり，時間と行動をともにするようになる。この段階を機に，仲間集団の承認が家庭（親）の承認より重要になるにいたり，大人から禁止されることを仲間と一緒にやるようになる。集団の発達が進み，集団としての活動が活発になると，集団構成員間の一体感情であるわれわれ意識も高まり，子どもたちだけの世界をつくるようになる。この時期に形成されるギャング・グループは，児童期後期の小学校高学年頃現れる徒党集団であり，親からの自立のための拠りどころとなる仲間関係である。この集団が児童の社会的発達に及ぼす影響は，良かれ悪しかれ重要な意味をもっている（図11-2）。しかし，近年の少子化や子どもの多忙化，遊び場の消失といった社会的変化により，子どもがインフォーマルな集団を自分からつくる条件は悪化の一途をたどっており，ギャング集団の形成も困難なものとなってきている（金武，2008）。道徳的発達については，幼児期の自己中心的な段階から平等の相互適応の段階へと移行する。

　その後，思春期をむかえるにいたり，精巣，卵巣，外性器など身体内外が発育するほか，男子は恥毛，ひげの発生，変声等が，女子には乳房の膨隆，月経の生起等の「第二次性徴」が生じる。こうした身体的変化に端を発した青年期は，認知的成熟を経て「自分とは誰なのか？」という問いかけへと発展し，答えを求めてはさまよい，「どこで，（誰と）何をやって生きていくのか」に対する一応の決断にいたるまでの心の旅となる。確立されつつある自我のなかで，独立の欲求と，まだ残さ

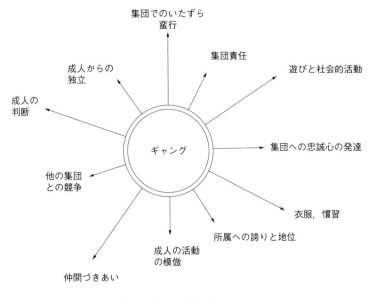

図 11-2 ギャング集団の機能 (高野・林, 1975)

れている依存の欲求という相反する方向性をもつ心理が葛藤し，それが矛盾した行動をとらせ，親や教師，年長者から社会的権威や制度に対する理由なき反抗となって現れる。これを「第二次反抗期」と呼び，この二度目の反抗期を機に，内向・主観の世界に再び住むこととなる。この時期の大きな課題は，「自我同一性の確立」であり，先の問いに対する実践的な答えが求められる。またこの時期には，内面的な独立への欲求・社会的承認の欲求が強くなって，両親への心理的依存を断ち切る心理的離乳が起こる。自我同一性の確立の失敗の時期にみられる心理－社会的危機の状態を自我同一性の拡散と呼び，「自分は何者か」「何をしたいのか」「どんな方向に進めばよいのか」などがわからなくなった状態であり，その問いに対する決定を先延ばしにしている状態をモラトリアムという。青年は，「アイデンティティ（同一性)」の感覚の発達と，「アイデンティティの拡散・混乱」の両方を経験し，社会の価値を知覚し，特定の価値やイデオロギーを信じ学ぶ能力である「忠誠心」

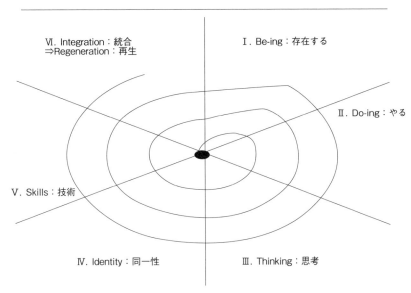

図 11-3 個人の発達上のタイムレコーダーの主要な段階 (Levin-Landheer, 1982 より改変)

を発達させるという。こうして，続けられた自分づくりの旅は，職業選択といった具体的な決定による課題の遂行を機に終わりを告げ，人は再び外向・客観の世界に住むこととなる。

次のステージは，成人期である。成人前期の命題は，仕事や性愛や友情を育み，青年期までに確立したアイデンティティを失う恐れを感じることなしに，相互の同一性を融合し共有できるようになる「親密性」と，人と距離をおき，また誰からも目を向けられない状態にあることの恐怖の感覚を指す「孤立」であり，この両者の対立関係を解決して獲得されるのが「愛」である。

成人期にいたるまでの，個人の時間的変化を，心的エネルギーの外向化と内向化を反復しながら発達する様子として見てきた。成人期以降も，外向化と内向化を生涯にわたって続けていくものと考えられる。

レヴィン＝ランディーア（Levin-Landheer, 1982）は，人生初期から成人期までを6段階に分割し，らせん図を用いてその発達の様子を示した（図11-3）。0-6か月期を第Ⅰ期「Be-ing：存在する」，6-18か月期を第Ⅱ期「Do-ing：やる（立って歩く）」，18か月-3歳期を第Ⅲ期「Thinking：思考の発達」，3-6歳期を第Ⅳ期「Identity：同一性（私はだれ？）」，6-12歳期を第Ⅴ期「Skills：技術」とし，12-19歳期を第Ⅵ期「Integration：統合」として，Ⅰ-Ⅴ期の過程を1周する。そしてその後の人生（第Ⅶ期）は，らせん階段のように，第Ⅰ期から第Ⅵ期の過程を繰り返しつつ進んでいくとした。

人は，人生の各段階でのさまざまな課題と向き合いながら，個人の内部に経験世界をつくり，外界に働きかけ，自己を形成していく存在である。この発達のプロセスこそが，「社会化」であり，「個性化」なのである。

第3節　教育における「社会化」と「個性化」

これまで社会化の定義は，「個人」と「社会」「集団」を主要概念としており，社会化を社会と個人の関係の在り方として捉えている。社会化研究の流れにおいては，一貫して「個人-社会」の関係に関心をはらっており，過去においては，相対的に社会や集団に，今日では個人に関心がおかれているという（大江, 2010）。では，個人と社会・集団はどのように捉えられるのだろうか（図11-4）。

ブロンフェンブレンナー（Bronfenbrenner, 1979）は，個人のパーソナリティの発達を，文化，社会的，歴史的文脈など，さまざまな角度から考えてみる必要があるとして，それらを包括的に捉えようと試み，システムモデルを提唱した。図11-4は，塘（1996）によって作成されたブロンフェンブレンナーの提唱図を改変，合成したモデル図である。マイクロシステムとは，個人が接している直接的な環境と，個人との関係を指し，たとえば家庭内での親子関係，学校での教師・生徒間の人間関係，職場での役割構造などにおける，個人が直接的に接する環境においての個人の行動体系を表す。次にメゾシステムとは，個人をとりまく家庭，学校，地域社会の環境相互を結ぶシステムである。たとえば，子どもが生活する家庭と学校の2つの環境がどのように相互に影響を及ぼす

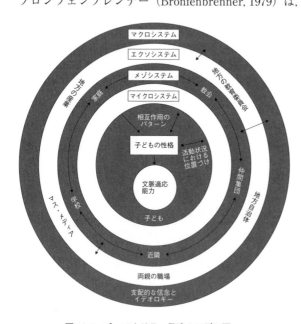

図11-4　パーソナリティ発達のモデル図

（塘, 1996 による。Bronfenbrenner, 1979; Tietjen, 1989; Cole & Cole, 1989 を統合）

か，さらにその2つの環境の関係が個人にどのような影響を与えるかを扱っている。最近では，家庭と学校の方針のずれ，父親と母親の価値観やしつけ方略の相違などが子どものパーソナリティに与える影響など，メゾレベルでの研究の重要性が指摘されているという。エクソシスムとは，マイクロシステムの直接的な環境をとりまく環境どうしの関係，またそれらと個体との関係を指す。つまり，行政，教育制度，財政，メディアなどのようにマイクロシステムを外側からとりまくシステムである。そして，マクロシステムはより抽象的な性質をもち，マイクロ，メゾ，エクソシステムを包括する一貫した信念体系のことを指す。文化，社会の習慣などのイデオロギーに関するものであり，たとえばある文化における親の子どものしつけ方略を調べることで，家族形態のみならず，職場や学校にも適用できる信念体系や価値観の解明を目指すというものである。前述の4つのシステムに加えて，歴史的文脈を考慮する観点から，ブロンフェンブレンナーは，後に時間的要因を示すクロノシステム（chronosystem）をモデルの中に加えた。ブロンフェンブレンナーは，個人が一生涯の中で経験するさまざまな変化を発達の説明要因として扱い，個人が時間的経過を伴って経験する人生の移行期の変化が，個人のその後の価値観やパーソナリティに影響を与えると説明している。このクロノシステムの考え方は，ライフスタイルが多様化する現代社会において，子どもの生活環境を考える際の重要な要因となっていくことが示唆されている（塘，1996）。

一方，子どもの社会化の過程において重要な要因の1つが「道徳的社会化」すなわち道徳性の発達であろう。道徳性の発達とは，親や地域の道徳的基準を学習し内在化することであり，親は，内在化するためにしつけを行う。最も効果的なしつけは，子どもが自分を理解し，同情の気持ちをもてるように育てることである（前原，2008）。しつけの方法と道徳的行為および人格の発達との関連をまとめたのが表11-4である（Newman & Newman, 1984／邦訳，1988）。しつけの方法は一般的に次の3つに分類される（Hoffman, 1977；福富，1988）（表11-4）。

表11-4　しつけの方法と人格および道徳性発達との関連（Newman & Newman, 1984／邦訳，1988）

しつけのしかた	パーソナリティの特徴	道徳的行為
力づくによるしつけ	攻撃的行動・空想的	道徳的禁止の内在化は最低
愛情を示さなかったり罪意識を訴えるしつけ	不安・依存的	道徳的行動との関連は不明
誘導によるしつけ	自律的・他者への関心	道徳的発達が高い

①**力づくによるしつけ：**　物的な罰，どなる，物理的に子どもを移動させたり行動を禁止する，名誉や資質を取り去ったり脅かす。

②**愛情を示さないしつけ：**　怒り・失望・非難を表出する，コミュニケーションの拒否，立ち去ったりそっぽを向く。

③**誘導によるしつけ：**　その行動がなぜ悪いのか説明する。他者の行動の結果を指摘する。子どもの優越感・フェアプレー・他者の愛情に訴えて行動を再方向づけようとする。

誘導によるしつけは，他の2つのしつけが失敗するような場合でもうまくいき，このしつけを主に用いる家庭では，年齢にふさわしい行動基準を確固として定めており，権威主義的でなく民主的に，自分の行動が他人に対してどのような結果をもたらすのかを示すことによって，子どもの共感性を高めている。また，温かさ，受容的な雰囲気，密度の濃いコミュニケーション，他人に対する関心や寛容性などが多く見られる家庭であることがわかった。

他方，最近『〈学力〉の経済学』で注目されている，教育を経済学の理論や手法を用いて分析することを目的としている応用経済学の一分野，教育経済学者である中室（2015）は，西村らの「しつけ」に関する研究（西村ら，2014）を紹介し，4つの基本的なモラル（＝ウソをついてはいけない，他人に親切にする，ルールを守る，勉強をする）をしつけの一環として親から教わった人は，それ

らをまったく教わらなかった人と比較すると，年収が86万円高いということを明らかにしている。なぜ，しつけを受けた人の年収が高いかについては，窪田ら（2013）の見解から，親が幼少期のしつけをきちんと行い，基本的なモラルを身につけさせるということが，「勤勉性」を培うための重要なプロセスであるとし，しつけによって培われた勤勉性が年収に反映されたものであろう，としている。〈しつけと年収〉という切り口は，教育の現場からはなかなか思いつかない斬新なものであるが，人〈人間〉と経済は切り離せないものであり，本来しつけという行為は，社会への適応，ひいては社会での成功を目指したものであり，その意味ではこの〈データ〉は，〈しつけ〉による社会的適応および成功の可能性を示唆する重要なエビデンスであるといえよう。

　ここまで，「社会化」と「個性化」について，定義，生涯発達に基づく過程，教育の影響についてみてきたが，私たち日本人にとって独自の社会化，および個性化とは一体なんであろうか。高田（2010）は，「自己」のあり方に着目して「日本人らしさ」への社会化を考察しているのであるが，日本人らしさという日本社会における社会化の過程を，自己に着目して考えてみるという試み自体が，「社会化」と「個性化」が同時に存在することを物語っているといえよう。この試みの中で，学校教育の影響について取り上げ，学校が社会化エージェントとして大きな役割を果たしていることを指摘している。たとえば，今井（1990）は，日米の国語教科書の内容分析から，日本では，「温かい人間関係」「きまり・躾」「自己犠牲の精神」などのテーマが多く取り上げられる一方，アメリカでは，「公平・公正・自由・平等」「自立心・自己の責任」「自己主張」などが多く取り上げられていると指摘していることから，日本文化で優勢な相互協調的自己観が，子どもに注入されていることに言及している。一方，学校給食制度については，背景にある相互協調的自己観が生み出したものであるとし，とりわけ交流給食は，相互協調的自己観が内面化される心的過程と密接な関連があることを示している（高田，2010）。

　日本に生まれ育ち，日本人として日本人による教育を受け，発達していく私たち日本人にとって，「日本人らしさ」への社会化および，日本人としての個性化は，重要な課題の1つであるといえるのではないだろうか。高田の考察によると，「日本人らしさ」への社会化過程は，一定の歴史的条件を背景としており，日本社会を特徴づけるとされる集団的・協調的文化は，同時に個人的・競争的側面をも包含し，両者の葛藤と相克のうちに歴史的に変容・形成されてきたことを歴史社会学の立場から指摘した池上（1995）を引用し，さらに，急速な情報化社会への進展のもと，コンピュータを介した人間関係が一般化するなかで，他者との関係を基盤とする相互協調性，および，相互独立性との関係の様態も変化する可能性が実証的に明らかにされつつある（三浦，2008）ことなどから，「日本人らしさ」への社会化過程は，自己の様態の側面に限ってみても，今後も変容を続けるであろう，と結んでいる。実際，日本の社会情勢はめまぐるしく変化し，教育界においても，さまざまな問題の山積，新しい問題，課題の出現が著しい。河野（2010）は，学校が「階級移動」のための仕組みとして徐々に受け入れられるようになった経緯を示し，現在の学校が，「格差社会」の温床となっていることを指摘している。子どもの社会化の過程で，学校が果たす役割は，将来市民としてまた職業人としての役割を担う子どもたちに現実社会を示し，社会体験を提供することであるとし，昨今「小1プロブレム」「中1ギャップ」と呼ばれるそれぞれの接続移行期にうまく適応できない子どもが以前より多くなっていることに言及し，その問題が今日社会問題化している背景に，子どもを学校に送り出す家庭や近隣社会が昔と変わったことと，その変化に学校が気づかずにいたことを原因に挙げている。そして現在，学校において，1年生の学級の子どもの数を減らしたり，複数担任制を導入したり，「ピアヘルパー」「ピアサポート」と呼ばれる支援システムを導入し，入学してくる子どもたちを，学校という制度に早く適応させるための手立てがとられているという。また河野は，学校の病理や，その抱える諸問題を取り上げたうえで，社会化のエージェントとしての学校のよみがえりについて考察している。しなやかな学級経営と同時に，「教師のバーンアウト」が心理学のキーワードとして定着し，休職や退職に追い込まれる教師の数が激増していることを指摘し，エージ

ェントとしての教師のエンパワーメントの重要性を示している。

　教師は，子どもたちと最も長い時間過ごすエージェントであり，「社会化」と「個性化」の最先端の担い手である。教師のエンパワーメントは，ブロンフェンブレンナーのシステムモデルにかかわるすべてのエージェント同様，子どもたちにとって環境の安定につながる重要な課題である。教師が子どもたちの「社会化」に貢献する重要なエージェントであり，そのエンパワーメントが急務であるというモデルは，そのまま青年−成人前期の若者の社会科に貢献するエージェントは誰であろうか？という問いに結び付く。今，社会に放流された若者の多くに不適応の問題が懸念されている。教師のバーンアウトの要因の中に，若い教師自身の「社会化」の困難さが影響しているのかもしれない。

　あらためて，「社会化」と「個性化」における多様な相互関係性に思いいたる。常に，止まることのないニーズの発掘とイノベーション（自己改革）が求められる現代，河合（1996）の指摘するように，ワイルドネスとタフネスこそ，教育をつかさどる側に強く求められている力なのかもしれない。

引用・参考文献

Berne, E. (1964). *Games people play: The psychology of human relationships.* New York: Grove Press.（南 博（訳）（1989）．人生ゲーム入門―人間関係の心理学　河出書房新社）

Bronfenbrenner, U. (1979). *The ecology of human development: Experiments by nature and design.* Cambridge, MA: Harvard University Press.（磯貝芳郎・福富　護（訳）（1969）．人間発達の生態学：発達心理学への挑戦　川島書店）

Cole, M., & Cole, S. R. (1989). *The development of children* (2nd ed.). New York: Scientific American Books.

堂野恵子（1989）．人間発達とその特徴　2．個性化と社会化　堂野恵子・加知ひろ子・中川伸子（編著）保育のための個性化と社会化の発達心理学　pp.4-7．北大路書房

花岡啓子（2006）．人格適応論のアウトライン　交流分析研究, *31*(1), 4-18.

花岡啓子（2003）．人格適応論―心理的アプローチの選択に関連して　日本心療内科学会誌, *7*(1), 25-29.

花岡啓子・江花昭一（2009）．心の扉の開き方―どこでもドアを手に入れよう　交流分析研究, *34*(1), 6-19.

Hoffman, M. L. (1977). Moral internalization: Current theory and Research. In L. Berkowitz (Ed.), *Advances in experimental social psychology* (Vol. 10). New York: Academic Press.

Ikegami, E. (1995). *The taming of the Samurai: Honorific individualism and the making of modern Japan.* Cambridge, MA: Harvard University Press.（森本　醇（訳）（2000）．名誉と順応―サムライの精神の歴史社会学　NTT出版）

今井康夫（1990）．アメリカ人と日本人―教科書が語る「強い個人」と「やさしい一員」　創流出版

稲谷ふみ枝（2008）．エリクソンの（新）発達理論　前原武子（編）発達支援のための生涯発達心理学　pp.21-31．ナカニシヤ出版

Joines, V. (1986). Using redecision therapy with different personality adaptations. *Transactional Analysis Journal, 16*, 152-160.

Joines, V., & Stewart, I. (2002). *Personality adaptations: A new guide to human understanding in psychotherapy and counseling.* Chapel Hill, NC: Lifespace.

Jung, C. G.／edited by Jaffe, A. and translated by Winston, R., & Winston, C. (1961). *Memories, dreams, reflections.* New York: Vintage Books.（河合隼雄・藤縄　昭・出井淑子（訳）（1972）．ユング自伝―思い出・夢・思想Ｉ・Ⅱ　みすず書房）

河合隼雄（1996）．中年クライシス　朝日新聞社

菊池章夫（2010）．まえがき　菊池章夫・二宮克美・堀毛一也・斎藤耕二（編著）社会化の心理学／ハンドブック　人間形成への多様な接近　pp.i-iv．川島書店

金城育子・前原武子（2001）．小・中学生のストレス反応と家族環境　琉球大学教育学部教育実践総合センター紀要, 創刊号, 145-151.

金武育子（2006）．青年の家族認知と自己認知　九州心理学会第67回大会論文集, 35.

金武育子（2008）．仲間関係の発達　前原武子（編）発達支援のための生涯発達心理学　pp.89-95．ナカニシ

ヤ出版
河野義章（2010）．学校の直面している課題　菊池章夫・二宮克美・堀毛一也・斎藤耕二（編著）社会化の心理学／ハンドブック　人間形成への多様な接近　pp.183-190．川島書店
窪田康平・大垣昌夫（2013）．勤勉さの文化伝統―親のしつけと世界観　*The Institute of Social and Economic Research, Osaka University, Discussion Paper*, no. *868*, 1-22.
Levin-Landheer, P.（1982）．The cycle of development. *Transactional Analysis Journal*, **12**(2), 129-139.
前原武子（1996）．生涯発達の視点　前原武子（編著）生涯発達：人間のしなやかさ　pp.7-19．ナカニシヤ出版
前原武子（2008）．コラム　しつけと道徳性の発達　前原武子（編）発達支援のための生涯発達心理学　p.118．ナカニシヤ出版
前原武子・金城育子（2001）．小学生・中学生が認知する家族環境：その尺度構成　琉球大学教育学部教育実践総合センター紀要，創刊号, 39-47.
前原武子・金城育子（2001）．小・中学生の自己制御学習に及ぼす認知された家族環境　琉球大学教育学部紀要, *59*, 233-239.
三浦暁子（2008）．CMC による対人関係の特性の実証的研究―日本人の「自己」との関係　人文学会誌（宮城学院女子大学大学院）, *9*, 21-32.
中室牧子（2015）．「学力」の経済学　ディスカヴァー・トゥウェンティワン
Newman, B. M., & Newman, P. R.（1984）．*Development through life: A psychosocial approach*（3rd ed.）．Homewood, IL: Dorsey.（福富　護（訳）（1988）．新版生涯発達心理学　エリクソンによる人間の一生とその可能性　川島書店）
西平直喜（1973）．青年心理学　共立出版
西村和雄・平田純一・八木　匡・浦坂純子（2014）．基本的モラルと社会的成功　*RIETI Discussion Paper Series*, 14-J-011. 経済産業研究所
二宮克美（2010）．あとがき　菊池章夫・二宮克美・堀毛一也・斎藤耕二（編著）社会化の心理学／ハンドブック　人間形成への多様な接近　pp.451-453．川島書店
大江篤志（2010）．社会化概念再考　菊池章夫・二宮克美・堀毛一也・斎藤耕二（編著）社会化の心理学／ハンドブック　人間形成への多様な接近　pp.3-18．川島書店
繁田千恵（1998）．OK 牧場の図式に示される性格適応型について　交流分析研究, *23*(1), 23-28.
繁田　進（1991）．社会性の発達とは　繁田　進・青柳　肇・田島信元・矢澤圭介（編）社会性の発達心理学　pp.9-16．福村出版
新里里春（2000）．カウンセリング―交流分析を中心に　㈱チーム医療
新里里春（2006）．エゴグラム・パターン，PC と人格適応尺度の関係及びエゴグラム・パターンと人格適応論の地長のスリー・ドア理論との関係に関する研究　交流分析研究, *31*(1), 4-18.
白井幸子（1998）．P. ウエアとV. ジョインズの「人格適応論」にみる基本的構えと臨床での応用　交流分析研究, *23*(1), 36-44.
白井幸子（2009）．人格適応論を現場でどのように活用するか　交流分析研究, *34*(1), 39-46.
高田利武（2010）．「日本人らしさ」への社会化　菊池章夫・二宮克美・堀毛一也・斎藤耕二（編著）社会化の心理学／ハンドブック　人間形成への多様な接近　pp.421-430．川島書店
高野清純・林　邦雄（1975）．改訂児童心理学　明治図書
Tietjen, A. M.（1989）．The ecology of children's social support networks. In D. Belle（Ed.）, Children's social networks and social supports. New York: Wiley.
Stewart, I.（1989）．*Transactional analysis counselling in action*（1st ed.）．London: Sage.（杉村省吾・酒井敦子・本多　修・柴台哲夫（訳）（1995）．交流分析のカウンセリング―対人関係の心理学　川島書店）
塘　利枝子（1996）．社会・文化　青柳　肇・杉山憲司（編著）パーソナリティ形成の心理学　pp.167-188．福村出版
Ware, P.（1983）．Personality adaptations. *Transactional Analysis Journal*, *13*, 11-19.
White, R. W.（1959）．Motivation reconsidered: The concept of competence. *Psychological Review*, *66*, 297-333.

●コラム11　幼児と実行機能系の発達

　最近では，幼児期における思考の基盤の1つとして，実行機能（executive function）が注目されている（中澤，2009）。実行機能とは思考や行動を制御し，計画を立て，目標を達成するための能力のことである。この能力は乳児期に発達の萌芽がみられ，特に3歳から5歳にかけて著しく発達し，その後の青年期まで緩やかに発達が続くとされている（森口，2008）。また，実行機能は前頭葉と密接にかかわっており，その中でも前頭前野（prefrontal cortex）が重要な役割を担っていると考えられている（森口，2008）。

　この実行機能の中でも，特に抑制制御（inhibitory control）や作業記憶（working memory）が注目されている（中澤，2009）。抑制制御とは，刺激からもたらされる衝動的な反応を抑制し，それとは別の適切な反応をする能力のことである（中澤，2009）。この抑制制御の働きにより，私たちは自分の行動にブレーキをかけ，状況に応じて他者と衝突をしないよう行動を変化させることができる。

　作業記憶とは，短期記憶に代わるモデルとして提唱された概念である。短期記憶が情報の保持機能に注目した概念であるのに対して，作業記憶は，文の理解や推論など，より高次の認知機能と関連する情報の処理機能に注目したものである（苧阪，2002）。たとえば，暗算問題を解く際，あることがらをほんのわずかな間だけ覚えておかなければならないことがある。目標に向かって情報を処理しつつ，一時的に事柄を保持する働きをしているのが，作業記憶である。すでに学習した知識や経験を絶えず参照しながら，目標に近づけるようにその過程を支えている（苧阪，2002）。

　このように実行機能はさまざまな思考の基盤にあることがわかる。幼児期における認知的な特徴を理解するうえで重要な概念といえる。

引用文献

森口祐介（2008）．就学前期における実行機能の発達　心理学評論, 51, 447-459.

中澤　潤（2009）．発達心理学の最先端―認知と社会化の発達科学　あいり出版

苧阪満理子（2002）．脳のメモ帳　ワーキングメモリ　新曜社

〈武島愛理〉

第12章　学校不適応行動の理解

　近年，学校現場における教育課題として，いじめ，不登校，対教師暴力，生徒間暴力，引きこもりなどのさまざまな学校不適応行動が挙げられる。これらの学校不適応の問題は，特定の児童生徒の問題ではなくどの子にも起こりうる問題であり，学校，家庭，地域などの社会全体にかかわる問題でもある。本章では特に学校不適応行動の中でも，いじめと不登校について取り上げる。

第1節　学校不適応

1-1　学校不適応

　学校不適応の背景には，友人関係などの対人関係の問題があり，その予防的対応には，友人関係の形成などの指導・援助が必要とされている（粕谷，2013）。一般に学校不適応は，不登校や無気力などの非社会的行動，いじめ，校内暴力や非行などの反社会的行動のように心理的要因に起因し，正常な学校生活を妨げる問題行動を総称する言葉として用いられることが多い（岡安，1944）。すなわち学校不適応は，学校生活の中で起こるさまざまな問題に対して，児童生徒が適応的に対処することができないときに生ずる行動であると捉えることができる。別の捉え方をすれば，学校環境が児童生徒のさまざまな問題に適応的に対応できていないということになる。

　以上述べたことより，児童生徒が学校不適応を起こしている原因の捉え方には3つ考えられる。

　①児童生徒の側に問題がある：　学校不適応の原因は，学校や家庭に問題があるのではなく，児童生徒自身に問題があるという捉え方である。この場合には教師から児童生徒自身の努力や頑張り，精神的に強くなることが求められるため，教師の積極的なかかわりがあまり期待できず，学校不適応状態が長期化することがある。

　②学校環境（教師のかかわり方）に問題がある：　児童生徒が直面しているさまざまな問題に対して，学校環境が児童生徒の問題解決のために適応的になっていないという捉え方である。この場合には，教師は児童生徒の気持ちを考慮した学校環境の工夫改善を視野に入れかかわろうとするため，児童生徒や保護者との信頼関係を築きやすくなり，学校不適応が改善されやすくなってくることが予想される。

　③家庭に問題がある：　学校不適応の原因は，児童生徒にあるのではなく家庭にあるという捉え方である。この場合には，教師の取り組みには限界があるため，スクールソーシャルワーカーや地域の民生委員などと連携・協力し，保護者との信頼関係を築いていくような支援を行うことが必要である。

1-2　不適応の発生メカニズム

　青年期は，心身の発達のバランスが崩れやすく不安定な時期である。その時期にさまざまな心身の不適応が生ずる。窪田（1995）は，心身の不適応は本人自身の素質にかかわる内的要因と本人を取り巻く外的要因が相乗的に働いて生じると捉え，心身の不適応の発生メカニズムを図12-1のように捉えた。

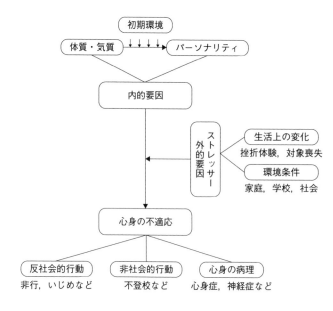

図 12-1 心身の不適応の発生メカニズム（窪田, 1995）

第2節 いじめ

2-1 いじめの現状

　学校は児童生徒にとって，安全で安心して仲間と学べる楽しい居場所でなければならない。しかし，学校におけるいじめ問題は，学校および教育行政においても依然として大きな教育課題である。以前はいじめの件数が多い学校は荒れた悪い学校で，いじめの件数が少ない学校は落ち着いた良い学校と評価される傾向があった。そのため，学校は，文部科学省の「児童生徒の問題行動等生徒指導上の諸問題に関する調査」において，いじめの件数を少なめに報告することが多々あった。しかし，いじめによって自殺する児童生徒が後を絶たないなかで，いじめはどこの学校でも起こりうることで，学校として積極的にいじめを見つけて，早期に発見し適切に対応した学校が評価されるようになってきた。この意識の変化は，いじめの認知件数に大きく反映されるようになり，より実態に近い数字になってきたといえる。

　文部科学省の調査（2015）によると，平成26年（2014）度における小・中・高・特別支援学校における，いじめの認知件数は約18万8千件で昨年度より2千件あまり増加している。児童生徒1,000人当たりの認知件数は13.7件（前年度13.4件）である。また，いじめの態様のうちパソコンや携帯電話などを使ったいじめは7,898件で，いじめの認知件数に占める割合は4.2％（前年度4.7％）であった。

2-2 いじめによる「自殺」

　いじめが原因と考えられる自殺が毎年のようにある。そのたびに，学校および保護者は「なぜ，いじめに気づかなかったのか。なぜ，相談してくれなかったのか」と悩み苦しんでいる。いじめによって自ら命を絶った児童生徒は遺書の中で苦しい無念の気持ちを次のように書き記している。

　①1986年（中2）：「葬式ごっこ」でいじめられ「俺だって，まだ死にたくない　だけどこのままじゃ『生きジゴク』になっちゃうよ」
　②1994年（中2）：「パシリ1号」と呼ばれた中学2年生「……なぜ，もっと早く死ななかったかというと，家族の人が優しく接してくれたからです。……けれど，このごろになって，どんどんいじめがハードになり，しかも，お金も全然ないのに，たくさんだせ出せといわれます。もうたまりません……」

　学校および教育機関などが，いじめによって自らの命を絶った児童生徒の無念さや家族の悲しみを重く受け止め，二度とこのような事件を起こさないようにと決意し取り組んでいるにもかかわらず，いじめの認知件数やいじめによる自殺者はいっこうに減らない。

表12-1 「児童生徒の問題行動等生徒指導上の諸問題に関する調査」における「いじめの定義」の変遷

昭和61年度－平成5年度 (1986-1993)	平成6年度－平成17年度 (1994-2005)	平成18年度－平成24年度 (2006-2012)	平成25年度－ (2013-)
加害者の立場からのいじめの定義		被害者の立場からのいじめの定義	
		個々の行為が「いじめ」に当たるか否かの判断は，表面的・形式的に行うことなく，いじめられた児童生徒の立場に立って行うものとする。	
①自分よりも弱い者に対して一方的に， ②身体的・心理的な攻撃を継続的に加え， ③相手が深刻な苦痛を感じているもの，であって ④学校としてその事実（関係児童生徒，いじめの内容等）を確認しているもの。	①自分よりも弱い者に対して一方的に， ②身体的・心理的な攻撃を継続的に加え， ③相手が深刻な苦痛を感じているもの。	当該児童生徒が ①一定の人間関係のある者から， ②心理的，物理的な攻撃を受けたことにより， ③精神的な苦痛を感じているもの。	当該児童生徒が ①在籍する学校に在籍している等当該児童生徒と一定の人的関係のある他の児童生徒が行う ②心理的又は物理的な影響を与える行為（インターネットを通じて行われるものも含む。）であって， ③当該行為の対象となった児童生徒が「心身の苦痛を感じているもの」とする。
なお，起こった場所は学校の内外を問わないものとする。	なお，起こった場所は学校の内外を問わないものとする。	なお，起こった場所は学校の内外を問わない。	
＊昭和60年の調査においては，いじめの定義をせずに調査を行っている。	なお，個々の行為が「いじめ」に当たるか否かの判断は，表面的・形式的に行うことなく，いじめられた児童生徒の立場に立って行うものとする。	いじめの「発生件数」を「認知件数」に改める	なお，起こった場所は学校の内外を問わない。 いじめ防止対策推進法の制定

2-3 いじめの定義の変遷

　児童生徒と日々かかわっている教師が，いじめをどのように認識しているかによって，いじめの早期発見とそれに対する取り組みが異なってくる。森田・清水（1994）は「いじめとは，同一集団内の相互作用過程において，優位に立つ一方が意識的に，あるいは集合的に，他方に対して精神的・身体的苦痛を与えること」と定義している。文部科学省は児童生徒のいじめによる自殺をきっかけに，「いじめの定義」を何度も見直してきた。文部科学省の「いじめの定義」の変遷（表12-1）を見ると，いじめに関する認識の変化が見て取れる。平成17（2005）年までのいじめの定義は，加害者側の立場からの定義であった。「一方的に」とか「継続的に」とか「深刻な苦痛」をどのように捉えるかによって「いじめられた」とか「いじめではない」の判断が分かれることになり，学校や教育委員会においてもいじめ認定に関して二転三転し，社会からの批判を受けた。いじめの定義がいかようにも解釈できたために，学校や教育委員会は被害者の立場に立ったいじめの可否の判断ができなかったといえよう。

　いじめの定義が実態にそぐわないという社会からの批判を受け，文部科学省は平成18（2006）年からの「いじめ」の定義を，これまでの加害者側の立場に立った定義から，被害者側の立場に立った定義へと見直しを行った。その際，個々の行為が「いじめ」に当たるか否かの判断は，表面的・形式的に行うことなく，いじめられた児童生徒の気持ちを重視する立場に立って行うことが重要であるとしている。ただし，けんかなどはいじめから除いている。また，「精神的苦痛」は，本人の認知によるため，一人ひとりの児童生徒によって異なり個別的であるとした。また，「いじめの発生件数」としていたものを，「いじめの認知件数」に改め，被害者の立場に立った定義になっている。その結果，平成18（2006）年度の「いじめ認知件数」は前年度の「いじめ件数」の約6倍に増加した。いじめ問題に対するさまざまな対策にもかかわらず，児童生徒のいじめによる自殺が相次ぎ，平成

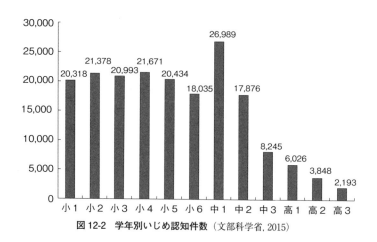

図12-2 学年別いじめ認知件数（文部科学省, 2015）

25（2013）年には，「いじめ防止対策推進法」が制定され，「いじめの定義」やいじめ防止基本方針，基本的施策，重大事態への対処などが明記された。

2-4 学年別いじめ認知件数から見えてくること

平成26（2014）年度の学年別いじめの認知件数（図12-2）は，小学校では，学年が進むにつれて増加し，中学校では，学年が進むにつれて減少している。しかし，小6と中1のいじめ認知件数を比較すると，中1は小6の1.5倍に増え中1ギャップと呼ばれている。このことは，小学校から中学校への移行期の環境の変化は，児童生徒に大きな心理的変化をもたらしていることが考えられる。

多くの中学校では生徒指導上の観点から，1学年＜2学年＜3学年の順で教員の学年配置を強化する傾向にあり，生徒指導に対する危機意識も強い。1学年の教師は，児童生徒のちょっとした変化を3学年に比べて見落としている可能性がある。中1の学年が最も大切な学年であるということを，教師が自覚してかかわれば，いじめの認知件数をかなり減らすことが可能になるのではないだろうか。

2-5 いじめ発見のきっかけ

1）いじめ発見のきっかけ　平成27年度の文部科学省（2015）の調査によると，いじめ発見のきっかけは，「アンケート調査など学校の取組により発見」（51%）が最も多く，次に「本人からの訴え」（17%），学級担任が発見（12%），「児童生徒の保護者からの訴え」（11%）の順であった。この結果から，いじめに関するアンケート調査を定期的に実施することは，いじめ発見に繋がると同時にいじめの抑制につながると考えられる。

いじめは，同一学級内のきわめて狭い対人関係に生起する現象で，クラスの違う同年齢間においては，いじめは見られるがその数はさほど多くない（森田ら，1999）。このことから，担任が休み時間や給食準備時間，放課後などに，教室や廊下で児童生徒とかかわる機会を多くすればするほど，いじめのサインに気づく機会が多くなり，いじめの予防や発見につながる。

2）いじめられたときの相談相手　平成27年度の文部科学省（2015）の調査によると，いじめられた児童生徒が相談した相手は，「学級担任」（74%）が最も多く，次に「保護者や家族等」（27%），「学級担任以外の教職員」（10%）となっている。一方で，「誰にも相談していない」（8%）がいることが大きな課題である。いじめの問題は，いじめられていることよりも，いじめられていることを

誰にも相談できない孤独感や孤立感、強い不安感が一番辛いことである。教師にも親にも友達にも誰にも相談できずに、一人で悩み苦しみ、どこにも行き場がなくなるのが「いじめ」である。なぜ誰にも相談できないのだろうか。

いじめられている児童生徒が、教師に相談することができない理由として、児童生徒は「教師に言ったことがバレると、よけいひどくいじめられるかもしれない」という恐怖心、「どうせ解決できないから訴えても意味がない」という教師への不信感と諦めが挙げられる。友人に相談できない理由として、「友人が今度はいじめの対象になるかもしれない」という不安、「友人は助けてくれない」とい諦めの気持ちなどが挙げられる。一方、保護者に相談できない理由として、「親には心配かけたくない」「親を悲しませたくない」という強い気持ちが挙げられる。その結果、誰にも相談できず自分一人でいじめに耐えることを選択し、それに耐えきれなくなったときに自殺を選択することもある。

そのような最悪の結果を未然に防ぐためには、「いじめは人間として絶対に許せない」という強い信念のもとに児童生徒に対して「何があっても、あなたを守り、いじめを解決するから大丈夫、心配するな。だから安心して任せなさい」という教師や保護者の強いメッセージが児童生徒に届くようにしなければならない。そのためには、教師と児童生徒と保護者の三者間の強い信頼関係を日頃から築くことが不可欠である。

2-6　いじめ集団の四層構造

いじめのほとんどが校内で行われ、特に教室や廊下、トイレ、部活動など、教師の目の届かない休み時間や放課後などにおいて行われる場合が多い。また、いじめは同じ学級の友達仲間や同じ部活動で起こることが多い。

いじめの構造（図12-3）は、加害者と被害者の二者関係ではなく、いじめをはやし立てる観衆の立場に立つ者、見て見ぬふりをする傍観者の立場に立つ者の四層の児童生徒たちが絡み合った構造の中で起こっている（森田, 2010）。いじめの被害が深刻になるのは、被害者が特定化され、加害者の周りをあおり立てる観衆層が取り巻き、さらにかかわりたくない無関心な傍観者が取り巻いている場合である。いじめが起こりにくいクラスは、観衆や傍観者が少なく、いじめを注意したり、被害者の立場に立つ児童生徒が多く、いじめだけでなくさまざまな問題を児童生徒自身で解決できる。

このように学級によっていじめの態様が違うのは、それぞれの立場に立つ児童生徒の数や力によって決まる。四層構造では説明がつかないのが、中学校でよく見られる「仲良しグループ」の中で起こっているいじめである。しかし、「仲良しグループ」の中でいじめは起こりやすいという認識をもって、教師が注意深く児童生徒たちを観察しかかわれば、いじめを未然に防ぐことができる。そして、お互いを支え合う「仲良しグループ」になるように教師は、意図的な支援を行い見守ることが必要である。

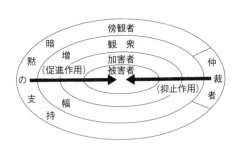

図12-3 いじめ集団の四層構造モデル（森田, 2010）

2-7　いじめ加害に向かわせる要因

いじめをなくすためには、児童生徒がなぜいじめ加害に向かうのかを理解し対応することが必要である。国立教育政策研究所生徒指導センター（2010）の研究では、児童生徒をいじめ加害に向かわせる主な要因として、「友人ストレッサー」、勉強の成績が悪いとみじめなどの「競争的価値観」、だれかに怒りをぶつけたいなどの「不機嫌怒りストレス」の3要因が明らかにされた。これらの3要因が高まると、いじめ加害に向かいやすくなる。原（2011）は、加害仲間に誘われて同調してい

じめなければ，自分が逆にいじめの対象とされることへの恐怖心から集団に過度に同調してしまうと述べている。加害児童生徒のストレッサーの主なものである勉強，教師，友人，家族が逆に，加害児童生徒に対して，社会的支援の人材資源になると，いじめ加害者になることを未然に防いだり，再びいじめ加害に向かうことを防ぐことができる。また，ソーシャルスキルが不足した子どもが増えてくると，その集団生活の場である学校は居心地の悪い場所となり，居心地の悪さから暴力を振るったり，苦痛をまぎらわせるためにだれかれをいじめたりする（佐藤・金山，2009）。

2-8 新たな「ネット上のいじめ」の特徴

インターネットや携帯電話，スマートフォンが児童生徒たちの間に急速に普及している。その普及とともにウエブサイトの掲示板に特定の児童生徒に対する誹謗・中傷やいじめている場面を動画に撮りネット上に掲載するなどのネット上のいじめが増えている。ネット上のいじめは，インターネットを介した児童生徒たちのコミュニケーション行動から派生する新たないじめ行為である（下田，2009）。

従来のいじめは，被害者が弱者で加害者が強者で，加害者と被害者が特定できたため，教師や保護者は直接指導ができた。しかし，「ネット上のいじめ」は，加害者が特定できないままに誹謗・中傷の書き込みや動画が掲載されるためいじめの解決が難しい。被害者は身体的な苦痛はないが，これまでのいじめ以上に精神的な苦痛に悩み苦しむことが予想される。このような状況において，文部科学省（2008）は，「『ネット上のいじめ』に関する対応マニュアル・事例集（学校・教員向け）」を作成した。ネット上のいじめを解決するには，情報モラル教育を徹底することと，学校だけでは限界があるため，保護者や警察等と連携した取り組みが必要である。

第3節　不　登　校

3-1　不登校に対する基本的な姿勢

不登校は，特定の児童生徒に特有の問題があることによって起こるのではなく，どの子にも起こりうることである。児童生徒の健やかな成長において不登校を未然に防ぐことが最も大切である。また，不登校になった児童生徒に対するかかわりは，本人が不登校であることに一番悩み苦しんでいることを共感的に受け止め，児童生徒の気持ちに寄り添ったかかわりをすることが必要である。

3-2　不登校の現状

不登校とは，長期欠席者（年間30日以上の欠席者）のうち「何らかの心理的，情緒的，身体的，あるいは社会的要因・背景により，児童生徒が登校しない，あるいはしたくともできない状況にあること（ただし，病気や経済的な理由によるものを除く）」をいう（文部科学省，2015）。

文部科学省の調査（2015）によると，小・中学校における不登校の児童生徒数は122,902人（前年度119,617人）で，不登校児童生徒の割合は1.2％（前年度1.2％）である。また，高等学校における不登校生徒数は約5万3千人（前年度5万6千人）で不登校生の割合は1.6％（前年度1.7％）である。この調査結果から，不登校が依然として改善されない状況にあることがわかる。

3-3　学年別不登校児童生徒数

平成26（2014）年度間の学年別不登校児童生徒数は，小学校と中学校ともに学年進行とともに増えていく傾向にある。しかし，中1では不登校の人数が小6の2.8倍に増えている（図12-4）。学年別いじめの認知件数（図12-2）においても，中1では小6の2倍に増えていた。なぜ，中1でこれほどまでに不登校やいじめが増えるのだろうか。

滝（2009）は，小学校4年生から6年生までの3年間で不登校を「経験あり」群と「経験なし」

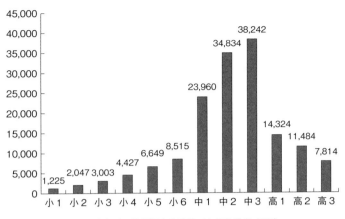

図12-4 学年別不登校児童生徒数（文部科学省, 2015）

群では，中1での休み方に大きな差があることを明らかにした。「経験あり」群は4月から欠席が目立ち始め，7月には欠席が30日を超え，「経験なし」群は欠席が目立ち始めるのは9月以降からである。つまり，「経験あり」群に対しては1学期当初から，「経験なし」群に対しては夏休み前までにきめ細かな対応を行えば，不登校を未然に防止することが期待できる。いじめや不登校を減らすためには，中1の児童生徒に対して，担任や学年の教師は，きめ細やかなかかわりを早い時期から行うことが求められる。

3-4 不登校になったきっかけ

文部科学省の調査（2015）によると，小中学校における不登校のきっかけは，「不安など情緒的混乱」（30％），「無気力」（26％）「いじめを除く友人関係をめぐる問題」（15％），「親子関係をめぐる問題」（11％）の順になっている。いじめがきっかけとなって不登校になったのは1.1％であった。

不登校が長期化すればするほど，児童生徒の学習の機会や社会性を育む機会が失われる。さらに，ひきこもり状態になると人とのかかわりを避けるようになり，将来の自立を阻害する可能性がでてくる。不登校の長期化による引きこもり状態はどんなことがあっても避けなければならない。

筆者がかかわった中1女子の生徒は，不登校になったきっかけを下記のように語った。

> 不登校になったきっかけは，中1の時，部活動で一番仲の良かった友達から「あなたと話しても面白くない」と言われたこと。その後から朝学校に行く時間になると，頭やお腹が痛くなったり喘息がでたりして学校を休むようになった。生活は昼夜逆転するようになった。学校にも行けない自分はいらない人間だ。なぜ生まれてきたのか。学校が怖くてたまらなかった。ほかの人の視線が怖くなり外出ができなくなった。母が学校に欠席届を出した後は，頭やお腹の痛みがなくなり喘息も治まった。一番辛かったのは，家族にこの苦しさを理解してもらえなかったこと。

児童生徒が一番辛いのは，不登校の苦しみを家族に理解してもらえないことである。別の言い方をすれば，家族が児童生徒の気持ちを受容することができたなら，家庭が安心して居られる心の居場所になるということである。そのためには，学校は児童生徒への支援と並行して日々児童生徒と向き合っている保護者の支援を継続的に行うことが重要である。

3-5 不登校の児童生徒の心の状態と身体症状の変化

学校に行こうと思えば思うほど，学校に行けない気持ちが強くなり，頭痛や腹痛などの身体症状が現れ不登校になっていく。不登校の一方で児童生徒は，学校とつながっていたいという思いを常にもっている。保護者も同様である。保護者にとって，学校とつながっているという実感があるからこそ，児童生徒の不登校に立ち向かうことができる。児童生徒の心の状態（表12-2）は，混乱状態，停滞状態，試行状態，自発状態の4つの状態に大きく分けられ，時期は「前兆期」「初期」「中期」「後期」「復帰期」の5段階に分けることができる（佐賀県教育センター，2005）。児童生徒が不登校状態のどの時期に相当するかをアセスメントし，その時期の状態に合わせた「支援のねらい」を設定することが必要である。そして，ねらいを達成するための具体的な「支援の方針」を保護者と連携協力しながら決め，実践していくことが大切である。その際に保護者へのメンタル的な支援も継続的に行うことが必要である。

表12-2 不登校の児童生徒の状態と支援の方向性（佐賀県教育センター，2005を一部改変）

時期	前兆期	初期	中期		後期	復帰期
子どもの状態	○朝起きられなくなる ○宿題など学習をしなくなる	○登校時間になると腹痛・頭痛・発熱等の身体症状を訴える	○部屋に閉じこもって外に出なくなる	○気持ちが外に向き活動の意欲が出る	○自分を肯定する言葉が出てくる	○生活のリズム整う
	○休み時間に一人でいることが多くなる	○食事・睡眠時間帯の乱れ ○家族との会話が少なくなる		○趣味や遊びに関心がわく	○学校の話をするときに笑顔が見られる	○相談室登校や保健室登校へチャレンジする ○適応指導教室に通い始める
	○忘れ物が多くなる	○物や人にあたる等の攻撃性が高まる	○昼夜逆転の生活をする	○気持ちを言葉で表現する	○学習に興味を示す	○休日や夕方に友人と遊ぶようになる
	○保健室を頻繁に利用する	○学校の話題に激しい拒否感を示す	○家族との会話が少なくなる	○手伝いや家族への気遣いをする	○担任や級友に会うことにあまり抵抗を示さない	○家族とよく話をするようになる
	○身体症状を訴えることが多くなる	○人目を避け外出しなくなる			○進学を意識し始める	○スキな教科の学習に取り組むようになる
	●笑顔が少なくなる	●笑顔が見られなくなる	●笑顔が見られなくなる	●笑顔が出始める	●笑顔が増えてくる	●笑顔が増えてくる
支援のねらい	不安を和らげる	安定させる	エネルギーを貯えさせる		自立を支える	
支援方針	○子どものまわりにいる支援者を把握する	○つらさに共感する ●保護者の支援	○相談機関との連携	○担任や友人からの接触	○進路・学習・就職等の情報を具体的に提供する	○子どもの主体的行動を支援する
	○クラスの子と協力して1-2週間程度登校を促す	○家族で食事をする時間を増やす	●保護者を支える ○ゆとりをもって見守る ○じっくり聴く ○関心をもって一緒に行動する ○わずかなことでも認め，ほめる ○登校刺激は行わない		●保護者との連携を密にする	（例）子どもが好きな教科や好きな先生の授業を受けることの支援をする
	●保護者との連携	○登校を強制しない			○子どもの活動意欲を喚起する環境づくりをする	○物事に対して自己決定させる
	○身体症状に配慮（医療機関受診等）する	○子どもを見守る姿勢を示す			○受け入れの態勢づくりをする（学校，進路先）	●保護者との連携・協力

3-6 児童生徒の居場所づくり

　教室に入れない児童生徒に対して，校内で安心して居られる教室以外の「居場所」の確保が必要である。たとえば，保健室，相談室，図書館などである。その際に教師が居場所を決めるのではなく，児童生徒に決めさせることが大切である。常に何かを決める状況下においては，児童生徒に自己決定させ，自己効力感を高めさせる経験が重要である。

　1) 家庭での居場所づくり　児童生徒が困難な場面に直面したときに，それを乗り越えることができるのは家族の支えである。そのことはわかっていても不登校になったわが子の姿を見たときの保護者の葛藤は計り知れないものがある。子どもの不登校を通して家族の在り方を見直すきっかけにすることが必要である。そのなかで，児童生徒の気持ちを共感的に受容できたときに，居場所がつくられたことになる。そのためには，教師による保護者への継続的な支援が必要である。特に保護者が児童生徒の居場所づくりを行うことができたときに，安心して学校復帰に向けたエネルギーを蓄えることができ，保健室や図書館などの別室登校ができるようになる。そして，学校がその子の気持ちに寄り添った居場所づくりを行ったときに，「なんだか教室に行けそうな気がしてきた」と教室復帰に対する自己効力感が高まることが期待される。

　次の記述は別室登校ができるようになった中3女子の語りである。この語りの中に不登校解決の糸口が示されている。

> 私は中1から2年間不登校になった。私が立ち直るきっかけになったのは，私の不登校をきっかけに両親の仲が良くなり，家の中が明るくなったことを実感したときに，なんだか学校に行けそうな気がしてきて，中3からは保健室登校ができるようになった。

　2) 別室登校での居場所づくり　保健室登校とは，学校に来ることはできても，教室などの集団の中で授業を受けることができずに常時保健室にいたり，特定の授業には出席するが授業が終わると自分の教室に戻ることができずに保健室に戻り過ごすなどの児童生徒の状態をいう。

　すぐに集団生活になじめなかったり，不安や緊張などの情緒的な混乱によって登校しない，あるいは，できない児童生徒にとって，保健室は心の落ち着く居場所である。学校不適応を起こし，不登校の初期段階で，保健室を頻繁に利用するようになり，そして，早退が増え，学校に登校しない日が増え，不登校になっていくことが多い。

　また，保健室は不登校状態から脱して学校復帰を果たす際の心のエネルギーを供給する重要な役割を果たしている。不登校の回復過程において，すぐに教室に行けない児童生徒は，保健室を利用しながら，学級で授業を受けることもある。いずれのプロセスにおいても，保健室は重要な位置にあり，養護教諭の果たす役割は大きい。また，養護教諭と担任の連携がうまくいっていると，児童生徒と担任の信頼関係の改善が見られることもある。

　3) 適応指導教室　適応指導教室は教育委員会が設置し，不登校児童生徒の集団生活への適応，情緒の安定，基礎学力の補充，基本的生活習慣の改善等のための相談・適応指導（学習指導を含む）を行うことにより，その児童生徒の学校復帰を支援し，不登校児童生徒の社会的自立を目指している。なぜ，適応指導教室で自分を取り戻すことができるのか。それは，児童生徒の「心理的な世界の保証」と「介入され過ぎない安全感への配慮」があるからである（藤岡, 2006）。これら2つが保証されたときに，児童生徒は自立へと向かうことができる。ここで，適応指導教室に通っていた中3年女子の日記を紹介する。

> 適応指導教室で毎日，卓球をしたり，公園に行って遊んだり，料理をしたりするのが面白くて，心から笑ったり，笑わせたりするのがとても新鮮で，ふとした瞬間に『なんか生きているのが楽しい』と思えるようになった。

第4節　いじめや不登校のない学級

4-1　楽しい学級経営

　児童生徒一人ひとりが学校は楽しいと感じる学級では，一人ひとりの児童生徒が活かされる「居場所」が確保され，日常的に自己主張および自己開示ができる環境を教師が意図的につくっている。小野寺・河村（2002）は，中学生において自己開示度が高い生徒が学級生活に満足している傾向があり，級友に対する自己開示の程度が学校適応に関連することを明らかにしている。児童生徒一人ひとりが自己主張や自己開示ができるようになる学級をつくるのは，児童生徒間の交流によって児童生徒自身がつくり出していく「絆」である。「絆」のある学級は，児童生徒一人ひとりのレジリエンスが高く，仲間と共に困難な課題に立ち向かうことができるのではないだろうか。そのような学級においては，いじめや不登校などの学校不適応の問題は起こりにくい。たとえ起こったとしても，短期間で解決されるはずである。

4-2　児童生徒に自己決定を

　不登校状態にある時だからこそ，自立へ向けてあらゆる場面において児童生徒自身が「自分は，こうしたい」と自己決定できるような環境を整えることが大切である。そのためには，教師（保護者）が児童生徒を受容し共感的理解を行い，常に笑顔で語りかけ，児童生徒（家族）間で笑いを共有できる学級（家族）環境づくりを行うことが必要である。

引用・参考文献

藤岡孝志（2006）．不登校臨床の心理学　pp.71-87．誠信書房
原　清治（2011）．ネットいじめの実態とその要因（Ⅰ）―学力移動に注目して　仏教大学教育学部論集, *22*, 133-152.
粕谷貴志（2013）．中学生の友人関係と学校適応との関連　奈良教育大学紀要, *62*, 179-185.
窪田由紀（1995）．青年期の心身の不適応　柳井　修・野島一彦・林　幹男　生徒指導の心理と方法　pp.85-98．ナカニシヤ出版
国立教育政策研究所生徒指導研究センター（2010）．いじめ追跡調査 2007-2009　いじめQ＆A
森田洋司・清水賢二（1994）．いじめ―教室の病　金子書房
森田洋司・滝　充・秦　政春・星野周弘・岩井彌一（1999）．日本のいじめ―予防・対応に活かすデータ集　pp.184-201．金子書房
森田洋司（2010）．いじめとは何か―教室の問題，社会の問題　中央公論新社
文部科学省（2008）．ネット上のいじめに関する対応マニュアル・事例集（学校・教員向け）〈http://www.mext.go.jp/b_menu/houdou/20/11/08111701/001.pdf〉
文部科学省（2015）．平成26年度「児童生徒の問題行動等生徒指導上の諸問題に関する調査」について〈http://www.mext.go.jp/b_menu/houdou/27/11/__icsFiles/afieldfile/2015/11/06/1364257_02_1.pdf〉〈http://www.mext.go.jp/b_menu/houdou/27/09/__icsFiles/afieldfile/2015/10/07/1362012_1_1.pdf〉
文部科学省国立教育政策研究所（2015）．生徒指導リーフ不登校の予防　leaf.14　生徒指導・進路指導研究センター〈http://www.nier.go.jp/shido/leaf/leaf14.pdf〉
岡安孝弘（1944）．学校ストレスと学校不適応　坂野雄二・宮川充司・大野木裕明（編）生徒指導と学校カウンセリング　pp.76-88．ナカニシヤ出版
小野寺正己・河村茂雄（2002）．中学生の学級内における自己開示が学級への適応に及ぼす効果に関する研究　カウンセリング研究, *35*, 47-56.
佐賀県教育センター（2005）．児童生徒の支援者であるすべての教師のために―不登校の児童生徒への理解と

支援のリーフレット〈http://www.saga-ed.jp/kenkyu/kenkyu_chousa/h16/03hutokou/re〉

佐藤正二・金山元春（2009）．中学校におけるソーシャルスキル教育の実践　相川　充・佐藤正二（編）実践ソーシャルスキル教育　pp.8-21．図書文化

下田博次（2009）．児童生徒ケイタイの利用と学校の危機管理　pp.64-72．少年写真新聞社

滝　充（2009）．「中1不登校調査」再考—エヴィデンスに基づく未然防止策の提案　国立教育政策研究所紀要, 138, 1-11.

●コラム12　HIVか発達か？：同性愛者のリスク行為と脳障害

　厚生労働省エイズ発生動向委員会の報告（2014）によると，新規HIV感染者の感染経路の88.7％は性的接触で，その大半が男性同性間であり，2007年以降，70％台を横ばいで推移している。HIVはゲイに起こりやすい病気とラベリングすることは偏見であるとしながらも，実際の男性同性愛者間の性行動は，HIV予防を優先した行動にはなっていないのが現状だ。

　異性愛が健全とされる社会において同性愛者は自身の性的指向について生涯を通じて苦悩している。日高ら（2007）の調査によると，平均して13歳時に性的指向に違和感を抱き，自覚が芽生え，性的アイデンティティの葛藤とその対処に戸惑うとされている。それ以降学齢期にわたり，93％以上が同性愛について不適切な扱いを受け，66％はいじめに遭い，抑うつ度が高く自尊感情が低いことが明らかになっている。平均16歳で「初めて自殺を考えた」経験をもち，18歳で「自殺未遂」と，アイデンティティの崩壊や社会からの迫害，孤立により死について考えていることが明らかになった。教育現場では，タブーとされる風潮すらあるのだろうか，同性愛についての教育が十分とは言えない。教育現場における同性愛についての否定的なイメージが学齢期の彼らの苦痛を助長していると考えられる。

　同性間性的接触感染が大半を占めるHIV感染症で近年話題となっているのが，HIVに関連した軽度認知障害である。HIVに感染することで脳細胞が損傷を受け，生じるとされるが，HIV感染による慢性的な精神的要因の影響も排除できない。同時に，セクシュアルマイノリティとして生きてきた背景が引き起こす精神的不安定の表現型としての認知的偏りである可能性もある。HIV感染者は，ことに危険な意思決定をする傾向にあることも知られている（Hardy et al., 2006）。このように，HIVによる脳の器質的または精神的要素が関連した判断の脆弱性が，リスクの高い性行動や死を招いている可能性があるが，決定的な要因については議論が続いている。

　ここ数年，社会における同性間カップルへの処遇は大きな変化をみせている。少数ではあるが，同性婚を認める国も出てきている。東京都心部では，少数の自治体が結婚に相当すると認められた同性カップルに対して，公的にカップルであることの証明書の発行を開始した。同性パートナーの配偶者扱いが認められつつあり，不当な差別を減少させることが期待される。しかし，これらの成人社会における同性愛者に対する理解だけでは，学齢期における彼らの苦悩を取り除くことはできない。

　1学級に1-2人は存在すると推定される同性愛の生徒に対して，性的指向やセクシュアリティに関して少なくとも中立的・客観的な情報提供が必要と提唱されている。彼らの避難行為としての自殺，性的リスク行為，さらには，HIV感染症に発展することのない社会を目指すために，教育が成せる役割に期待が寄せられている。

引用文献

Hardy, D. J., Hinkin, C. H., Castellon, S. A., Levine, A. J., & Lam, M. N. (2006). Risky decision making assessed with the gambling task in adults with HIV. *Neuropsychology, 20*, 355-360.

日高康晴・木村博和・市川誠一（2007）．ゲイ・バイセクシュアル男性の健康レポート2. 厚生労働省エイズ対策事業「男性同性間のHIV感染対策とその評価に関する研究」成果報告

厚生労働省エイズ発生動向委員会（2014）．平成26年エイズ発生動向〈http://api-net.jfap.or.jp/status/index.html〉

〈仲里　愛〉

第13章　開発的学級経営

第1節　学級経営を困難にする状況

　日本の学校教育の大きな特徴の1つは，学級集団の中で学習指導と生徒指導を行い学力や社会性，個性を育てることである。したがって学級経営では，「まとまりのある教育力のある集団」に育てる一方，一人ひとりの「自分らしく社会と調和して生きる力」を育てることが求められる。

　しかし，一方では，児童生徒の規範意識や対人関係能力の低下，自尊感情の低さ，特別な支援を要する児童生徒への対応等で学級経営が困難な状況がある。

1-1　児童生徒の変化

1）規範意識と対人関係能力の低下，自尊感情の低さ　「基本的生活習慣が未確立で，規範意識が低下し感情をコントロールする力や，対人関係を作る能力が弱く，ストレス処理が適切に処理できない子や自尊感情が低く依存的で自主性が乏しい等の子が増えている」（文部科学省, 2008）。

　日本の9歳から14歳の青少年は「自分に自信があるか」の質問に，「あまりあてはまらない」（40.2％），「あてはまらない」（21.3％）と答えている（内閣府, 2007）。合わせて61.5％が自分に自信がないことになる。高校生は，「自分はダメな人間だと思う」に「よくあてはまる」と「まああてはまる」を合わせると65.8％になる。米国の21.6％や中国の12.7％，韓国の45.3％を大きく上回っている。また「よくあてはまる」と答えた日本の高校生は1980年の12.9％に対し，2002年30.4％，2011年36.0％と，ほぼ3倍と大きく増加している。一方「自分の参加で社会を変えられるかもしれない」と思う割合は，米国70％，中国63％，韓国68％であるのに対し日本の高校生は30％（財団法人日本青少年研究所, 2011）ときわめて低い。

2）特別な支援を要する子ども　担任教師の回答によると，知的発達に遅れはないものの，学習面か行動面で著しい困難を示す児童生徒が6.3％，学習面で著しい困難を示す児童生徒が4.5％，行動面で著しい困難を示す児童生徒が2.9％，学習面と行動面ともに著しい困難を示す児童生徒が1.2％いるとされる（文部科学省, 2003）。

　言葉の意味が理解できていない，自分の思いを伝えられない，人と合わせる動きが難しい，忘れ物が多い，落ち着かず立ち歩く，友達とうまく遊べない，こだわりが強い，場の雰囲気が読めないなどの特徴を1つまたは複数もった子どもたちである。

　通常の学級に在籍しているLD，ADHD，ASDなどの児童生徒に対する適切な指導および必要な支援が喫緊の課題となっている。また，特殊学級に在籍する児童生徒や通級による指導の対象となっている児童生徒についても，関係機関と連携した適切な対応が求められている（文部科学省, 2003）。

　これらの子どもたちは，まとまりのある学級では，ほかの子どもたちの自然な支援を得て，比較的落ち着き適応してきた。しかし，リレーションやルールが崩れた学級では，子ども同士の支援や協働が不十分になり，逆にこれらの子どもたちがリレーションやルールを崩していく誘因になることもある。リレーションとは，気兼ねなく話せたり気持ちのふれあいがある人間関係である。ルールとは，やっていいこと・いけないこと，やるべきことのけじめのことである。

1-2 不登校・いじめ・学級崩壊の背景

1) 不登校　文部科学省では，不登校とは「何らかの心理的，情緒的，身体的，あるいは社会的要因・背景により，児童生徒が登校しないあるいはしたくともできない状況にあること（ただし，病気や経済的な理由によるものをのぞく）をいう」（文部科学省, 2002）としている。上記の条件で年間30日以上の欠席が不登校と計上されている。

学級内のリレーションやルールが崩れたり不十分なときは，児童生徒の相互交流は停滞し，学級活動はぎくしゃくとする。そうすると，学級の雰囲気は，騒いだり，おしゃべりしたり，何か騒ぎが起きることを楽しみにするグループに引きずられやすくなる。グループに入れない子や人間関係がつくれない子は孤立し，ストレスが高まる。ストレスへの不適切な反応は逃避か攻撃である。不安などの個人的要因の強い子の緊張不安は過度に高まり，対人関係を避けようとして不登校になる。自尊感情が低く依存的で自主性が乏しい「無気力」な子は，登校する意欲を喪失する。「あそび・非行」の子は，学校以外の場所に居場所をつくろうとする。

不登校の背景にあるのは，ルールとリレーションの不足である。

2) いじめ　いじめとは，「当該児童生徒が，一定の人間関係のある者から心理的，物理的な攻撃を受けたことにより，精神的な苦痛を感じているもの」（文部科学省, 2006）と定義されている。

いじめは，ストレスに対する攻撃反応でもある。ルールやリレーションが弱くなると，規範意識が低く感情をコントロールする力の弱い子は，衝動的・暴力的な言動が増える。欲求不満を解消するために，面白半分のからかいや冷やかしが起きる。これらがいじめの誘因になる。海外の研究では，いじめの加害者は「一般の青年の倍，有罪判決を受けやすい（累犯率は4倍）」「罪を犯した少年の62％がいじめの加害者，23％が目撃者，15％が被害者」（Elliott & Kilpatorick, 1997）であるという。子ども時代のいじめ被害体験者のPTSD（心的外傷後ストレス障害）も深刻である。PTSDとは，強いショック体験や破局的な体験をした後年数が経っても，その辛い出来事をありありと再体験するフラッシュバックが起きる症状である。そのため長く続く心身の不調やうつ状態，不安，恥辱感，自尊心の低下等が起き，社会的孤立を招くこともある。

3) 学級崩壊　いわゆる「学級崩壊」とは「学級がうまく機能しない状況」で，機能しないとは「生徒が教室内で勝手な行動をして教師の指導に従わず，授業が成立しない学級の状態が一定以上継続し，学級担任による通常の手法では問題解決ができない状態に立ち至っている場合」（文部科学省, 1999）とされている。文部科学省では，全国の小学校からの聞きとり調査で得た102件の「学級崩壊」分析の結果から，事例を10のケースに類型化し（その多くは複数のケースに当てはまる），複合的な要因が積み重なって起きるとしている。そのなかで，「教師の学級経営が柔軟性を欠いている事例」が74件，「いじめなど問題行動への適切な対応が遅れた事例」が38件，「授業の内容と方法に不満を持つ子どもがいる事例」が65件等の教師側の要因がある。また，「特別な配慮や支援を必要とする子どもがいる事例」が26件，「必要な養育を家庭で受けていない子どもがいる事例」が21件等の子どもの要因がある等としている。

子どもや学級集団の状況に対し，教師のリーダーシップと授業のやり方が適切でなかったり，子どもの問題行動への適切な対応がとれずに，やがて教師の指示が通らず授業が成立しない事態に立ちいたったことがうかがえる。

第2節　開発的学級経営と育てたい児童生徒像

2-1　まとまりのある教育力のある集団に育てること

まとまりのある集団かどうかを示すものに「集団凝集性」という概念がある。「集団凝集性」とは，「集団の成員を集団の中に留めておくように働く力の総体」（Festinger, 1950）と定義されている。学級集団の凝集性を強める条件として，個々の成員が「重視されていると感じる」，「成員間が協力的」，集団の「目標が明確ではっきりしている」，成員間の「相互作用が活発」などが指摘されている（八田, 1987）。

集団凝集性が高い，つまりまとまりのある集団では，仲間意識が強くなり，集団のもつ規範がよく守られる。すなわちリレーションが促進され，ルールが定着する。目標を達成しようという意欲が高まり，活動が活発になる。

一方，集団の目標達成に向かう意欲ややる気，努力の程度を「集団モラール」という。集団モラールが高くなるのは，脅かされないという安全欲求と仲間になりたいという所属欲求が満たされ，認められたいという承認欲求や自分の力を発揮したいという自己実現欲求が高まるからだともいえる。集団モラールが高い学級は凝集性も高く，学級が「準拠集団」となる。すなわち「学級の中でやっていいこと，やっていけないこと，やるべきこと」が個々の児童生徒の規範となる。

2-2　開発的学級経営

「開発」とは「問題解決」や「予防」に対応する表現である。社会生活においては，欲求や意見の相違や対立が生じるのは当然のことである。いじめや不登校などの問題行動は，学級集団の人間関係や役割関係の不具合が「弱い部分」に症状として出現しているともいえる。

一方，これらが問題として出現してない学級でも，本音を出せず自分らしく振る舞えない，周りと異なる自分の気持ちや意見を自由に表明することにプレッシャーがかかることがある。これを「同調圧力」という。同調圧力がかかると，悪いことだと思っても「悪い」と言えない雰囲気ができる。凝集性が高い警察や軍隊，宗教組織，非行集団や暴力組織などがその例である。

集団を育てるのは，個人を育てるためである。開発的学級経営とは，問題の起きないよう「予防」することや問題の「解決」だけに焦点を当てるのではない。むしろ，問題を通じて，学級や学校の全体の問題や個人の問題解決のために，一人ひとりの協働する力を育てることに視点が当てられる。すなわち平和で民主的な社会の形成者として「自分らしく社会と調和して生きる力」を育てることが目標である。

個々の意見や個性を尊重しながら，課題に協働して取り組む自治的な力を育てるためには，「ちがいを認め合う」「異なる意見を歓迎する」「建設的な批判を重視する」「選択肢を検討する時に十分時間をかける」ことが必要になる。

2-3　育てたい児童生徒像

「教育は，人格の完成をめざし，平和的な国家及び社会の形成者 として，真理と正義を愛し，個人の価値をたつとび，勤労と責任を重んじ，自主的精神に充ちた心身ともに健康な国民の育成を期して行われなければならない」（教育基本法第1条）。

育てたい児童生徒の行動面の目標は，「自立する」「社会と調和する」ことである。そのための心理面の目標は，「自己受容」「他者信頼」「貢献感」である。

人は人とのかかわりで生きていく社会的存在である。「自立する」とは，身辺自立や経済的自立だけのことではない。各発達段階において直面する学業や役割，交友などの人間関係における自分の課題に適切に取り組むことである。課題に適切に取り組むとは，生育歴や環境（周りの人や条件）のせいにせず，自分の行動を自分で選択し，その結果を引き受けることである。「社会と調和する」

とは，自分のことだけに執着せず，自分のためにも仲間のためにもなるように行動することである。
「自己受容」とは，短所も含めた自分を受け入れ，より良くなろうとする意欲をもつことである。「他者信頼」とは，人々は仲間であり自分もその一員である，という意識である。「貢献感」とは，自分が仲間や周りのために役に立てる，という意識である。

学級活動を通して，「自己受容」「他者信頼」「貢献感」を促進し「協働集団」を育てることが，一人ひとりの自尊感情を高め，社会参加意欲を促進し，民主的な社会の形成者を育てることになる。

第3節　教師の姿勢

3-1　「尊敬」「信頼」「貢献」を示す

近年，「教師の言うことには従うべき」という前提が通用しない場合が多い。児童生徒の指導援助においては，リレーションをつくって「この先生の言うことは聞いてみよう」という関係をつくる必要がある。

「ハロー効果」とは，ある人が，他者に強く期待している特性や行動の優れている点（劣っている点）を見出すと，それ以外のすべても優れている（劣っている）ように思えてしまうことである。教師が「勉強のできる子は良い子」「勉強のできない子はダメな子」と思ってしまうのがその例である。

したがって，児童生徒とリレーションをつくるには「共感」することが大事になる。「共感」とは，相手の目で見て，相手の耳で聞き，相手の心で感じようとすることである。「問題」があるから「ダメな子」と決めつけず，その子の「気持ち」や「良い点」を見つけることが，リレーションづくりに役立つ。

「ピグマリオン効果」とは，その人にとって重要な意味をもつ他者がひそかに抱く期待によって，その人の能力に変化が生じる現象である。ある子どもの学力が伸びるという期待を教師がもっていると，意識しなくてもその言動に現れる。それを児童生徒が受け取ることで，その児童生徒の学力が伸びる。逆に「どうせこの子は」というマイナスの期待をもつと，その子の学力にマイナスの影響を与えるということである。

したがって，教師が子どもを「尊敬」し，「信頼」し，「貢献」することが，子どもの「自己受容」「他者信頼」「貢献感」を促進する。「尊敬」とは，年齢や能力とは関係なく相手をかけがえのない存在として扱うことである。「信頼」とは，相手が，自分の課題を解決する力があると扱うことである。「貢献」とは，相手の課題解決や周りのために協力することである。

教師が先に，より多く子どもに「尊敬」「信頼」「貢献」を示すと，その期待が子どもの「自己受容」「他者信頼」「貢献感」を促進し，「協働集団」を育てることに役立つ。

3-2　「賞罰」による指導と援助の問題点

教師が子どもをまとめ率いる方法には，指導と援助という2つの大きな柱がある。「近年の子育てでは，「叱る」（罰）より「褒める」（賞）方が良いとされてきた。しかし，アドラー心理学では，どちらにも問題があると考える」（『クラス会議で子どもが変わる』（Nelsen et al., 1993／邦訳, 2000）。

なぜか。「賞罰」とは，快感を与えたり不快感を与えることで，ある行動を減らそうとしたり増やそうとすることである。目的は，「タテの関係」で，児童生徒を支配したり，コントロールしようとすることである。その問題点は，内発的動機づけが育ちにくく，社会（学級）よりも，「賞罰」を与える教師の都合に関心をもつようになることである。また同じレベルの「賞罰」では効果が薄くなり，エスカレートすることや学級集団に競争をもたらすことも問題である。

「賞罰」に代わるのが「勇気づけ」である。

3-3 「勇気づけ」による指導と援助

　児童生徒の指導・援助においては，アドラー心理学の「勇気づけ」が役立つ。「勇気づけ」とは，自分がより良くなろうとか，仲間や周囲を良くしようという努力や行為に対して，「共感」し「尊敬」「信頼」「協力」することである。それは，指導や援助する側の都合に従わせるためではなく，相手が自分の価値に気づき，自分の力で課題を解決できるよう元気づけることである。

　それによって「自己受容」「他者信頼」「貢献感」が育つ。人々は仲間であり自分もその一員であるという意識や，自分が学級の中で役に立っているという意識が育つ。建設的で積極的な言動に価値の高い低いはないこと，ありのままの自分の価値に気づくこと，誰かに気にいられようとするのではなく，より世の中にかかわっていこうという意欲をもつ効果が期待される。「勇気づけ」では，即効性を期待せず，あきらめないこと，勇気づけたかどうかではなく，勇気づいたかどうかが大事である。

〈勇気づけのポイント〉（野田，1991）
・勝敗や能力ではなく，貢献や協力に注目する
・成果や結果ではなく，過程（努力）に注目する
・足りない部分ではなく，達成できている成果に注目する
・成功だけでなく，失敗をも受け入れる
・他との比較ではなく，個人の成長に注目する
・「善悪良否」をこちらで示すより，まず本人に聞く
・否定的な表現ではなく，肯定的な表現を使う
・「あなたはメッセージ」ではなく，「わたしメッセージ」を使う
・事実言葉で断定するのではなく，「〜思う」と意見言葉を使う
・「賞賛や叱咤激励」ではなく，「感謝し，共感」する。

第4節　学級経営のポイント

4-1　民主型・専制型・放任型のリーダーシップ

　リピットとホワイト（Lippitt & White, 1943）は，レヴィン（K. Lewin）の指導の下，民主型・専制型・放任型のリーダーシップの実験を行った。専制型とは，教師がすべてを決めて指示し，評価するやり方である。放任型はすべてを児童生徒に任せるやり方である。

　民主型のリーダーシップのポイントは，メンバーを集団活動の意思決定に参加させること，リーダーはメンバーの活動に対しての賞賛や批判をすぐに行うこと，また，評価は事実の指摘や数字などで客観的に行うこと，自分も随時活動に参加するなどである。実験の結果，課題の遂行において，民主型が，最も成果をあげることが示された。

　したがって，学級経営においては，民主型のリーダーシップを心がけることが大事である。

　民主型のリーダーシップのポイントは，「競争ではなく協力原理」「タテの関係ではなく，ヨコの関係」「相互不信ではなく，相互尊敬と相互信頼」「賞罰ではなく，勇気づけ」「課題に対して無責任ではなく，責任」「独裁または無政府主義ではなく，民主的法治主義」「ボスではなくコーディネーターとしての教師」である。

4-2　リレーションの促進

　学級経営の第一歩は，まず担任と児童生徒，児童生徒同士のリレーションづくりを促進することである。リレーションとは気兼ねなく安心してつきあえる人間関係のことである。

　リレーションは学校生活や活動を共にし，「一緒に居る」「同じ活動を体験する」「同じ感情を味わ

う」ことで，つきあいふれあいが促進され，緊張不安が軽減される。さらに意識して「共通点を探す」「相手の関心に関心を持つ」「自分の役割を遂行する」と，「人々は仲間であり，自分もその一員である」という実感が得られる。

　子ども同士のリレーションを促進するには，担任が，多様な個性を認める物差しをもつことが大切である。担任の姿勢が「障害」も「個性」として受け止め，違いや良さを認め励まし合う親和的な雰囲気を促進するのに役立つからである。具体的には，学習活動や学校生活の中で，積極的に一人ひとりの良さを見出すこと，そのつど役割や活動に対して，「ありがとう」「うれしい」「助かる」と感謝することで，自立心や貢献感を育てることなどを心掛けることである。児童生徒にも相互の貢献や良いとこ探しをさせる。

　近年の子どもたちは，生育歴の中での子ども同士の自由な遊び体験の不足などにより，人間関係が希薄であることや人間関係づくりのスキルの未熟さが指摘されている。構成的グループエンカウンターやソーシャルスキル・トレーニングなどの授業型の心理教育で，ふれあいと気づきを体験し人間関係のスキルの学習をさせることが一層求められるようになっている。

4-3　目標の設定と役割関係

　目標があるとやる気が高まる。集団凝集性を高めるポイントの1つは，集団としての目標に向かって，個々の成員が協働していくことである。

　どんな学級にしたいかという担任の願いと児童生徒の願いをまとめて学級の目標にする。目標は，簡潔で印象に残る文言にして明示する。目標に近づいているかどうか，客観的に確認できる行動指標を設定し，中期や短期でその達成状況を確認できるようにする。たとえば，「仲の良い学級」が目標なら，毎月お誕生日会を開くとか，一人ぼっちの子には声をかけるなどである。

　学級活動のねらいは「学級活動を通して，望ましい人間関係を形成し，集団の一員として学級や学校におけるよりよい生活づくりに参画し，諸問題を解決しようとする自主的，実践的な態度や健全な生活態度を育てる」（文部科学省, 1998）ことにある。

　学級では，朝の会・帰りの会や学級会などの話し合い活動，スポーツ行事や文化行事などへの参加，掃除や給食の当番などの学級活動がある。役員や係当番を選び，個々の児童生徒がその役割を分担して学級活動が行われる。

　役割を通して，人間関係ができ，問題解決の仕方や人間関係の方法を実践的に学べる。役に立つことで貢献感や効力感，自尊感情が育ち，認められたいという承認欲求が満たされる。リーダーである担任の役割（國分, 1984）は，「誰は誰に対して何をすることが許されているか」「すべきか」の権限と義務をはっきりさせること，状況に応じて柔軟に，やり方を教えたり関係を調整したり任せたりすることであるという。

4-4　ルールの定着

　望ましい人間関係や健全な生活態度を育てるためには，規範意識を育てる必要がある。ルールやマナーが定着した学級ではトラブルが少なく，緊張不安やストレスも軽減され，学級活動も円滑に進む。

　大切なことは，教師が決めるのではなく，みんなが安心して楽しく学校生活を送るために，必要なことを子どもたち自身が話し合って決めることである。なぜ，そのルールやマナーが必要なのか，それが守られるとどんな良いことがあるかをメンバーが共有することである。

　「してほしいこと」「してほしくないこと」「許されないこと」などの必要なルールやマナーを一人ひとりに考えさせ，それを話し合い，まとめて学級のルールにする。「ベル席」「意見は黙って挙手」「されて嫌なことはしない，言わない，みのがさない」「『ありがとう』と『すみません』が言える」などがその例である。その際に，日程や活動内容もわかりやすく図式化して掲示するなどの工

夫も求めるとなおよい。

4-5 協働を育てるクラス会議

学級で起きる問題は，子どもの課題でもある。クラス会議は，課題解決を目指して，一人ひとりの協働する力を育てるための重要なポイントである。

クラス会議は決まった形はないが，週1回決まった時間を設定し，集めた議題について，学級全員が輪になって話し合いを行うことが基本になる。

クラス会議のねらいは2つある。1つは，学級のみんなは仲間であり，自分もその一員として何か役に立っているという実感を育てることである。2つ目は，民主的かつ自立的に問題を解決する姿勢とスキルを育成することである。

ここでは赤坂（2015）の実践を紹介する。

実施に際しては，まず子ども同士のやりとりをスムーズにするために，ウォーミングアップで構成的グループエンカウンターやレクレーションの短いエクササイズを行うのがよい。「あいこじゃんけん」「グループ作りゲーム」などがその例である。

次に，話し合いのルールやマナーを決めるための「チクチク言葉とふわふわ言葉」や「みんなで決めました」の授業を行う。ここまでが事前準備である。

1回目のクラス会議では，「いい気分・感謝・ほめ言葉」の発表と議題を集める。2回目のクラス会議で，問題を解決する。手順は，①議題の提案と話し合いの必要性の確認，②解決策の提案，③解決策の検討，④解決策の検討，⑤解決策の実行である。

②解決策の提案に際しては，ブレーンストーミングの要領で，案の是非の評価をせず，多くのアイデアを出すことを奨励する。③解決策の検討において，その実行可能性やメリットデメリットなどを出し合う。④解決策の決定においては，全体の問題の場合は多数決で決めるが，個人の問題の場合は当事者に選択させる。

3回目以降のクラス会議から問題解決を日常化し次の手順で行う。

①「いい気分・感謝・ほめ言葉」の発表，②前回の解決策の振り返り，③議題の提案，④解決策の提案，⑤解決策の検討，⑥解決策の決定。

クラス会議への教師の介入は，明らかに話し合いの方向性がおかしいときや，道徳的に誤った方向に会議が進んでいるときに限る。それも，話し合いの途中で「私は，それに賛成できません」と出るべきで，一番してはいけないことは，決定事項を教師が勝手に変えることである。それをしてしまうと「なんのために話し合ったの？」とクラス会議自体の価値が否定されてしまい，せっかく育ち始めた主体性の芽を摘み取ってしまうことになる。

慣れてきたら，立候補を募って，司会や黒板への記録役（複数）を子どもに任せる。

4-6 授業型の心理教育

授業型の心理教育とは，集団の中で，集団の力を活かして，行動・思考・感情の教育を行うことである。人間関係づくりのスキル，いじめや怒りへの対応，ストレス対処などの学習は，児童生徒同士の人間関係を改善し，まとまりのある学級集団づくりに役立つ。世界保健機構（WHO）は，自己認識スキル，意思決定スキル，コミュニケーションスキル，ストレスマネジメントスキルなどの10種類をライフスキルとして教えること（WHO, 1994／邦訳, 1997）を推奨している。

各学年35時間分の社会性を育てるスキル教育のプログラムが，小学1年から中学3年まで全9巻作成し発行されている（清水ら，2006-2007）。道徳や学級会・HRの時間，総合的学習の時間などの教育課程に位置づけることで，学級活動との相乗効果が期待される。

これらの心理教育の手法は，各県の初任者研修や各種の研修で紹介され，全国に広がっている。近年は，教育委員会が教育課程に位置づけさせ，すべての小中学校で，人間関係プログラム（岡田，

2014）として実施する取り組みが，さいたま市や川崎市，静岡県，北谷町（沖縄県）などに広がっている。

技法としては，構成的グループエンカウンター（國分・國分, 2004），ソーシャルスキル・トレーニング（小林・相川, 1999），アサーション・トレーニング（平木, 1993）などがある。構成的グループエンカウンターとは，リーダー（教師）が用意した課題を行い，感じたこと気づいたことを話し合うグループ体験である。ねらいは，ふれあいと気づき（自他理解）である。ソーシャルスキル・トレーニングとは，あいさつ，自己紹介，上手な聞き方，質問の仕方，仲間の誘い方，仲間の入り方などの人間関係に関する具体的なコツや技術の実習を通して教えるものである。アサーション・トレーニングは，相手の立場を尊重しながら，自分の意思を適切な方法で表現できるようになるためのトレーニングである。上記の技法に加えて，交流分析（新里, 1986）や内観（仲村, 2004）も有効である。交流分析は，性格の理解や人と人とのやりとりや改善方法を図式で示せるので児童生徒が興味関心をもちやすい。内観は，人から「してもらったこと」「して返したこと」「迷惑をかけたこと」を具体的に調べるシンプルな方法で，自己中心性に気づき感謝や思いやりを育てる効果がある。

第5節　学級集団と個々のアセスメント

学級経営においても，「何がどうなっているか」を分析し，「どうするか」の対応策につなげることが大事である。これをアセスメントという。アセスメントには観察法，面接法，心理テスト法がある。勘や体験だけでは気づけない子どもの内面や集団状況を把握し，適切な対応を行うためには，心理テストの活用が有効である。

ここでは学級担任が使いやすい心理テストとして，『Q-U』（Questionnaire-Utilities; 河村, 2004）を紹介する。『Q-U』は，学校生活での児童生徒の満足度と意欲，学級集団の状態を調べる質問紙で『学級満足尺度』『学校生活意欲尺度』から構成されている。これに「ソーシャルスキル尺度」が加わったものが『HyperQ-U』である。ここでは，『学級満足度尺度』を中心に述べる。

5-1 『学級満足度尺度』

『学級満足度尺度』は，子どもが学級にどれくらい満足しているかを測る質問紙である。「自分が級友から受け入れられ，考え方や感情が大切にされていると感じられるか否か」を内容とする10個の質問（小学校用は7個）を「承認得点」とし，「不適応感を持っていたり，いじめ・冷やかし等で嫌な思いをしているか否か」を内容とする10個の質問（小学校用は7個）の得点を「被侵害得点」とする。一人ひとりの「承認得点」を縦軸，「被侵害得点」を横軸に取って，その交点に出席番号を打ってグラフに表す。

その得点が全国平均より上か下かによって子どもが4つの群に分類され，満足している子（満足群），認められていない子（非承認群），いじめを受けている可能性の高い子（侵害行為認知群），不登校になる可能性の高い子ども（不満足群・要支援群）がわかり，個々への対応のポイントがわかる（図13-1参照）。特に要支援群の子への対応は，養護教諭や教育相談係，スクールカウンセラーなどチームで支援することが大事である。また行政機関（児童家庭課など）と連携し家庭を丸ごと支援する必要があることもある。

4つの群にいる児童生徒の割合によって，6つの学級集団のタイプとそれぞれの学級への対応策が示される。学級の中で認められていて，トラブル等で嫌な思いをしていない満足群の子が70％以上いると，学級集団の雰囲気が学習指導と生活指導が最も効果を発揮する教育力のある学級になる。リレーションがあり，ルールが定着しているので，不安や緊張のある子，無気力やあそびや非行傾向のある子，支援を要する子も適応しやすい学級である。

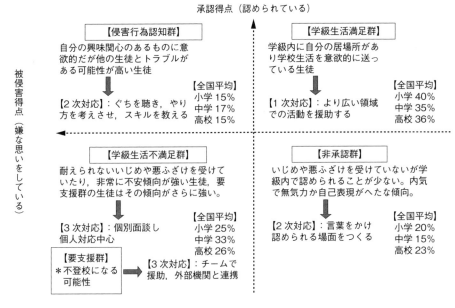

図 13-1　学級満足度尺度 4 群の児童生徒の特徴と個別対応の基本（河村, 2004）

5-2　PM 理論による教師のリーダーシップタイプと学級集団の型

　集団には，集団の課題達成機能（P 機能）と集団維持機能（M 機能）がある（図 13-2）。三隅(1984) は，P 機能と M 機能を促す，働きかけの強弱の組み合わせから，リーダーシップを PM 型，Pm 型，pM 型，pm 型の 4 つの型に分ける PM 理論を提唱した。

　学級経営では，P は，学習や活動を促す「指導」であり，M は，緊張不安を解消したりふれあいを促す「援助」である。教師は，子どもたちや学級集団の状態に合わせ，P 機能と M 機能を柔軟に発揮することが求められる。

　しかし，リーダーシップは子どもたちの受け止め方で変わる。自分では P 機能（指導）や M 機能（援助）を発揮しているつもりでも子どもたちにはそうは伝わらないことがある。教師のリーダーシップは，教師がやった指導や援助の実際ではなく，児童生徒がそれをどう受け取るかによって決まる。

　したがって，集団の状況によって，指導と援助のバランスを調整し，リレーションを促進しルールを定着させて「満足型学級」をつくることが求められる。

　河村（河村, 2004）は，教師のリーダーシップの型と学級集団の型について以下のように述べてい

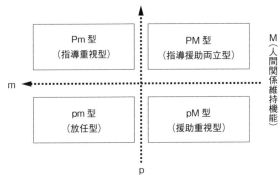

図 13-2　教師のリーダーシップの PM 類型（三隅ら, 1977）

る（図 13-1）。

1)「**指導援助両立型のリーダーシップ**」と「**満足型学級**」　「満足型学級」の担任は，人間関係にも気を配りながら，学習や学校生活のルールやマナーを確認し徹底させるやり方で，優しい中にもけじめがあるか，厳しい中にも細やかな気遣いを示せる担任と見られている。

「指導援助両立型」の教師の学級ではルールが定着しリレーションが促進される。学習意欲が高く，学級活動が活発になる。メンバーの積極的な態度や意欲が最も高くなるので，70％以上の児童生徒が満足群にいる満足型の学級になる。「満足型学級」では，学級活動の運営や企画，問題解決に児童生徒の自主的な関与や自治的活動を促進することが求められる。

満足型の学級は，小学校では 29.9％，中学校では 24.53％しかない（河村, 2007）。学級経営の充実が一層求められる所以である。

2)「**指導重視**」のリーダーシップタイプと「**管理型学級**」　「指導重視」と見られる担任の学級では，満足群と非承認群に 70％以上の児童生徒がいる管理型の学級になる。管理型学級では，ルールが重視されるので一見静かで，クラスは安定しているように見えるが教師と児童生徒，児童生徒間のリレーションは不足する。活気は少なく，自主活動は低調で，教師の評価を気にする傾向が強くなる。学級内の社会的地位が階層化し，できない子や認められない子はやる気を失う。「引き下げ心理」で，「できないこと」を責めたり冷やかしやいじめなども起きる。リレーションを促進しないと，不満足群の子が増え「荒れ始め型」から「崩壊型」に変化していく恐れがある。教師が児童生徒一人ひとりの個性や持ち味を肯定的に評価する多様な物差しをもち，児童生徒同士の「良いとこ探し」などに意識的に取り組ませるなどの取り組みが求められる。

管理型は小学校では，1998 年の 50％から 2006 年 24.7％に減った。しかし，中学では，57.97％から 66.04％に増加している。

3)「**援助重視**」のリーダーシップと「**なれあい型学級**」　「援助重視」と見られる担任の不学級では，満足群と侵害行為認知群に 70％以上の児童生徒がいる「なれあい型」の学級になる。元気だが私語が多くゆるみのある学級集団で，ルールが確立されていないので，徐々にリレーションも不足になる。はっきりもの言う生徒が雰囲気を支配し，ルール壊しが始まる。係活動がうまくできずトラブルが多い。ルールが崩されていくと不満足群の子が増え「荒れ始め型」から「崩壊型」に変化していく恐れがある。ルールを確立するためには，何もかも一度に守らせるのではなく，80％の児童生徒が守れそうなことから 1 つずつスモールステップでルールを確立させることである。

小学校では「なれあい型」が 1998 年の 26.1％から，2006 年の 45.4％に増加し，中学では，15.94％から 9.43％に減少している（河村, 2007）。

4)「**指導重視型**」，「**援助重視型**」と「**荒れ始め型学級**」　リレーションが不足する「指導重視型」もルールが定着しない「援助重視型」も，教師が，指導と援助のバランスを変えないでいると，一層ルールが壊され，リレーションが不足し始める「荒れ始め型の学級」になる。「荒れ始め型学級」では，教師の指示が通りにくく，反発したり「わかりました」と言ってやらなかったりする。不満な子たちは意欲をなくし，ストレスから攻撃（冷やかし，陰口，中傷，いじめ）か逃避（消極性や不登校行動）の傾向が強まる。教師はトラブル処理に追われることになる。

「荒れ始め型学級」では，リレーションづくりとルール定着のための取り組みを同時に取り組む必要がある。

5)「**放任型**」リーダーシップと「**崩壊型学級**」　「荒れ始め型学級」でルールとリレーションの回

復が進まないと「崩壊型学級」に陥る可能性が高まる。「崩壊型学級」では，担任は，指導と援助のしない（できない）「放任型」とみなされ，70％以上の児童生徒が不満足群にプロットされる。ルールとリレーションが弱いので，一斉授業が成り立たなくなる。子どもたち相互に不信感が発生しやすく，情緒が不安定で，集団はストレスフルで混沌とした状態になる。教師のリーダーシップは大きく低下し，インフォーマルな力をもった子どもが学校全体を仕切るようになる。陰湿ないじめがあることもある。「崩壊型学級」では，チームで対応することが必要になる。小グループに分けたり，一斉学習をやめて個別のプリント学習にするなど担任だけではなく複数の教師による対応が求められる。

引用・参考文献

赤坂真二（2010）．先生のためのアドラー心理学―勇気づけの学級作り　ほんの森出版
Elliott, M., & Kilpatorick, J.（1994）．*How to stop bullying: A kidscape training guide.* London: Kidscape.（平野裕二（訳）（1997）．いじめに立ち向かう―キッドスケープ・トレーニング・ガイド　アドバンテージサーバー）
Festinger, L.（1950）．Informal social communication. *Psychological Reviews, 57,* 271-282.
八田武志（1987）．教育心理学　培風館
平木典子（1993）．アサーショントレーニング　金子書房
河村茂雄（2004）．Q-Uによる学級経営スーパーバイズガイド　図書文化社
河村茂雄（2007）．学校の課題―学力向上・いじめ防止・学級崩壊予防　図書文化社
小林正幸・相川　充（編集）國分康孝（監修）（1999）．ソーシャルスキル教育で学級が変わる　図書文化社
國分康孝（1984）．リーダーシップの心理学　講談社
國分康孝・國分久子（総監修）（2004）．構成的グループエンカウンター事典　図書文化社
Lippitt, R., & White, R. K.（1943）．The "social climate" of children's group. In R. G. Barker., J. S. Kornin, & H. F. Wright（Eds.）, *Child behavior and development.* New York: McGraw-Hill.
三隅二不二（1984）．リーダーシップ行動の科学　有斐閣
文部科学省（1998）．学習指導要領　第5章の第2の［学級活動］の1「目標」
文部科学省（1999）．学級経営の充実に関する調査研究（中間まとめ）の概要
文部科学省（2002）．不登校問題に関する調査研究協力者会議
文部科学省（2003）．今後の特別支援教育の在り方について（最終報告）特別支援教育の在り方に関する調査研究協力者会議
文部科学省（2006）．いじめの定義　児童生徒の問題行動等生徒指導上の諸問題に関する調査
文部科学省（2008）．児童生徒の問題行動等生徒指導上の諸問題に関する調査
文部科学省（2010）．児童生徒の問題行動等生徒指導上の諸問題に関する調査
内閣府（2007）．低年齢少年の生活と意識に関する調査
仲村將義（2004）．内観　教育カウンセラー標準テキスト中級編
Nelsen, J., Lott, L., & Glenn, H. S.（1993）．*Positive discipline in the classroom: Developing mutual respect, cooperation, and responsibility in your classroom.* Roseville, CA: Prima.（会沢信彦（訳）（2000）．クラス会議で子どもが変わる―アドラー心理学でポジティブ学級づくり　星雲社）
野田俊作（1991）．続アドラー心理学トーキングセミナー：勇気づけの家族コミュニケーション　星雲社
岡田　弘（2014）．小学校人間関係づくりエクササイズ＆ワークシート　学事出版
Rosenthal, R., & Jacobson, L.（1968）．Pygmalion in the classroom: Teacher's expectation and pupils' intellectual development. New York: Rinehold and Winston.
清水井一（編集）國分康孝（監修）（2006-2007）．社会性を育てるスキル教育35時間　全9巻　図書文化社
新里里春（1986）．カウンセリング―交流分析を中心に　チーム医療
WHO（1994）．*Lifeskills education in schools.* Geneva, Switzerland: World Health Organization.（川端徹朗・西岡伸紀・高石昌弘・石川哲也（監訳）JKYB研究会（訳）（1997）．WHOライフスキル教育プログラム　大修館書店）
財団法人日本青少年研究所（2011）．高校生の生活と意識に関する調査

●コラム13　読み・書きの障害と脳

　小学生時代，筆者は国語や社会の時間に，先生から教科書のある箇所を読みようにあてられて，たびたび動揺した経験を思い出す。筆者の場合は，読みの障害を持っていたわけではないが，今，クラスの中に一人は文字をうまく読めなかったり，書けなかったりする児童・生徒がいるといわれている。いわゆる読書障害という子どもたちである。DSM-5（精神疾患の診断・統計マニュアル第5版）では，限局性学習障害症の中の読字障害（ディスレクシア dyslexia）に分類される。ほとんどの場合は，読字困難の症状には書字困難も加わる。

　このような児童・生徒は，知的発達に遅れがなく，視覚や聴覚，運動能力にも大きな困難はない。しかし，本人が努力しているにもかかわらず，読み書きの障害によって，知的能力から本人に期待される学力が身につかず，学業不振に陥ることがある。時には二次障害として，ストレスが生じ，不登校になってしまう場合もある。

　ところで，言語活動には，話す，聞くと読む，書くという4つの領域に分けることができる。乳幼児は，母子との相互作用を繰り返すことによって，生まれ育つ国の言語を聞いたり，話したりすることが自然にできるようになる。また，人間はどの国に行っても，しばらく経つと，その国の言葉は聞くことができ，話すことができるようになる。それはハードウエアである左脳にその装置が備わっているからである。これを言語野という。もし，左脳のこの言語野が何らかの障害を受けると，話すことができなくなったり（運動性失語症），音声から言語を抽出することができなくなる（感覚性失語症）となる。

　それでは読み，書きについてはどうであろうか。脳には最初から読み・書きの機能に関わる脳の領域は存在しない。平仮名や漢字の文字が視覚的に提示された目からの情報は，まずは脳の視覚野（後頭葉）で形の分析がなされ，文字の形として認識される。そのあと，視覚系，聴覚系，身体感覚（体性感覚）系が，統合される側頭・頭頂連合領域という場所で，この文字の形が意味ある記号として認識される。このように脳のある領域を借用して，文字認識が生じ，読む行為の前段ができあがり，その情報が最終的には脳の前頭葉の運動野で発話されるのである。読みの行為は，教育の営みによってのみ可能になる。教えることによって，側頭・頭頂連合領域に，読みの行為がプログラムされるのである。読み障害の子どもは，この領域に生来的に何らかの障害があると考えられる。本邦では，他国に比べて識字率が高い。封建時代の江戸時代は寺子屋などで文字を読む教育がなされており，武士でない一般庶民も読むことができる社会が形成されていた。

　一方，自分の氏名が書けるようになるには，書くための手を動かすという微細運動機能の成熟を待つ必要がある。5,6歳ぐらいになるとある程度の運動機能が成熟してくることで，未分化ながらにも模倣して文字らしきものを書くこと（模倣行為）が可能になる。一方，創造的にものを書くことは児童期に入らないとできない行為である。そのための脳はまだ準備されていないからである。文字を書く場合にも，側頭・頭頂連合領域は重要な働きをする。

〈富永大介〉

第14章　学級集団の心理学

　学級担任にとって，学級の子どもたち，すなわち学級集団を正確に理解することは，学級経営を行ううえできわめて重要なことである。たとえば，学級集団の中で，誰がリーダーとしてふさわしいのか，誰が影のリーダーなのかといったことを把握することは，教師にとって必要なことであろう。
　そして集団を研究する領域として心理学には社会心理学という分野がある。最近では，学級崩壊，不登校，いじめなど，学級集団が集団として機能していないがゆえに発生する問題も多いように思われる。そしてその集団の形成に大きく関わる教師のリーダーシップの重要性もますます問われる時代となっている。ここでは，社会心理学の観点から，学級集団について述べてみたい。
　なお，ここでいう学級集団とは，主に小学校や中学校における学級を想定している。なぜならば，高等学校においては単位制高校，教科別学級編成など，明らかに形態が異なるからである。よってここでは，主に小中学校における学級集団を念頭に論を進めたい。

第1節　学級集団の構造

　学級集団に限らず多くの集団には大きく分けて2つの構造が存在する。1つがフォーマル構造（formal structure）であり，もう1つがインフォーマル構造（informal structure）である。
　フォーマル構造とは，一見するだけですぐにわかる構造である。学級委員長はどの子か，班長はどの子かなど，フォーマルな地位に基づいた構造である。
　それに対しインフォーマル構造は，一見するだけではわかりにくい。学級で最も人気のあるのはどの子か，みんながその子の言うことを聞くのはどの子か，影のリーダーはどの子かなど，よく観察してもわからないことが多い。
　そして，学級担任にとってどちらがより重要かといえば，それはインフォーマル構造の方である。なぜならば，実際の学級集団の動きは，このインフォーマル構造によって規定される部分が大きいからであり，その構造を明らかにすることは学級集団を正確に把握することにつながるからである。
　こうしたことから，わが国の学級集団においては，古くからソシオメトリック・テスト（sociometric test）などを用いてインフォーマル構造の把握が行われ，また研究も積まれてきた。
　インフォーマル構造はさらに，2つの構造に分類できる。1つが好みに基づいたソシオメトリック構造（sociometric structure）であり，他の1つが勢力に基づいた社会的勢力構造（social power structure）である。ここではまずソシオメトリック構造について述べたい。
　ソシオメトリック構造の把握は，アメリカの精神分析家，モレノ（Moreno, 1934）の研究に端を発する。モレノは，集団成員間の「好き・嫌い」の感情に着目し，ある活動を一緒にしたい人としたくない人をそれぞれ選択させ，成員間の選択・排斥関係を把握しようと考えた。その理論がソシオメトリー（sociometry）であり，測定方法がソシオメトリック・テストである。
　ソシオメトリック・テストとは，モレノによって考案された，集団におけるインフォーマル構造を把握する方法で，集団内の成員相互の「魅力」や「反発」に基づく対人関係を把握するものである。わが国の教育現場においても，田中（1970）によって紹介されたこともあり，広く用いられてきた。インフォーマル構造は自発的に個人の中に形成された態度に基づく関係であるから，一見した

だけではわからない場合が多い。ソシオメトリック・テストにより，最も人気のある子ども（star），あまり人気のない子ども，周辺にいる子ども，孤立している子ども（isolate）などを発見することができ，その結果は教師の予期しないものであることも多い。

ソシオメトリック・テストでは，たとえば「勉強をするとき，あなたはこのクラスの中の誰と一緒にしたいですか。一緒にしたい友達の名前を3人書いてください」という設問をする。その際，選択の場面，範囲，人数を決める必要がある。場面は，勉強，遊び，席替えなどを設定し，範囲は学級内の男子のみ，女子のみに限定し，人数は5人から3人を選択させる場合が多い。しかしこれらの基準は一定のものではなく，目的によって異なる。また実施に際しては，秘密の保持を保証し，結果が友達に知られることはないことを伝えることも重要である。

さらに嫌いな友達（たとえば，席替えのときに隣りになりたくない友達）についても尋ね，排斥関係も把握することが本来モレノの意図するところであったが，プライバシー保護の観点などから，現在では特に必要でない限り，そちらについては記入を求めないのが一般的となっている。また，個人情報保護などの観点から，最近の教育現場ではソシオメトリック・テスト自体が行われない傾向もある。

なお，結果の集計に関しては，最近では専用の集計ソフトもあるが，ソシオマトリックス（socio-matrix）という集計表に基づいたソシオグラム（sociogram）という関連図を作成するのが一般的である。

まず縦と横に氏名を並べ，誰が誰を選んだか，何人から選ばれているかを表にして，それに基づき選択関係を簡潔に示した図を作成する。その表をソシオマトリックスと呼び，図をソシオグラムと呼ぶ。

表14-1は仮にクラスにAからJの子ども10名がいたと仮定して，縦に選択者，横に被選択者をおいて，選択－被選択関係を○で示したものである。Aの子どもが被選択数8で最も選ばれている。

さらに図14-1は，それを視覚的にわかりやすく示すように作成したソシオグラムである。これによるとABCの3名グループとDEFGの4名グループがあり，Iが孤立児（isolate）であることがわかる。

なお，ソシオグラム作成にあたっては，最も選択されているスターを中央付近に配置すること，各小グループのまとまりをわかりやすく示すことなど，ある程度のセンスが必要となる。

表14-1 ソシオマトリックスの例

	A	B	C	D	E	F	G	H	I	J
A	—	○	○	○						
B	○	—	○	○						
C	○	○	—	○						
D				—	○	○				
E	○			○	—		○			
F				○	○	—	○			
G	○				○	○	—			
H	○	○						—		○
I	○		○						—	
J	○						○	○		—

※縦が選択者，横が被選択者，○で選択あり

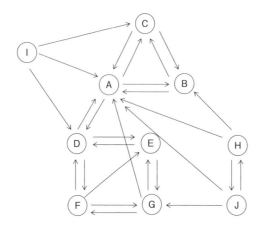

図14-1 ソシオグラムの例

第2節　社会的勢力とは何か

　社会心理学において，集団内のインフォーマル構造を捉えるもう1つのものとして，社会的勢力（social power）もしくは勢力（power）という概念がある。ここでは，社会的勢力について整理してみたい。なお，社会心理学においては，社会的勢力と勢力は同義のものとして捉えているので，ここでも同義のものとして扱う。

　社会的勢力に関する研究は，フレンチとレイヴン（French & Raven, 1959）の研究を中心に発展してきたといってよい。フレンチとレイヴンは，影響力（influence）と社会的勢力の関係を次のように定義している。

　「影響力とは運動状態にある勢力であり（kinetic power），勢力とは，潜在的状態にある影響力（potential influence）である」（French & Raven, 1959）。

　またリピットらは，次のように定義している。

　「社会的勢力とは，他者の中に，与えられた方向に行為あるいは変化するような力を誘発する潜在的能力（potentiality）である」（Lippitt et al., 1952）。

　影響力とは一般に，ある者が他者の行動や態度，感情などに，何らかの変化を起こさせる力のことをいう。これに対し，社会的勢力とは以上からわかるように「潜在的な影響力」のことである。したがって，勢力と影響力は，ほぼ同義のものと捉えて差し支えない場合もあるが，必ずしも同義ではない。

　では次に，社会的勢力の類型についてふれてみたい。フレンチとレイヴンは，社会的勢力を5つに分類している（French & Raven, 1959）。すなわち，報酬勢力，強制勢力，正当勢力，参照勢力，専門勢力である。

　報酬勢力（reward power）とは，勢力源（影響の送り手）の言うことに従うならば，勢力源は自分に対して報酬を与えてくれるだろうと勢力対象（影響の受け手）が思うことによって生じる勢力である。

　強制勢力（coercive power）とは，勢力源の言うことに従わないならば，勢力源は自分に対して罰を与えるだろうと勢力対象が思うことによって生じる勢力である。

　正当勢力（legitimate power）とは，勢力源が自分に対して命令したり禁止したりするのは当然であると勢力対象が思うことによって生じる勢力である。

　参照勢力（referent power）とは，勢力源に対する勢力対象の同一視，つまり自分も勢力源のようになりたいとか，勢力源のように行動したいと勢力対象が思うことによって生じる勢力である。

　専門勢力（expert power）とは，勢力源の実際の知識量や勢力源の知識量について勢力対象がもつ認識によって生じる勢力である。

　ただし，このような社会的勢力の5類型は理念的な抽出物であり，実際はいくつかの勢力が複合するのが一般的である。

　以上述べてきたフレンチとレイヴンの研究については，数々の関連する研究が行われている（Foa & Foa, 1974; 今井, 1986など）。たとえばレイヴン（Raven, 1965）は，自らこの5類型モデルの発展モデルを提唱している。彼は新たに，情報勢力というものを加え，6類型としたのである。

　情報勢力（information power）とは，勢力源は自分にとって有益な情報をもっていると勢力対象が思うことによって生じる勢力である。

第3節　学級における子どもの資源

3-1　ハーグリーヴスの資源概念

　インフォーマル構造の2側面についてふれてきたが、このソシオメトリック構造と社会的勢力構造は互いに大きく関連している。ソシオメトリック構造および社会的勢力構造において、集団内の上下関係に焦点を当てた表現としてそれぞれを、ソシオメトリック地位（sociometric status）、社会的勢力地位（social power status）と呼ぶことがあるが、高いソシオメトリック地位にいる子どもは社会的勢力地位も高いことが多い。すなわち、人気のある子どもは、勢力や影響力ももっていることが多い。それは、イギリスの社会心理学者、ハーグリーヴス（Hargreaves, 1972）の財産（property）と資源（resource）の両概念により説明できる。

　ハーグリーヴスに従って、子どもの遊び仲間集団を例に説明してみたい。子どもは集団にさまざまな「財産」を持ち込む。性格特性、技能、所有物、それらはみな財産である。集団は、集団の目標や価値をもっているので、ある財産は他の財産よりも価値のあるものである。たとえば、野球のバットというある子どもがもっている財産は、野球を目的として集まった遊び仲間にとっては、他の財産（サッカーボール）よりも価値のあるものである。

　集団の課題達成に貢献する、すなわちこの場合バットが野球をするのに役立つ、と子どもたちから評価されると、そのバットは「資源」となる。つまり資源とは、集団内で価値のある財産のことである。そしてこの資源を子どもがもっている場合、その子どもは他の子どもたちに対する勢力や影響力をもつことができるのである。したがって、このような資源を多くもっている子どもほど、勢力や影響力が強くなるといえる。

　資源は、所有物のように手段的なものである場合もあれば、性格特性のように表出的なものである場合もある。野球の場合でいえば、バットやグローブやボールのような所有物も資源となりえるし、野球がうまいこと（技能）やチームを盛り上げる明るい性格特性なども資源となりえるということである。

　また、勢力をもつ子どもは同時に、人気も得ることになる。同じ資源が人気と勢力の基盤となっているからである。たとえば、やさしい性格特性は集団生活を楽しくするので、他の子どもたちにとって高く評価されることが多い。さらにそうした性格は同時に好みの感情も刺激し、ソシオメトリック地位を高めることになる。

　野球の技能の場合はどうだろうか。勝ちたいと思っているチームでは、技能は高く評価され、その子どもに勢力が付加される。その一方で、技能は賞賛される。賞賛は好みの一形態である。したがって、その子どもは強い勢力と同時に高い人気も得ることになる。同じ資源がその子どもに人気と勢力をもたらすので、ソシオメトリック地位と社会的勢力地位の相関は高くなる傾向にある。

　さらに付け加えておかなければならないのが、資源とそれに基づいて構成される集団構造は集団文化（group culture）と密接な関係にあるということである。

　文化とは社会心理学においては一般に、人びとのものの考え方、行動の仕方のことを指す。したがって集団文化とは、集団内におけるものの考え方、行動の仕方ということになる。たとえば遊び仲間集団における「野球の試合に勝ちたい」「楽しく野球をやりたい」というものの考え方は文化にあたる。そうした文化があるからこそ、野球の技能が資源となりえるのである。そして集団構造においても野球のうまい子どもがソシオメトリック地位や社会的勢力地位の上位に位置することになる。

　では、集団文化が変化すれば、どうなるだろうか。たとえば、野球に飽きた子どもたちの遊びがサッカーに変わったらどうか。資源は文化に大きく依存している。目的が変わり文化が変化すればそこで評価される資源も変化する。つまり、野球のバットや技能は財産ではあってももはや資源としては評価されず、代わってサッカーボールやサッカーの技能が資源となるだろう。リーダーも野

球のうまい子どもからサッカーのうまい子どもに代わるかもしれない。

このように文化が変われば，評価される資源も変化し，集団内のインフォーマル構造も再編成されるのである。つまり野球の技能が常に資源となるわけではない。

集団における個々人は，集団のもつ目的によって影響を受け，対人関係も動的なものである。社会心理学においては，集団を単なる個々人の集まりとして捉えることはせず，むしろそれを超えた存在であると捉える。1＋1＋1＝3ではなく，4にも5にもなるという考え方である。このように個々人は集団になったとき，各々がばらばらに行動するのではなく，集団ゆえに生まれる価値や目標にそって行動するという分析視点をもつ分野をグループ・ダイナミックス（集団力学；group dynamics）という。

いずれにしても学級集団において教師は，まず子どもの資源が何かを見極める必要があるだろう。

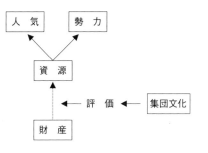

図14-2 資源と2つのインフォーマル地位の概念図

3-2 学級において高く評価される子どもの資源

では最後に，実際の調査データの分析結果を踏まえて，資源とソシオメトリック地位，社会的勢力地位の関係について考察したい。学級において高く評価される資源は何だろうか。筆者が過去に行った研究（西本，1998a, 1998b, 2003）をもとに考察したい。

西本（2003）は中学2年生530名を対象に質問紙調査を行い，2つのインフォーマル地位と資源との関係について検討している。

質問は主に，ソシオメトリック地位（以下，人気ともいう），「社会的勢力地位」（以下，勢力ともいう），資源に関する3つの部分からなる。ソシオメトリック地位はソシオメトリック・テストにより測定した。社会的勢力地位は，言うことを聞いている，つまり言うことに従う友達の名前を尋ねることによって把握した。いずれも3名の名前を記述させた。選択の範囲は同じクラスの同性に設定した。何人から選択されているかによって，各人のソシオメトリック地位と社会的勢力地位が測定される。

資源を問う質問は，計20項目からなる。これはたとえば，「このクラスの中で特に勉強がよくできるのはだれですか。3名の名前を書いてください」というゲス・フー・テストの形式で行った。ほかにも，「やさしいのはだれですか」「性格が明るいのはだれですか」など，学級内で資源となり得るできるだけすべてのものを網羅することができるよう，先行研究（French & Raven, 1959; Gold, 1958; 狩野・田崎, 1990など）をもとに設定した。質問項目については次の因子分析表（表14-2）を参照されたい。

まず，学級における資源としてどのような類型があるかについて因子分析を用いて明らかにしてみたい。なおここでは因子分析は，数の多い項目をまとめていくつかのグループをつくる，つまり情報を縮約するために行う。

表14-2から明らかなように，因子分析では6つの因子を抽出した。因子1は「テストでいい点をとる」「勉強がよくできる」「成績がいい」といった学力に関する項目からなっている。そこで「学力」と命名した。同様に，因子2は明るい性格特性を示すので「明朗性」，因子3はやさしい性格特性を示すので「親和性」，因子4は活動的な行動を示すので「活動性」，因子5は外見を示すので「外見性」，因子6は物に関わるので「所有物」と命名した。

では，このうち最も重要な資源は何だろうか。それは「親和性」つまりやさしい性格特性であった。「親和性」はどの学級でも高く評価されていた。たとえ文化の異なるタイプの学級においても，

表 14-2 資源の因子分析結果

	因子1 学力	因子2 明朗性	因子3 親和性	因子4 活動性	因子5 外見性	因子6 所有物
テストでいい点をとる	0.968	-0.017	0.136	-0.027	0.015	0.008
勉強がよくできる	0.968	-0.023	0.142	-0.015	0.018	-0.001
成績がいい	0.934	-0.012	0.146	-0.045	0.030	0.002
しっかりした考えをもっている	0.718	0.031	0.361	0.176	0.016	-0.049
性格が明るい	0.024	0.871	0.065	0.234	0.150	0.052
おもしろいことを言ったりしたりする	-0.022	0.866	0.014	0.262	0.099	0.060
ユーモアのセンスがある	0.009	0.770	0.091	0.294	0.210	0.067
やさしい	0.203	-0.023	0.828	-0.137	0.066	0.121
思いやりがある	0.304	0.048	0.826	0.008	0.012	0.057
友達を大切にしている	0.154	0.130	0.696	-0.033	0.191	0.136
けんかが強い	-0.068	0.075	0.056	0.058	0.819	0.018
力が強い	0.073	0.179	0.017	0.703	-0.030	0.019
口げんかが強い	-0.016	0.393	-0.172	0.625	0.058	0.092
スタイルがいい	0.008	0.075	0.056	0.058	0.819	0.018
かっこいい（かわいい）	0.030	0.115	0.220	-0.076	0.741	-0.016
おしゃれ	0.010	0.153	-0.049	0.051	0.709	0.063
いろいろな物を貸してくれる	0.130	-0.035	0.472	-0.046	0.008	0.661
いろいろな物をくれる	-0.053	0.000	0.082	0.056	-0.011	0.642
おもしろそうな遊び道具をたくさんもっている	-0.047	0.330	-0.014	0.033	0.089	0.453
みんなをまとめる力をもっている	0.467	0.359	0.247	0.423	0.083	-0.095
運動（スポーツ）がよくできる	0.150	0.287	0.150	0.369	0.320	-0.183
固有値	5.257	4.152	2.388	1.916	1.237	1.112
寄与率（%）	17.591	12.885	11.771	10.036	9.348	5.535
累積寄与率（%）	17.591	30.476	42.247	52.283	61.631	67.166

注）因子負荷量は，絶対値が.500以上のものを採用した。

ある程度普遍的な資源となっていた。

　その反面，「学力」は高く評価されることもされないこともあった。各学級にはそれぞれの文化がある。それを学級文化というが，たとえば，「勉強を頑張るぞ」という雰囲気のあるアカデミック志向をもつ学級がある一方，「楽しく過ごしたい」というエンジョイ志向をもつ学級もある。そうした学級文化の影響を受けるので，資源は必ずしも一定のものではない。つまり，アカデミック志向的なクラスでは，「学力」が高く評価され，エンジョイ志向的なクラスでは，代わって「明朗性」が高く評価される傾向がある。

　この意味で，教師がある子どもを勉強ができるからという理由だけで学級委員長に指名することは注意が必要である。勉強ができることが必ずしもインフォーマル地位の獲得につながっていない場合もあるからである。インフォーマル地位の低い子どもをフォーマル地位のトップ，つまり学級委員長等に据えると，学級経営自体がうまくいかないこともある。しかし，「親和性」だけは，学級文化がどう変わろうと，資源として高く評価されていた。

　このように学級において何が資源となっているかに注目することによって，集団を正確に把握す

る糸口が見えてくるのである。

引用・参考文献

Foa, E. B., & Foa, U. G.（1974）. Resource theory of social exchange. In J. W. Thibaut, J. T. Spence, & R. C. Carson（Eds.）, *Contemporary topics in social psychology*. pp.99-131. Morristown, NJ: General Learning Press.
French, J. P. R. Jr., & Raven, B. H.（1959）. The bases of social power. In D. Cartwright, & A. Zander（Eds.）, *Group dynamics*. pp.607-623. New York: Harper and Row.
Gold, M.（1958）. Power in the classroom. *Sociometry, 21,* 50-60.
狩野素朗・田崎敏昭（1990）. 学級集団理解の社会心理学　ナカニシヤ出版
Hargreaves, D. H.（1972）. *Interpersonal relations and education*. London: Routledge & Kegan Paul.
今井芳昭（1986）. 親子関係における社会的勢力の基盤　社会心理学研究, *1,* 35-41.
Lippitt, R., Polansky, N., Redle, F., & Rosen, S.（1952）. The dynamics of power. In D. Cartwright, & A. Zander（Eds.）, *Group dynamics*. pp.745-765. New York: Harper & Row.
Moreno, J. L.（1934）. *Who shall survive?: A new approach to the problem of human interrelations*. Washington, DC: Nervous and Mental Disease Publishing.
西本裕輝（1998a）. 教師の資源と学級文化の関連性　社会心理学研究, *13,* 191-202.
西本裕輝（1998b）. 学級におけるインフォーマル地位と家庭環境の関連性に関する実証的研究　実験社会心理学研究, *38*(1), 1-16.
西本裕輝（2003）. 学級集団における対人関係　秋山　弥・作田良三（編）教育のゆくえ　pp.19-36. 北大路書房
Raven, B. H.（1965）. *Interpersonal relations and behavior in group*. New York: Basic Books.
田中熊次郎（1970）. ソシオメトリー入門　明治図書

◉コラム14　社会脳の発達（心の理論とミラーニューロン）

子どもの発達の過程で重要な行為は模倣である。言語の獲得や遊びの深化の始まりは，ある対象者からの模倣行動である。図1は模倣の原始的な形態を示すものである。舌を出すなどの動作を新生児の前で行うと，それに同調して生後数日齢の新生児は舌出しの模倣を行うことが知られている（Meltzoff & Moore, 1977）。これは一種の模倣行為の源泉にあたるといわれており，このような模倣行動が発達するにつれて，言語の習得や他人の行為の意図を理解できるようになり，共感性の獲得につながっていくと考えられる。すなわち，社会脳の発達につながる。

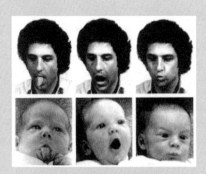

図1　新生児の模擬行動
(Meltzoff & Moore, 1977)

図2は，サリーとアンの課題（心の理論課題）である。アンはサリーの心の中の思い（信念）を理解できるかを，幼児に問う課題となっている。大人は自分の知っていること（ボールが箱の中にある）と，サリーが知っていること（かごの中に入れた）が異なっていることを知っている。つまり，他人（サリー）と自分とでは考えていることが違うことを知っている。しかし，3から4歳児以下の多くの幼児は，大人にとってまったく自明のことであるサリーの心の中を読み解くことができず，「箱の中を探す」と答えてしまう。同様に自閉症児もこの課題にうまく解答できないことが知られている。

このような模倣したり，共感したり，他人の心を推論する人間の心の働きには，生まれながら人間に備わっている脳のミラーニューロンが関係することが，最近の研究から示唆されている。他人の行動を見るだけで，〈鏡〉のように，他人と同じ反応を無意識的に生起させる脳活動が報告されている。現在のところ，このミラーニューロンの機能については多くの説がある。今後の研究によって，鏡のようなミラーニューロンの脳の仕組みが解明されていくと，他人の行動の模倣や理解の解明，さらには心の理論の能力に寄与する脳内機序が明らかにされるであろう。

【引用文献】

Baron-Cohen, S., Leslie, A. M., & Frith, U. (1985). Does the autistic child have a "theory of mind"? *Cognition, 21*, 37–46.)

Meltzoff, A. N., & Moore, M. K. (1977). Imitation of facial and manual gestures by human neonates. *Science, 198*, 75–78.

課題は，幼児への次のような教示で始まる。
①サリーちゃんとアンちゃんとは，とても仲良しです。今日も一緒に遊んでいます。
②遊んでいる最中に，サリーちゃんは，お母さんに呼ばれたので，ボールをかごの中に片付けました。
③そして，お母さんのところに行きました。
④アンちゃんは，サリーちゃんがボールを間違ったところに片付けたので，箱の中に片付けなおしました。
⑤さて，サリーちゃんが戻ってきました。アンちゃんは，サリーちゃんがまずどこを探すと思っていますか？

図2　心の理論課題（誤信念課題）(Baron-Cohen et al., 1985)

〈富永大介〉

第15章　キャリア教育

第1節　キャリア教育とは

近年の時代・社会の変化とともに，日本の子どもたちの成長や学びの問題が多々指摘されつつある（中里ら，1997; 古荘，2009）。そしてニートやフリーターに代表されるように若者の職業的参加・社会的参加が困難になりつつある。その問題は決して今現在の若者だけの問題だけでなく児童生徒・大学生や多くの社会人の直接的，間接的問題となっていくことが予想される。このような問題に応えるべく日本の教育界でもキャリア教育が提案され重要視されるようになってきている。キャリア教育とはどんな教育なのか，その，主な狙いと特徴について考えてみる。

1-1　キャリアとは

最初にキャリア教育のキャリアとは一体何を指しているだろうか。日本語では「経歴」「履歴」などとともに「生涯」を意味することが多い。しかし「職業」という使い方もあり，日本語ではキャリアは少々多義的になる。研究の中で明確に「キャリア」なる言葉が使用されたのはスーパー（Super, 1960）が最初であると思われる。彼は「キャリアの虹」を表し，人の生涯を通してのキャリア発達とその教育について研究した。図15-1はキャリアの虹を示したものである。一般的な人の80歳余の人生を，学生（児童生徒）としてのキャリア，余暇を楽しむキャリア，一市民としてのキャリア，労働者（職業人）としてのキャリア，配偶者としてのキャリア，家庭人・親としてのキャリアなどが年齢とともに重複しながら移り変わることを示し，さらにそのうえにさまざまな社会的地位や役割を担って人生が進行していく様子を説明している。このように考えるとキャリアとは人生のすべてということになるが，しかしそう単純に捉えるわけにはいかない。さまざまな役

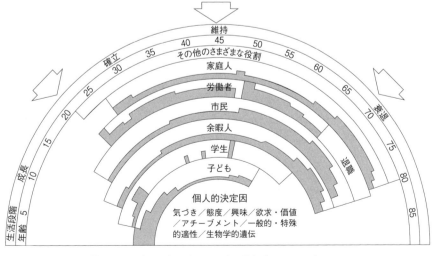

図15-1　ライフ・キャリア・レインボウ（Super, 1960）

割や地位に意味あるつながりを与え，さまざまなキャリアの成立を可能にするのが「労働者（職業人）」としてのキャリアである。特に明確にしなければならないのは，私たちは「職業」を通して自己と社会のつながりをつくり社会の中に居場所を確保するということである。「職」はもともと公職を意味し他者や社会に役立つ仕事を意味し，「業」はその対価を受け取り生活していくための生業を意味するといわれている。このように考えるとキャリアとは，主に職業的発達を中心とした人の生涯の発達の在り方・生き方の軌跡ということになるだろうか。同じくスーパーはキャリア発達を「職業的発達」という言葉で捉え，生まれてからの職業的発達の特徴とその変容を表15-1のように説明している。

このように考えるとキャリアとは単なる人の経歴・履歴あるいは生涯ということではなく，特に職業的自己実現とそれに基づく生涯を通した社会的自己実現の豊かさにあるといえる。

表15-1 職業生活の諸段階（Super, 1960）

①成長段階 Growth Stage（誕生-14歳）

自己概念は，学校と家庭における主要人物との同一視を通して発達する。欲求と空想は，この段階の初期において支配的である。興味と能力は社会参加と現実吟味の増大に伴い，この段階でいっそう重要になる。この段階の副次段階は，

空想期（4-10歳）	欲求中心・空想のなかでの役割遂行が重要な意義をもつ。
興味期（11-12歳）	好みが志望と活動の主たる決定因となる。
能力期（13-14歳）	能力にいっそう重点が置かれる。職務要件〈訓練を含む〉が考慮される。

②探索段階 Exploration Stage（15-24歳）

学校，余暇活動，パートタイム労働において，自己吟味，役割試行，職業上の探究が行われる。この段階の副次段階は，

暫定期（15-17歳）	欲求，興味，能力，価値観，雇用機会のすべてが考慮される。暫定的な選択がなされ，それが空想や討論，課程，仕事などのなかで試みられる。
移行期（18-21歳）	青年が労働市場または専門的訓練に入り，そこで自己概念を充足しようと試みる過程で，現実への配慮が重視されるようになる。
試行期（22-24歳）	表面上適切な分野に位置づけられると，その分野での初歩的な職務が与えられる。そしてそれが生涯の職業として試みられる。

③確立段階 Establishment Stage（25-44）

適切な分野が見つけられ，その分野で永続的な地歩を築くための努力がなされる。この段階の初めにおいて若干の試行がみられる場合がある。その結果，分野を変える場合があるが，試行なしに確立がはじまるものもある。とくに専門職の場合がこれである。この段階の副次段階は，

試行期（25-30歳）	自分に適していると考えた分野が不満足なものだとわかり，その結果，生涯の仕事を見いださないうちに，あるいは生涯の仕事が関連のない職務のつながりだということがはっきりしないうちに分野を1-2回変更することとなる。
安定期（31-44歳）	キャリア・パターンが明瞭になるにつれて，職業生活における安定と保全のための努力がなされる。多くの人にとって，この年代は創造的な時代である。

④維持段階 Maintenance Stage（45-64歳）

職業の世界である地歩をすでに築いたので，この段階での関心はその地歩を保持するにある。新しい地盤が開拓されることはほとんどなくて，すでに確立されたラインの継続がみられる。

⑤下降段階 Decline Stage（65歳以後）

身体的，精神的な力量が下降するにつれて，職業活動は変化し，そのうち休止する。新しい役割が開発されねばならない。いわば最初は気が向いたときだけの参加者という役割で，次いで参加者でなしに，傍観者としての役割をとるようになる。この段階の副次段階は，

減速期（65-70歳）	場合によっては公式の引退（定年）のときであり，ときには維持段階の後期にあたる。そして，仕事のペースは緩み，職務は変化し，ときには下降した能力に合わせて仕事の性質が変容する。多くの人は常用的な職業の代わりにパートタイムの職務を見いだす。
引退期（70歳以後）	おのおのの年齢的限界については，人によって大きな違いがある。しかし，職務上の完全な休止はだれにもいずれやってくる。ある人にとっては気楽に楽しく，別の人には気重で落胆を伴って，あるいは死とともにやってくる。

1-2 キャリア教育と進路指導

では子どもの将来の職業的自己実現と社会的自己実現の達成を目的とするキャリア教育とは，どのように定義され，従来の進路指導とはどのような違いがあるのだろうか。

文部科学省（2004）の報告書は，キャリア教育を「児童生徒の一人一人のキャリア発達を支援しそれぞれにふさわしいキャリアを形成するために必要な意欲・態度や能力を育てる教育」と定義し，さらに「児童生徒一人一人の勤労観・職業観を育てる教育」という説明を加えた。勤労観は児童生徒が何かを達成したときや他者・集団のために役立ったときの感情に関係し，職業観は文字どおり職業の理解や働くことへの態度・能力を指している。勤労観の発達に支えられ職業観が発達することが期待されている。そのためのキャリア教育は，具体的には，①一人一人のキャリア発達への支援，②働くことへの関心・意欲の高揚と学習意欲の向上への支援，③職業人としての資質・能力を高めるための指導，④自立意識の涵養と豊かな人間性の育成の支援を具体的な教育的支援として挙げている。

ところで，従来児童生徒の進路発達は進路指導が担ってきた。文部科学省（1987）は進路指導を「生徒の個人資料，進路情報，啓発的経験および相談を通じて，生徒みずから，将来の進路の選択，計画をし，就職または進学して，さらにその後の生活によりよく適応し，進歩する能力を伸長するように，教師が組織的，継続的に援助する過程である」と定義している。具体的には，①進路に関する生徒理解と自己理解の育成，②進路情報資料の収集と活用，③体験活動の実施，④進路相談，⑤就職・進学などへの指導と援助，⑥追指導の6つの進路指導の活動領域がある（吉田・篠，2007）。キャリア教育と同様に児童生徒の将来の進路を支援している点では共通しているが，今現在のキャリア発達の延長として児童生徒の将来を考えることが弱く，進学指導と就職指導という「出口指導」が主となり，「入口指導」として児童生徒の職業的発達を育てることが困難になっていった。特に偏差値に基づく進学指導の問題が浮上した。

キャリア教育は進路指導と同様に，学校全体の行事，学級ホームルーム活動，道徳の時間および総合的な学習の時間を通して，その実践がなされる。それに加えて各教科の時間にも教科の内容に関連した「勤労観・職業観」の育成に取り組むことが重視されている（吉田ら，2007）。特に「勤労観・職業観」の育成として職場体験学習やインターンシップが重視され取り組まれるようになってきた。職場体験学習やインターンシップは生徒に進路や働くことに関しての主体性，社会や仕事の現実性，みんなと体験する協働性等を育成することなどがいわれている。

また文部科学省（2011）は，従来のキャリア教育が学校段階のキャリアの発達に焦点を当てすぎており，大学生における就職や生涯にわたる豊かなキャリア発達の視点を重視すべきであるとの観点から，キャリア教育とは「一人一人の社会的・職業的自立に向け，必要な基盤となる能力や態度を育てることを通して，キャリア発達を促す教育」であると定義し，職業的発達とキャリア発達をより促すことを目的とするようになり，同時に「4領域のキャリア能力」（第3節参照）を再編し，新しく「基礎的・汎用的能力」を育てることが求められた。

第2節　キャリア教育の背景

2-1　20年後の社会を想像できるか

今から20年後の社会を想像できるだろうか。2011年に米デューク大学のキャシー・デビッドソン（Davidson, 2011）は「米国で2011年度に入学した小学生の65％は，大学卒業時に今は存在していない職に就くだろう」と発表して世間を驚かせた。さらに野村総合研究所（2015）は，今後10年から20年後，日本の労働人口の約49％が就いている職業（同じくアメリカで47％，イギリスで35％）は人工知能やロボットなどに代替可能との推計結果を発表している。またそのような代替可能性が高いと予想される職業の数々が掲げられている（野村総合研究所，2015を参照）。人工知能の目覚ましい進歩，それに伴う自動運転車やドローンの登場，そして大きく変化していく社会構造，

このようにさらに未来予測の難しい知識基盤社会の中を生きていく生徒たちにどのような教育を学校は提供していくことができるだろうか。これまでのように知識を詰め込むような「知識伝達」ではなく，将来を豊かに「生きる力」をはぐくむための教育。それがキャリア教育なのである。

2-2　なぜキャリア教育は必要となったのか

1）若年者雇用対策としてのキャリア教育　キャリア教育はなぜ必要なのかについては前述したとおりであるが，時代の変遷とともにその目的の重点が変化していった。90年代後半，進学も就職もしないいわゆる「ニート」や「フリーター」の増加が大きな問題となった時代であった。その解決に向けて中央審議会は1999年に「初等中等教育と高等教育との接続の改善について（答申）」の中で小学校段階からのキャリア教育の実施を求め，文部科学省はその答申をベースにしながら，2002年に「キャリア教育の推進に関する総合的調査研究協力者会議」を発足させている。しかし，高い失業率，フリーター・ニート問題など若年者の雇用をめぐる厳しい情勢は改善されなかった。そのため関係府省の連携した取り組みの強化が必要となった。関係府省は2002年に「若者自立・挑戦戦略会議」を設置し，さらに同6月には「若者自立・挑戦プラン」を取りまとめた。その具体的施策としてキャリア教育が位置づけられ，若者の就職問題の解決を目指した。

文部科学省では，同プランに基づいて，①小学校段階からの勤労観，職業観の醸成，②企業実習と組み合わせた教育の実施，③いわゆるフリーターの再教育，④高度な専門能力の養成などの支援策を「キャリア教育総合計画」としてまとめた。

しかしながら当初のキャリア教育は若年者の雇用問題対策としての側面，つまりは「勤労観・職業観を育てる教育」という側面があまりにも強調される形でスタートすることになった。その結果として普通科高校，その中でも進学校においてキャリア教育は大学受験や学力向上と関係ないものとして捉えられてしまった。そのため，主に専門高校においてキャリア教育は広まっていった。

2）今日のキャリア教育　若年者雇用対策としての側面が強調されたキャリア教育であったが，進学をめぐる問題にも言及していく必要があった。そこで2011年に中央審議会によって新たな答申が取りまとめられた。「今後の学校におけるキャリア教育・職業教育の在り方について」である。この答申はこれまでと大きく異なった点がある。それは，進学後の「社会的・職業的自立や，生涯にわたるキャリア形成を支援する」ことの重要性を強調した点である。このことからキャリア教育は専門高校だけのものではなく，小学校から高等教育まで広まり，そして進学校にこそキャリア教育が必要だといわれるようになっていった。

3）キャリア教育の課題　キャリア教育の課題はこれまでも多く見出されている。たとえば地域との連携の難しさや教科での取り組み不足などが挙げられる。その点について日本のキャリア教育をリードしてきた藤田と児美川（2015）の対談「この10年をふり返る　何ができて何ができなかったのか」で端的に指摘されている。その課題は，これまでのキャリア教育においては，「自分探し」に代表されるような「自己理解」つまりは生徒の自分自身に軸足を置いた教育への偏りという点であった。しかし，日々変化していく社会や産業・職業とのかかわりを無視してキャリア教育は成立しない。これまでのキャリア教育の視点は自分軸に偏り過ぎており，周りの社会がどうあるのか，どのように変化しているのかを学ぶ「社会」に軸足を置いたキャリア教育の視点の必要性も指摘された。この点は非常に重要である。キャリア教育の視点が生徒自身や学校の中だけでなく学校の外，すなわち社会や将来へ向かう視点がないと日々の授業におけるキャリア教育も成立は難しい。生徒たちにとって，今自分たちが授業で学ぶことが社会に出てどのように役に立つのか，社会とどのようなかかわりをもつかについて学ぶことはとても大切なのである。

2-3 教員のキャリア教育への意識の変化

次に学校現場でのキャリア教育への意識変化に注目してみよう。キャリア教育元年といわれる2004年から10年以上が経過した。この10年でキャリア教育は学校教育の中でどのように変化しているのだろうか。リクルートの進路指導主事を対象に実施した調査によると「キャリア教育についてどう考えているか」という質問に対して「生徒にとって有意義だと思う」が68％と1位であった。これは10年前の調査からは約15ポイントもアップしているのである（図15-2）。このことから，学校現場にいてもキャリア教育の必要性・重要性は認められてきていると考えられるだろう。

また，これまでのキャリア教育はインターンシップなどに代表されるような総合的な学習の時間やロング・ホーム・ルーム活動の時間を活用した体験的学習などの取り組みが中心であった。しかし，徐々に各教科の学習にキャリア教育の視点を取り入れるという提案がなされた。リクルート（2014）によると，47％の高校においてキャリア教育が，アクティブ・ラーニング型授業の中で実施されているなど，日々の授業の中でのキャリア教育が注目されている。総合的な学習の時間やロング・ホーム・ルーム活動の時間は生徒たちにとっては週1回程度であるのに対して，教科の授業は

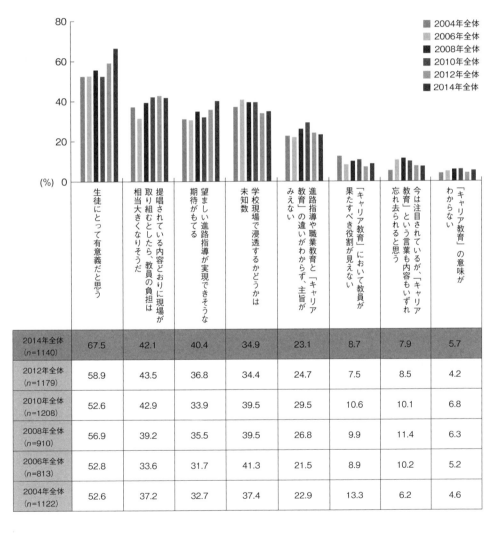

図15-2 キャリア教育についてどう考えるか（全体／複数回答）
リクルート進学総研「高校進路指導・キャリア教育に関する調査2014」

毎日のことなので，教科においてキャリア教育を行う意義は非常に大きいのである。

2-4 普通科高校だからこそキャリア教育

前述したように，キャリア教育は当初，雇用対策の側面が強調されたため普通科高校での推進が遅れてしまった。そこで 2010 年（平成 22 年）に文部科学省は「高等学校におけるキャリア教育の推進に関する調査研究協力者会議」の報告書で「普通科におけるキャリア教育の推進」を提唱した。その中で普通科高校は上級学校への進学指導に偏っており，学校と社会との接続に係る指導が十分できてないと指摘している。特に体験的活動は「各大学主催の『オープンキャンパス』の体験率が極端に高い割合となっている。普通科の体験活動は，『当面する進路選択にかかわる体験活動』に偏っている」と指摘された。普通科高校におけるキャリア教育は主に進学指導に重点が置かれ，社会・職業とのつながりを体験するインターンシップなどの機会があまり重要視されていなかった。

2-5 キャリア教育と学習意欲の関係

キャリア教育を普通科高校へ広めていくためにはキャリア教育と学力との関連を示す必要があった。生き方指導としてのキャリア教育が実践されると児童・生徒たちの学習への意欲は上がるのであろうか。国立教育政策研究所（2006）よるとキャリア教育の取り組みが充実している中学校では生徒の学習意欲が向上していると示唆され，逆にキャリア教育が充実していない中学校では学習意欲の向上はあまり見られない結果が示された（図 15-3）。この調査では管理者，あるいは教員が生徒の学力向上を実感したかどうかであり，生徒自身の実感ではないので実際の関連性については疑問が残る。しかし，藤田（2014）は「充実したキャリア教育の実践は，学習意欲の向上に結びつく可能性が示唆されたくらいの表現は許されるのではないか」と述べている。

もう少し，普通科高校にフォーカスを当ててみよう。普通科高校を対象とした調査では，「キャリア・カウンセリング（進路相談）を実施している」高校は，学習意欲が向上したグループが 89.1％，向上しなかったグループが 71.7％であった。また，「卒業後の就職や進学に関する情報資料を収集・活用している」高校では学習意欲が向上したグループが 82.5％，向上しなかったグループ

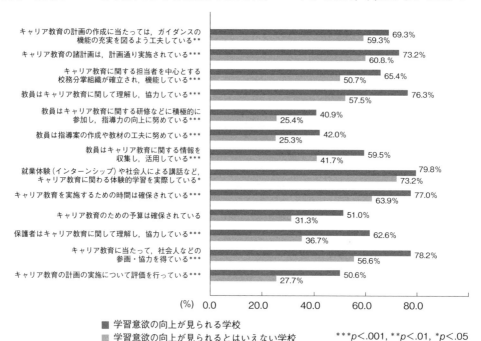

図 15-3 学習意欲の向上の有無別に見た，全校的に見たキャリア教育の現状（普通科）（学校調査）

が74.0％であった。さらに「ホームルームのキャリア教育は計画に基づいて実施している」高校で学習意欲の向上が認められたグループは69.5％，向上しなかったグループは48.6％という結果になっており，キャリア教育の実施が学習意欲に関係があることが示されている。

ちなみに，島袋と知念は（Shimabukuro & Chinen, 2015; Chinen & Shimabukuro, 2015）は普通科高校生が主にどのような進路指導をされたかという被進路指導体験尺度の分析によって，生き方指導，進学指導，受験対策，就職指導という4つの被進路指導の存在を確認した。そして被進路指導と教育的進路成熟，職業的進路成熟，人生進路成熟の発達とのつながりを検討したところ，生き方指導は3つの進路成熟を高めていた。しかし受験指導は進学に関する教育的進路成熟を高めていたが，職業的進路成熟，人生進路成熟の高さにつながっていなかった。さらに被進路指導体験が学習方略と動機づけとの関係を検討したところ，生き方指導と学習方略，動機づけとの関連は弱かったが，進学指導と受験対策は学習方略と学習への動機づけを高めていた（図15-4）。この結果から，生き方指導で将来の職業や人生のあり方・目的を育て，そのうえで進学指導と受験対策の指導を組み合わせていく進路指導がより効果的に望ましいキャリア発達を促し，学習意欲を高めていくことが示唆された。

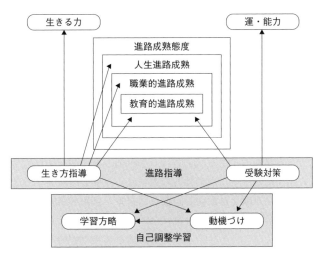

図15-4 進路指導と進路発達・自己調整学習との関係

第3節 キャリア教育で目指す人材像

3-1 キャリア（進路）発達課題とキャリア能力

キャリア教育はかつての「新学力観」での生きる力をさらに強化する教育として求められた歴史をもっているとみなすことができる。子どもたちの「確かな学力，豊かな心，健康な体力」を一層向上させるべく「夢や将来の目的」の重要性が指摘され，生きる力に関連した4領域のキャリア能力がキャリア教育で具体的に育てることが求められた。いわゆる人間関係形成能力（自他理解能力とコミュニケーション能力），情報活用能力（情報収集能力と職業理解能力），将来設計能力（役割把握・認識能力と計画実行能力），意思決定能力（選択決定能力と問題解決能力）である。4つのキャリア能力はもともと小中高校を通して一貫する「進路発達課題」に基づいている（文部科学省・国立教育政策研究所生徒指導研究センター, 2002）。

表15-2は小学校・中学校・高等学校における進路発達課題を示している。キャリア教育での「人間関係形成能力」は，自己及び他者への積極的関心の形成・維持（小），肯定的自己理解と自己有用感の獲得（中），自己理解の深化と自己受容（高）という課題の達成を支えるキャリア能力である。「情報活用能力」は，身のまわりの仕事や環境への関心・意欲の向上（小），興味・関心等に基

表 15-2 学校別にみた職業的（進路）発達段階・職業的（進路）発達課題
（文部科学省・国立教育政策研究所生徒指導研究センター, 2002）

小学校段階	中学校段階	高等学校段階
〈職業的（進路）発達段階〉		
進路の探索・選択にかかる基盤形成の時期	現実的探索と暫定的選択の時期	現実的探索・試行と社会的移行準備の時期
〈職業的（進路）発達課題〉		
●自己及び他者への積極的関心の形成・維持 ●身のまわりの仕事や環境への関心・意欲の向上 ●夢や希望，憧れる自己イメージの獲得 ●勤労を重んじ目標に向かって努力する態度の形成	●肯定的自己理解と自己有用感の獲得 ●興味・関心等に基づく職業観・勤労観の形成 ●進路計画の立案と暫定的選択 ●生き方や進路に関する現実的探索	●自己理解の深化と自己受容 ●選択基準としての職業観・勤労観の確立 ●将来設計の立案と社会的移行の準備 ●進路の現実吟味と試行的参加

づく職業観・勤労観の形成（中），選択基準としての職業観・勤労観の確立（高）の課題の達成を支え，「将来設計能力」は，夢や希望，憧れる自己イメージの獲得（小），進路計画の立案と暫定的選択（中），将来設計の立案と社会的移行の準備（高）の課題を支え，「意思決定能力」は，勤労を重んじ目標に向かって努力する態度の形成（小），生き方や進路に関する現実的探索（中），進路の現実吟味と試行的参加（高）の課題達成を支えるキャリア能力である。4つのキャリア能力は相互に密接にかかわり合いながら螺旋的にキャリア発達（勤労観・職業観）を促進するものと考えられる。つまり児童生徒は「人間関係の中で大人や社会の人々から，社会や職業や将来について学び，それをもとに自分の将来をいろいろ考え・計画し，最後は自分の意思で自らに適した進路を選択・決定する」ことがキャリア能力の発達によって可能になっていくと考えられている。職場体験学習やインターンシップには，この4つのキャリア能力が促進される契機が組み込まれている。つまり職場や社会の人々との関係の構築をもとに，職業人・社会人から職業や生き方をいろいろ学び，今後それをもとに自分の将来のやりたい仕事や生き方を多々考え，その中から自分に最も適した進路や職業を選択・決定していける契機になる。

3-2 基礎的・汎用的能力

先に指摘したように4つのキャリア能力を育てることを目的とした従来のキャリア教育は，大学生のキャリア発達と就職，職業人社会人の長期にわたるキャリア発達の視点が欠けていたという反省が生まれた。文部科学省（2011）は「一人一人の社会的・職業的自立に向け，必要な基盤となる能力や態度を育てることを通して，キャリア発達を促す教育」という再定義のもとキャリア教育の具体的な能力を再定義した。それが「基礎的・汎用的能力」である。

基礎的・汎用的能力とは，①人間関係形成・社会形成能力—多様な他者を理解したうえで自己の立場を理解しつつ，協働して社会に参加し社会を形成していく能力，②自己理解・自己管理能力—社会との相互関係の中から「できること」「意義を感じること」「したいこと」をもとに自分の可能性を含め肯定的自己理解と主体性を獲得し，思考や感情を統制する能力，③課題対応能力—仕事の上で課題発見・分析して適切に課題を解決する能力，④キャリアプランニング能力—自らが果たすべき立場や役割との関係で「働くこと・その意義」を位置づけ，生き方の情報を取捨・選択し，主体的にキャリアを形成する能力である。仕事に就くこと，キャリアを自ら形成する力として位置づ

けられている。まとめると児童生徒や成人が，社会的展望の中に「自己」を位置づけ，かつ将来展望の中に「自己」を位置づけることで生きる力を強め豊かなキャリアが発達することを予測させている。

ちなみに4つのキャリア能力は人間関係形成能力の一部が「人間関係形成・社会形成能力」と「自己理解・自己管理能力」に組み込まれ，情報活用能力の一部と将来設計能力の一部，意思決定能力の一部が「キャリアプランニング能力」へ，そして将来設計能力の一部と意思決定能力の一部が「課題対応能力」へと再編・提案されている。社会参加・社会形成を土台とした自己理解を重視し，それを基礎として生涯にわたるキャリアプランニングの中でその都度キャリアの発達に大きく寄与する課題解決能力を育てることが重視されている。

第4節　基礎的・汎用的能力の育成を目指すキャリア教育実践例

キャリア教育を実践するにあたっては学校の置かれている地域的特性や生徒の特徴などを踏まえたキャリア教育の計画と実践が必要になる。先の基礎的汎用能力の育成は小学校，中学校，高等学校でもその実践が重視されるが，ここでは中学校での事例について紹介・説明する。文部科学省・国立教育政策研究所生徒指導研究センター（2011）は，小中学校・高校における基礎的汎用的能力の育成につながる特色あるキャリア教育実践例を示している。ここではD中学校の一事例について紹介・説明する。表15-3は，D中学校の「多様な体験学習を主体とした総合的なキャリア教育の実践」を示したものである。まずキャリア教育の計画の前に「地域の状況」の分析があり，学校を取り巻く地域特性が分析され，新興地区に学校があり活気があるが地域住民の連帯感の弱さが明らかにされている。それを受ける形で学校のキャリア教育の目標が設定され，「あたたかみのある人間関係に立ったキャリア教育の推進―人間関係をはぐくむための体験学習の推進―」になっている。その目標のもと，学校全体のキャリア教育重点目標として，①人間関係形成・社会形成能力をはぐくむキャリア教育の推進，②社会体験学習の充実と道徳，学級活動を生かした事前・事後指導の体系化，③総合的な学習の時間を生かした生き方指導の推進という目標が一貫性のある形で設定されている。そして1学年は「夢を語ろう」，2学年は「夢を探そう」，3学年は「夢に向かって」という学年のキャリア教育の目標になっている。

特に身につけさせたい基礎的・汎用的能力の「人間関係形成・社会形成能力は」，体験活動への主体的参加，自他の理解の進化，社会への興味・関心の拡大という指標が，「自己理解・自己管理能力」は，体験活動による自己理解・相互理解の進化，自己の意思と責任による多様な活動，自己の役割の理解という指標が，「課題対応能力」は，体験活動からの課題の発見，主体的な問題解決，進路選択に向けた活動の展開という指標が，「キャリアプランニング能力」は，進路選択に向けた具体的な実践，学ぶこと・働くことの理解，進路選択への価値観という指標が設定されている。4つの基礎的・汎用的能力は，学校，学年，学級におけるキャリア教育と進路指導を通して育成されるが，特に「体験学習」が大きな契機になると考えられる。表15-4にD中学校の各学年の体験学習計画が示されている。

表15-3　中学校のキャリア教育計画と実践計画（国立教育政策研究所生徒指導研究センター, 2011）

〈地域の状況〉	〈学校の概要〉
学校区は，新駅が設置された新しく活気のある街である。ショッピングセンターなども建設され，新たな事業所なども多い。街全体が新しく新住民も多く，若さと活気にあふれた校区に学校がある。	生徒数／456名　学級数／12学級 〈学校教育目標〉 一．豊かな心 一．学ぶ力 一．健全な身体

〈キャリア教育目標〉

あたたかみのある人間関係に立ったキャリア教育の推進
―人間関係をはぐくむための体験学習の推進―

1学年／夢を語ろう！Ｄ中生　2学年／夢を探そう！Ｄ中生　3学年／夢に向かって！　Ｄ中生

重点目標
①人間関係形成・社会形成能力をはぐくむキャリア教育の推進
②社会体験学習の充実と道徳，学級活動を生かした事前・事後指導の体系化
③総合的な学習の時間を生かした生き方の指導の推進

〈特に身に付けさせたい基礎的・汎用的能力〉

人間関係形成・社会形成能力	自己理解・自己管理の応力	課題対応能力	キャリアプランニング能力
・体験活動への主体的参加 ・自他の理解の深化 ・社会への興味・関心の拡大	・体験活動による自己理解 ・相互理解の深化 ・自己の意思と責任による多様な活動 ・自己の役割の理解	・体験活動からの課題発見 ・主体的な課題解決 ・進路選択に向けた活動の展開	・心理選択に向けた具体的な実践 ・学ぶこと・働くことの理解 ・進路選択への価値観

〈キャリア教育目標〉〈特に身に付けさせたい基礎的・汎用的能力〉などの設定の背景と経緯

　本校は開校15年目を迎える比較的新しい学校である。校区内の住民の平均年齢も比較的若く，新しく活気のある街である。しかしながら，新住民がほとんどで，地域の一体感や学校への協力体制も希薄である。伝統の浅い学校であるので，教育活動のメインとなる取組がない。その結果，生徒間の人間関係に対する意識や信頼感も薄いものとなり，生徒指導上の課題も多く発生している。
　そこで，キャリア教育におけるはぐくむ能力と実践の質に着目し，人間関係形成・社会形成能力の育成と，今後学校の「顔」ともなる体験活動の充実を目指し，本実践に取り組んでいる。結果として，「地域との連携」「体験活動の充実」に成功し，さまざまな機会で生徒間に思いやりや優しさが見られる場面が多くなってきた。

表15-4　中学校のキャリア教育計画と実践計画（国立教育政策研究所生徒指導研究センター, 2011）

〈実施例—1年生 特別活動「富士山宿泊学習」〉	〈特に注意すべき点〉
実施時期／5月末 ねらい／「学級への適応指導」 展　開／①各自課題を設け，富士山をテーマにした調べ学習の実践[1)] ②調べ学習を生かした富士山への宿泊学習（1泊2日）。学習テーマに沿って，4つの探索コースを設定[2)] ③学習内容のまとめと発表 成　果／調べ学習の取組方の把握[3)] 学級・学年集団の人間関係形成のきっかけづくり	1) 富士山をテーマにした学習課題は大変豊富である。 2) 富士山はNPO団体の活動が盛んで，支援が受けやすい。 3) 富士山をテーマにして，課題：設定—調査—体験—発表の流れをコンパクトに学ぶことができる。
〈実践例—1年生 総合的な学習の時間「職場体験」〉	
実施時期／11月 ねらい／「生徒間の人間関係の構築」「適応指導の充実」「保護者・地域との連携」 展　開／①職場体験で学びたい個々の課題を設定[4)] ②職場体験の受入先を個々の生徒が見つけ決定[5)] ③事前訪問を経て3日間の職場体験の実施 ④事後訪問及び発表会[6)] 成　果／自分で事業所を見つけることによる自信と成長（パフォーマンス能力の向上） 保護者，地域との連携の強化 事業所の方とのかかわりによる価値観の変化	4) 職場体験で自分が何を学びたいかを明確に指導する。 5) 職場体験先事業所を生徒個人が見つけることにより，地域との接点が広がる。また，事業所とのかかわりの中から動機づけが高まる。 6) 実践にかかわってくれた多くの方を招待する。また，地域の方や小学6年生を招待し，評価者を増やす。
〈実践例—2年生 特別活動「修学旅行による職場体験」〉	
実施時期／2月（2泊3日） ねらい／「職業観・勤労観の理解」「働く意義の体験的理解」「課題対応能力の向上（学習プロセスの理解）」 展　開／①修学旅行における個々の生徒の課題の設定[7)] ②京都修学旅行での職場体験先の探索[8)] ③京都修学旅行における職場体験先の決定 ④修学旅行による職場体験（半日／2日目午前中） ⑤報告書及び礼状作成と発表会 成　果／課題対応能力の向上 京都の方とのふれあいによる価値観の変化 集団としての人間関係の強化	7) 体験を充実したものとするために個々の課題を明確にする。 8) 生徒個々が工夫を凝らして，さまざまな調査を行う。また，1年生職場体験での経験が生徒に生きる。 9) さまざまな立場のパネラーから意見を聞くことにより，さまざまな価値観で進路を考えることが理解できる。
〈実践例—3年生 特別活動「進路を考える会」〉	
実施時期／7月（半日開催） ねらい／「進路意識の向上」「進学への意識の高揚」「進路選択に対する保護者の理解」 展　開／同日開催 ①上級学校訪問の報告会） ②進路パネルディスカッション（パネラー／社会人，大学生，専門学校生，高校生，高校教諭，中学校教諭，保護者）[9)] 成　果／進路への意欲・意識の向上 進路選択への保護者の理解と価値観の変容	

引用・参考文献

Chinen, H., & Shimabukuro, T.(2015). Relationship between the student's understanding of career guidance, career development and self-regulated learning. Paper presented at the 30th IAEVG International Conference(Tsukuba, Japan).

Davidson, C. N.(2011). *Now you see it: How technology and brain science will transform schools and business for the 21st century.* New York: Penguin (e-book).

藤田晃之(2014). キャリア教育基礎論 正しい理解と実践のために 実業之日本社

藤田晃之・児美川孝一郎(2015). キャリア教育の10年を検証する(対談記事)キャリアガイダンス, 406(2月号), 8-23.

古荘純一(2009). 日本の子どもの自尊感情はなぜ低いのか 光文社

国立教育研究所(2006). 高等学校におけるキャリア教育の推進に関する調査研究協力者会議報告書―普通科におけるキャリア教育の推進―

文部科学省・国立教育研究所生徒指導センター(2002). 児童生徒の職業観・勤労観を育む教育についての調査研究報告書

文部科学省・国立教育政策研究所生徒指導研究センター(2011). キャリア発達にかかわる諸能力の育成に関する調査研究報告書

文部科学省(1987). 中学校・高等学校進路指導の手引き―進路指導主事編

●コラム15 インターンシップ アラカルト

●沖縄の高校生インターンシップ事情

沖縄県は高校生インターンシップに関しては先進県である。しかし，文部科学省の「平成24年度職場体験・インターンシップ実施状況等調査結果（概要）」(2013)によると，公立高等学校における都道府県・政令指定都市別インターンシップ実施率で沖縄県は88.1%で，90%以上の自治体はほかにも多くある。実はこの実施率は「その学校で1人でもインターンシップに参加したらその学校はインターンシップを実施したことになる」という計算の仕方がもとになっている。しかし，沖縄県では全日制の公立高校生は「全員」インターンシップを体験することになっている。卒業までに全員が地域の企業で3-5日程度のインターンシップを体験しており，これは他都道府県どこもやっていない取り組みである。

●ほかでは真似できない沖縄型インターンシップ

「高校生全員がインターンシップを体験」。実施するには受け入れ先の開拓が大きな課題である。日々多忙な教員は高校生全員の受け入れ先を開拓する時間的余裕がない。沖縄県ではこの一番大変な受け入れ企業開拓を外部委託している。これにより高校は委託会社が作成した受け入れ企業のリストを生徒に提示し，マッチング作業とその後の連絡調整に集中することができる。しかし，たとえ企業開拓を外部委託したとしても十分な企業を確保できるかという問題が残る。小学生は職場見学，中学生は職場体験，高校生のインターンシップ，さらに大学生のインターンシップ受け入れと，事業所によほどの理解がないとできない。この点については「地域・社会で子どもたちを育てよう」という意識で沖縄県中小企業同友会を始めとした地域企業のご理解のもと生徒たちを受け入れていただいている。他都道府県の先生たちがうらやむ沖縄の「チムグクル*」が高校生インターンシップを支えているのである。

●インンターンシップと進路発達の関係

ではインターンシップ体験は高校生の進路発達を促すのであろうか。ある高校でインターンシップ体験の事前と事後での「進路決定に対する自己効力尺

*沖縄の方言「思いやりや温かいこころ」

文部科学省（1999）．初等中等教育と高等教育との接続の改善について（答申）　中央教育審議会
文部科学省（2011）．「今後の学校におけるキャリア教育・職業教育の在り方について」（答申）中央教育審議会〈http://www.mext.go.jp/b_menu/shingi/chukyo/chukyo0/toushin/1301877.htm〉（2015年6月3日）
文部科学省・国立教育政策研究所生徒指導・進路指導研究センター（2013）．キャリア教育・進路指導に関する総合的実態調査第一次報告書　国立教育政策研究所
中里至正・松井　洋（編著）（1997）．異質な日本の若者たち―世界の中高生の思いやり意識　ブレーン出版
野村総合研究所（2015）．News Release 2015年12月2日〈http://www.nri.com/Home/jp/news/2015/151202_1.aspx〉
リクルート進学総研（2015）．高校進路指導・キャリア教育に関する調査2014　リクルートマーケティングパートナーズ〈http://www.recruit-mp.co.jp/news/pdf/20150129_02.pdf〉
Shimabukuro, T., & Chinen, H. (2015). A study of the scale of understanding of career guidance. Paper presented at the 30th IAEVG International Conference（Tsukuba, Japan）.
Super, D. E. (1957). *The psychology of careers: An introduction to vocational development.* New York: Harper．（日本職業指導協会（訳）（1960）．職業生活の心理学―職業経歴と職業的発達　日本職業指導協会）
山下真司（編）（2015）．キャリアガイダンス，Vol.406．リクルート進学総研
吉田辰夫・篠　翰（2007）．進路指導・キャリア教育の理論と実践　日本文化科学社

度」（浦上, 1991）（以下進路効力感）を用いて調査を行った。インターンシップ前後における進路効力感の平均値の比較を行ったところ，インターンシップ前に比べ，後の方の得点が有意に高くなっていた。すなわち，高校生はインターンシップ体験を通して，より自分自身の進路に向き合い，進路を選択していくうえでの諸問題を解決に向けて努力していける自信が高まったといえよう。

●マッチングよりも満足度

では，インターンシップ体験は一体生徒のどのような進路発達を促したのだろうか。事後調査の進路効力感では「満足感」のみで有意差が認められ，マッチングにおいては有意な差が見られなかった。このことより，高校生のインターンシップは生徒の希望事業所に行けたかどうか（マッチング）よりも，インターンシップでの体験そのものが満足できる内容であったかどうか（満足度）が生徒の進路発達に影響を与えていることになる。希望どおりの事業所に行けなくても生徒たちには学ぶことが多く，むしろインターンシップでどのような体験を提供してもらえるかに注目する方がよいだろう。

●インターンシップ≠キャリア教育

沖縄県内の高等学校の進路指導主任を対象としたアンケート調査によると，以前からキャリア教育の取り組み状況として，かなりの学校から「インターンシップを通してキャリア教育を実施している」と回答があった。しかし，インターンシップはキャリア教育の一面でしかない。昨今ではキャリア教育をどのように教科で取り組んでいくかという点に重点を置き始めている。新学習指導要領の目玉になるともいわれているアクティブ・ラーニングも注目されてきている。そろそろインターンシップのみに頼るキャリア教育の在り方を見直す時期に来ているのではないだろうか。

引用文献

文部科学省・国立教育政策研究所生徒指導・進路指導研究センター（2013）．平成24年度職場体験・インターンシップ実施状況等調査結果（概要）　国立教育政策研究所
浦上昌則（1991）．進路決定に対する自己効力測定尺度の作成の試み2　日本教育心理学会総会発表論文集, *33*, 453-454.

〈知念秀明〉

第16章　発達障害と心理学的支援

第1節　発達障害とは？：障害の定義とその特性について

1-1　発達障害とは？

　近年，学校現場で「発達障害」「自閉症」などといった障害名を耳にすることが多くなってきている。知的な遅れを伴わない自閉症や注意欠陥多動性障害（ADHD），学習障害（LD）などを抱える子どもは，以前より学校現場において〈気になる子〉として注目されてはきたものの，彼らへの教育支援体制は十分とはいえない状況であった。しかし，社会的なニーズの高まりによって，平成17（2005）年4月に学校教育における支援などを定めた「発達障害者支援法」が施行された。この法律によって，国や地方公共団体が発達障害児の学校教育における支援の責務を負うことが明記された。この「発達障害者支援法」の施行により，発達障害の理解が急速に進み，教育的支援が積極的に取り組まれるようになったといえよう。しかし，診断基準の違いによって「発達障害」「広汎性発達障害」「自閉症」などと，さまざまな障害の呼び名が存在する。そのため臨床現場では，いくつかの診断名がついている子どもに出会ったり，「広汎性発達障害と自閉症って何が違うのですか？」「発達障害って広汎性発達障害の略語でしょう？」といった質問を受けたりすることがある。親や当事者だけでなく教員を含め彼らを取り巻くや関係者のなかでは，障害の理解に混乱が生じている状況も少なくない。

　では，そもそも「発達障害」とはどのような定義なのだろうか。文部科学省が定めた「発達障害者支援法」第1章第2条によると，発達障害とは「自閉症，アスペルガー症候群その他の広汎性発達障害，学習障害，注意欠陥多動性障害その他これに類する脳機能の障害」と定義されている。この定義によると，①アスペルガー症候群を含む広汎性発達障害，②学習障害，③注意欠陥多動性障害に大別することができる（図16-1）。図16-1より，発達障害はひとくくりにはできないほど，そ

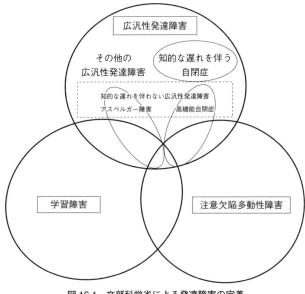

図16-1　文部科学省による発達障害の定義

の障害の特性と特徴は多様性を含んでいることがわかる。では，それぞれの障害の特性と特徴とは，どのようなものであろうか。

1-2 障害の定義

1) 広汎性発達障害から自閉スペクトラム症／自閉症スペクトラム障害（Autism Spectrum Disorder：ASD）へ　広汎性発達障害とは，国際的診断基準である米国精神医学学会による「精神疾患の分類と診断の手引き」（Diagnostic and statistical manual of mental disorders: DSM）第4版の改訂版 DSM-Ⅳ-TR により定義されている障害である。広汎性発達障害は，より重度とされている自閉性障害から，次いでアスペルガー障害，特定不能の発達障害との下位カテゴリーに分類されている。しかし，それぞれの障害の明確な区分については疑問視されることも多かった。そこで2013年にはDSM-5が発表され，広汎性発達障害という診断名が自閉スペクトラム症／自閉症スペクトラム障害へと変更され，これまでの下位カテゴリーがすべて排除された。また個人の状態に応じて重症度をレベル1（支援を要する），レベル2（十分な支援を要する），レベル3（非常に十分な支援を要する）に評価することが求められるようになり，学校現場でもより状態に合わせた支援に結びつけることが可能になったといえよう。

そもそも自閉スペクトラム症／自閉症スペクトラム障害という障害概念は，1943年にカナー（L. Kanner）が「早期幼児自閉症」として報告したことが始まりである。さらに，ウイング（L. Wing）は，自閉症とアスペルガー症候群を連続した発達障害と考え，自閉症スペクトラムという概念を提唱した。この概念はDSM-5における自閉スペクトラム症／自閉症スペクトラム障害という診断名の基盤となったのである。

ASDの子どもたちが示す主な症状は，「社会的コミュニケーションの障害および対人的相互反応の欠落」「限定された行動，興味，活動領域の反復的な様式」である（表16-1）。

「社会的コミュニケーションの障害」とは，アイコンタクトや表情などの非言語的コミュニケーションの苦手さや，冗談が通じないといった字義どおりの言語理解を行うなど，会話から相手の意図を酌むことが難しいという特性のことである。「対人的相互反応の欠落」とは，興味，関心，感情を

表16-1　ASDの診断基準（DSM-5をもとに作成）

A：社会的コミュニケーションおよび対人的相互反応における欠陥が，持続的に複数の場面で見られること
・相互の対人的－情緒関係の欠落 　例）興味，関心，または感情を共有することの少なさ等 ・非言語コミュニケーションを用いることの欠陥 　例）アイコンタクトや身振りを用いることの異常さ等 ・人間関係を発展させ，維持し，それを理解することの欠陥 　例）友人をつくることの困難さ等
B：限定された行動，興味，活動領域の反復的な様式（4項目中2つ以上満たすこと）
・常同・反復的な身体の運動，物の使用，または会話 　例）おもちゃを一列に並べる，反響言語等 ・同一性への固執，習慣へのこだわり，言語・非言語的な儀式的行動 　例）小さな変化に対する極度の苦痛，柔軟性に欠ける思考様式等 ・著しく限局され執着する興味 　例）一般的ではない対象への強い愛着または没頭等 ・感覚刺激に対する過敏さ，または環境の感覚的側面に対する並外れた興味 　例）痛みや体温に無関心のように見える，対象を過度に嗅いだり触れたりする等 
C：症状は発達早期に存在（ただし社会的要求が能力の限界を超えるまであるいは生活で学んだ対応の仕方によって問題が顕在化しない場合もある）

共有することが少ないなど，互いのやりとりを楽しみながら維持していくことの難しさのことである。そのため，学校現場では，クラスメートと会話のキャッチボールを行うというより一方的なやりとりになりがちで，特定の友人をつくることに難しさを抱え，孤独を感じることも少なくない。

「限定された行動，興味，活動領域の反復的な様式」とは，興味・関心の偏りが大きいことや，いつも同じ行動をとることが多いことなどを指す。そのため，自分の好きな分野については探求心を発揮させるものの，それ以外の広がりが少ないこと，あるいは，突然の予定変更に不安を感じることが集団生活の中で見受けられる。

ASD の障害特性が，特に学校現場において，友達関係がうまくつくれないことにつながることが多い。そのため，彼らもその特性ゆえに〈生きづらさ〉を抱えているのである。それぞれの障害特性への理解を深め，その特性が引き起こす彼らの〈生きづらさ〉に心を寄せることが重要と考えられる。

2）**学習障害**（Learning Disability: LD）　LD とは，文部科学省（1999）の定義によると「基本的には全般的な知的発達に遅れはないが，聞く，話す，読む，書く，計算する又は推論する能力のうち特定のものの習得と使用に著しい困難を示す様々な状態を指すもの」とされている（図 16-2）。つまり，全般的な知的遅れが認められる場合は LD とはならずに，知的能力の中のある特定の能力に困難が生じている状態を LD と定義するのである。国際的な診断基準では「学習能力の特異的発達障害」（ICD-10）[1]，「限局性学習症／限局性学習障害」（DSM-5）とされており，障害名の違いが見られる。教育領域よりも医学領域における LD の診断基準が厳密であるため，学習に困難を抱える子どもを幅広く発見し，支援につなげるためには，文部科学省の定義を参考にする視点も重要である。LD 児は，学校場面では特定の教科に苦手を示すことが多く，本人の努力不足と誤解されることが多い。しかし，LD の原因は，中枢神経系の機能障害であり，環境的な要因が直接の原因とはならないことを忘れてはならない。

また LD は，広汎性発達障害を合併しているケースが少なくない。そのため，広汎性発達障害の特性に対する支援も組み合わせる必要がある。

図 16-2　文部科学省（1999）による学習障害（LD）の定義

---

[1] ICD-10 は WHO による国際疾病分類の第 10 版のことで，Tenth revision of the international statistical classification of diseases and related health problems の略である。

3）注意欠如・多動症／注意欠如・多動性障害（Attention-Deficit/Hyperactivity Disorder：ADHD）

ADHDは，国際的診断基準であるDSM-5によって以下のように定義されている（表16-2）。診断基準A1（不注意）と基準A2（多動性および衝動性）をともに満たしている場合は①混合型，基準A1のみを満たす場合は②不注意優勢型，基準A2のみを満たす場合は③多動性・衝動性優勢型の3タイプに分かれる（図16-3）。

表16-2 ADHDの診断基準（DSM-5）

A1：不注意症状
以下の症状が6つ以上（17歳以上は5つ），6か月以上持続 ・学業，仕事等の作業において綿密に注意することができないまたはケアレスミスをする。例）細部を見逃す等 ・課題，遊びの作業中に注意を持続することが困難。例）授業等に集中できない ・直接話しかけられても話を聞けないようにみえる。例）うわの空 ・指示に従えず，学業等の義務をやり遂げられない。例）宿題を始めるがすぐに脱線する ・課題や活動を順序立てることが困難。例）持物整理が苦手，締切を守れない ・精神的努力の持続を要する課題を避ける，嫌う，いやいや行う。例）宿題作成 ・課題や活動に必要なものをなくしやすい。例）鉛筆，財布，鍵等 ・外部からの刺激で気が散りやすい。 ・日々の活動で忘れっぽい。例）おつかい，友達との約束等
A2：多動性および衝動性
以下の症状が合わせて6つ以上（17歳以上では5つ），6か月以上持続 ・手足をソワソワ動かしたり，着席中ももじもじする。 ・着席が期待されている場面で離席する。例）授業中に歩き回る ・不適切な状況で走り回ったり，高いところへ登ったりする。 ・静かに遊んだり余暇活動を行うことができない。 ・"じっとしていない"，まるで"エンジンで動かされているように"行動する。 ・しゃべりすぎる。 ・質問が終わる前にうっかり答え始める。 例）他の人の言葉の続きを言ってしまう，会話で自分の番が待てない。 ・順番待ちが困難。例）列に並んでいるとき ・他の人を妨害し，邪魔する。例）ゲームで相手に聞かずにルールを変える
B： 不注意，多動・衝動性の症状のいくつかは12歳までに存在
C： 不注意，多動・衝動性の症状のいくつかは2つ以上の環境（家庭，学校，職場等）で存在
D： 症状が社会，学業，職業機能を損なわせている明白な証拠がある
E： 統合失調症等の精神疾患の経過のみに生じるのではなく，ほかの精神疾患では説明できない

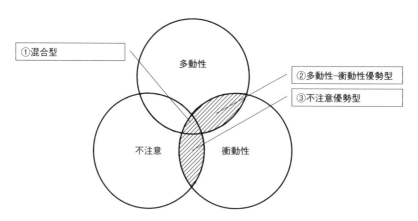

図16-3 ADHDの診断基準（DSM-5）

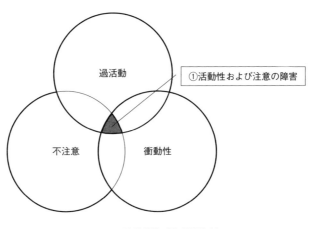

図16-4　ICD-10による診断基準（多動性障害）

　WHOによる国際的診断基準であるICD-10では，多動性障害とされている（図16-4）。
　障害の発生率は，ICD-10の多動性障害では0.5%であるが，これまでのDSM-Ⅳ-TRを用いた場合では3-5%となっている。これは，図16-3と図16-4を比較するとわかるように，ICD-10の診断基準の方がDSM-Ⅳ-TRよりも厳しいためと考えられている。
　また日本では，これまでDSM-Ⅳ-TRを用いた診断が多いこともあって，注意欠陥多動性障害（DSM-5では注意欠如・多動症／注意欠如・多動性障害に障害名が変更になった）という呼び名が一般的である。
　ADHDは，1つのことに集中できない〈不注意〉，順番が待てなくて割り込んでしまう〈衝動性〉，授業中じっと席に座ることができずに立ち歩く〈多動性〉が，大きな特徴である。また，LDと同様に知的な遅れは見られないが，集中して学習に取り組むことが困難であるため，学習の遅れが生じることもある。
　その困難性に対する支援としては，まず環境調整が挙げられる。たとえば，気になる刺激を減らす工夫を行うなどの環境調整は有効である。ADHDも原因としては，脳の機能障害が関係していると考えられている。しかし，彼らの障害特性は，周囲から見ると〈困った行動〉として表れやすいため，周囲から叱られる機会が必然的に増えるだろう。しかし，彼らはわざとしているのではなく，気がついたら体が動いているのである。そのため，本人も動き回ることに苦痛を感じ，自信を失っている場合も少なくない。学校現場では，〈叱らずにすむ〉ような環境調整に取り組むと同時に，〈困った行動〉が少しでも減った場合には，そのことを褒めるなど，自尊感情を高めるかかわりも重要であると考えられる。

第2節　発達障害の特性に応じた特別支援教育

2-1　特別支援教育の歴史

　これまで知的な遅れを伴わないアスペルガー障害や高機能自閉症，LD，ADHDといった発達障害の子どもたちに対する教育的支援のニーズに伴い，2004年に発達障害者基本法が設立されたのは先に述べた。このような法的整備の充実により，これまで学校現場で教育的支援の対象外であった発達障害の子どもたちへの支援の扉が開いたことになる。さらに，このような時代背景の後押しを受けて，2007年に学校教育法の改正に伴い「特殊教育」から「特別支援教育」へと新たな理念の教育への変換が行われた。これまで「特殊教育」では，障害の種別や程度に応じて特別な場での教育を行うことに重点が置かれていた。一方「特別支援教育」とは，従来の特殊教育の対象となっている子どもたちに加え，小・中学校の通常学級に在籍するLD・ADHD・高機能自閉症などの児童生

徒に対しても，自立や社会参加に向けて一人ひとりの教育的ニーズを把握し，そのもてる力を高め，生活や学習上の困難を改善または克服するため，適切な指導および必要な支援を行うものである。さらにこの改正は，障害のある者が，その障害の状態に応じ十分な教育を受けられるよう，教育上必要な支援を講ずる責任を国および地方公共団体に規定したことは大きい。この学校教育法の改正を受けて，知的な遅れを伴わない発達障害の子どもたちにも教育的支援が保証されるようになったことは，大きな教育的転換といえる。その後，幼稚園から高等学校を通じて発達障害を含む障害のある子ども一人ひとりの教育的ニーズを把握し適切な支援を行うため個別の計画書の作成や，特別支援教育支援員の配置を促すなど，学校教育における体制の整備を推進することが提言された。以上のような法整備が進むことで，これまで教育的支援の対象外であった通常学級に在籍している発達障害の子どもたちが，通級教室に通ったりあるいは特別支援員による支援を受けたりと，子どもたち一人ひとりの教育的ニーズに対応することが可能になったのである。

2-2 特別支援教育コーディネーター

特別支援教育の法整備をうけて，学校現場では教育支援の充実を図るため，新しい役割として特別支援教育コーディネーターを配置するようになった。特別支援教育コーディネーターとは，障害のある児童生徒の発達や障害全般に関する一般的な知識をもち，カウンセリングマインドを有する者で，児童生徒への適切な支援のために，関係機関・者間を連絡・調整し，協同的に対応できるようにするための役割を担う者である。また，特別支援教育コーディネーターは，学校の校務として明確に位置づけられている。主な活動は以下に示す。

①学校内外の関係者や関係機関との連絡，調整
②保護者や校内の教員に対する窓口の役割
③障害のある児童生徒への教育支援の充実
④地域における関係者や関係機関との連絡調整

第3節　発達段階に応じた心理学的支援

3-1 乳幼児期

1）こころの育ちの発達：乳幼児期　これから長い人生を歩んでいくためのスタートであり，さまざまなこころの基盤がつくられる時期である。特にこころの育ちに重要な発達課題として，特定の相手との大事な絆である愛着を形成することが挙げられる。赤ちゃんと母親がお互いの想いを寄せ合う体験の積み重ねが，愛着という目には見えない絆を結ぶのである。

ファンツ（Fantz, 1966）によると，赤ちゃんは生まれて間もない時期から，人の顔とモノを識別する力を有しており，人の顔に関心をもつと報告した。さらに，生後5, 6か月になると人の顔，特に笑顔で声かけする人物へより関心を向けることを示した（第10章図10-1参照）。また，ミラーニューロンという，他人の動作を見るときに鏡のように反応する運動前皮質の神経細胞群の発達に伴い，他者の表情のまねをする共鳴動作が可能になる。子どもをあやす大人は，赤ちゃんの顔をのぞき込みイナイイナイバーなどのさまざまな表情を向ける。この大人の表情を見て，赤ちゃんはその表情を真似することで世界を共有するのである。これらは，赤ちゃんには驚くべき力が生得的に備わっていることを明らかにしたものであり，人への関心は生まれもった能力といえる。つまり，人へのかかわりは，生得的に組み込まれたシステムであり，大人のかかわりを引き出す重要な役割を果たしているのである。

3か月頃までは誰にでも笑顔を向けている赤ちゃんが，次第に母親などの特定の他者に対して選択的に笑顔を見せるようになる。このように，人への関心を能動的に母親に向けることで，母親も

子育てへのモチベーションが高まり、愛着が深まるのである。このような特定の相手との愛着という絆は、未知の世界である外界に対して興味関心を拡大していくこころの育ちの基盤となる。特定の相手との愛着という絆が基盤となることで、安心して自分の世界を広げていくことができるようになり、自律性と積極性という心が育まれるのである。

2) 発達障害の子どもたちのこころの育ち　乳幼児期のこころの育ちとして重要な愛着の絆は、赤ちゃんが生まれもった人への関心を能動的に他者に向けることで、赤ちゃんと母親がお互いの想いを寄せ合う体験の積み重ねを経て、愛着という目には見えない絆を結ぶということは前述したとおりである。しかし、発達障害の中でも、自閉症スペクトラム障害の子どもたちは、赤ちゃんの頃からお腹の中に忘れてきたかのように人への関心が弱いように見られることが多い。このような人への関心の弱さが、この時期に自閉症スペクトラム障害の子どもたちに最も顕著に現れる障害特性である。この時期の親から「お母さんと言うより、お手伝いさんの気分になる。お世話をしてくれるなら誰でもいいように感じる」という声を聞くことは少なくない。これは、自閉症スペクトラム障害の子どもたちが示す、人との絆づくりの弱さを表している。人とのかかわりに難しさを抱える子どもは、生まれつき人と気持ちを分かち合う力が弱いという特性をもつ。かかわり手の興味関心などのこころを共有しようとする「こころ」の育ちが弱い。自分の中に「お母さんのイメージ」をもつことが難しく、不安な気持ちを抱えるため集団生活に馴染みにくいと考えられる。またADHDの子どもたちは、この時期にじっとしていることができずに動き回る多動が顕著に見られる。そのため、人とじっくりかかわることが難しくなり、結果として愛着の深まりが弱くなる場合も見られる。

以上のことから、発達障害の子どもたちは、安心できる愛着の絆をしっかりと結ぶ前に、外界への興味関心が拡大していくと考えられる。そのため、新しい環境では恐怖や不安が生じ、パニックを引き起こすのである。

そのため、この時期には彼らの興味関心に寄り添い、その「楽しさ」を共に感じる体験を積み重ねることが重要となる。その体験を積み重ねることで、モノだけでなくかかわり手にも興味を少しずつ向けるようになり、子どもは相手を「同じことを分かち合える人」という理解につなげると考えられる。かかわり手の興味関心などのこころを共有しようとする「こころ」の育ちが、安心して自分の世界を広げていくための愛着の育ちにつながるのである。

3-2　学齢期のこころの育ち
1) こころの育ちの発達
①学童期：　小学校に入ると、ひらがなや足し算引き算といった勉強が本格的に取り組まれるようになる。この時期は、新しいことに目を輝かせて取り組んだり、学ぶことへの興味関心の高まりがみられる。このような好奇心に支えられて物事に熱心に取り組む積極性が育まれる。また、友達同士の結びつきが強くなることもこの時期の特徴である。8歳以降はギャングエイジとして親より友達同士の結びつきが強くなり、〈小さな社会〉をつくり出す。このような仲間関係の中で、友達から認められる、認め合うことで自尊感情が育まれ、新しいことに積極的にチャレンジするこころや、人を助けるこころ、共感、責任感、思いやりのこころといった社会性を発達させるのである。

自尊感情とは、自分は価値のある尊い存在であるという感覚、自分に対する関心や誇りなどを指し、人格形成の基盤となるものである。自尊感情には、基本的自尊感情と社会的自尊感情がある（近藤, 2008）。基本的自尊感情は、自分はこのままでよいのだと思える自尊感情の基礎をなすものであり、乳幼児期からの養育者の絶対的な愛と、その後の他者との共有体験によって形成されるものである。社会的自尊感情は、他者との比較や優劣によって規定されるものであり、成功体験や、褒めたり評価されたりすることで高めることができる。しかし、他者と自分を比較するなかから、

次第に自らの弱点や欠点に気づくことが多い場合は，社会的自尊感情の低下が見られる。仲間への意識の高まりに伴い，友達への競争意識が芽生え，さらに友達との比較から自分自身の価値を見出そうとするのも学齢期の特徴である。小学生高学年になると，社会的自尊感情が低下することが示されていることから（近藤，2008），仲間関係の中で，「友達よりもできない」という評価が積み重なると劣等感を感じる機会が多くなり，自尊感情の低下につながるのである。そのため，他者との比較だけではなく，自分との比較から過去の自分と比較することや，クラスの中での仲間から〈できる自分〉だけでなく〈できない自分〉も認められる経験を重ねることが基本的自尊感情を支えることにつながる。基本的自尊感情が豊かになれば，社会的自尊感情の低下をカバーする力になるのである。

②思春期：　中学生以降には，子どもから大人へと体が急激に変化する。親から心理的に自立し，親とは違う自分を確立するような親離れの始まりである。そのため，子ども時代の自己像が揺らぎ始めるが，急激な体の変化に心が追いつかずに，イライラ，不安を感じることが多くなる。また，この時期は他者からの評価を通して自分の存在価値や意義を確認する時期でもある。親や教師を含む周りの大人や，クラスの仲間に認められているという確信が得られないと不適応状態を引き起こすことも見られる。

2）発達障害の子どもたちのこころの育ち　　近年，学校現場において発達障害への理解は広まりを見せ，その特性に対する支援がさまざまな角度からなされている。しかし，彼らの障害特性ゆえの〈生きづらさ〉から，気分の落ちこみや不登校，非行といった二次的な障害を呈することが指摘されており，学校現場では二次障害への対応が急務となっている。二次障害（小栗，2010）とは，「特定の発達的なハンディキャップに起因する挫折体験や失敗体験を積み重ね，それによって感情や行動にゆがみが生じ，そうしたゆがみが根底にある発達障害の症状と入り交じって複雑化した状態」である。子どもが元来もつパーソナリティに応じて二次障害の現れ方にも違いが見られる。その現れ方には大きく分けて2つある。1つは，反抗や非行といった外へ向かった問題行動である外在化障害である。この場合は，周囲が対応に困ることが多く〈問題児〉として見られることが多い。もう1つは，分離不安や不登校といった自己の内側で不安や抑うつを抱え込む内在化障害である。内在化障害の場合は，外在化障害のようにアクションは強くないが，ひきこもり状態が長引くと社会参加が難しくなる。

学齢期のこころの育ちには，仲間関係が重要であることは先に述べた。発達障害の子どもたちは，その障害特性ゆえにクラスメートと仲間関係をつくり上げることに難しさを抱えることが多い。彼らもまた，クラスメートが「自分をどう思っているか？」というような他者の存在に気づき始める。このように他者に対する意識はもち始めるものの，他者の考えていることや気持ちについての理解が苦手なため，友達が欲しいとクラスメートに懸命に話しかけても，一方的な話になりやすい。そのため，友達をつくるという願いが叶えられない辛さを抱えているのである。また，友達の中で認め合う経験の乏しさから，自尊感情の育ちがうまくいかないことも少なくない。発達障害を抱えながら生きていくうえでの〈生きづらさ〉は，自尊感情の育みにも影響を及ぼすのである。また，思春期の自己形成過程においても，仲間の存在は重要である。仲間から認められる経験が少ない場合，自己への気づきがネガティブになりやすく，「どうせ自分なんて」と孤独感や疎外感を感じる。発達障害の二次障害もまた，青年期の心理的危機と同様に，自己の傷つきによって起こる怒りや葛藤が原動力となって引き起こされるのだ。しかし，彼らのもつ障害特性と絡み合って出現するため，より重症化しやすい。そのため，二次障害を予防するようなかかわりが求められている。学校現場では，障害特性に対するかかわりだけでなく，彼らの心を支えることが二次障害の予防につながると考えられる。

二次障害の予防的かかわりとして，発達障害の特性である一義的な捉え方に対して，クラスメー

トの言動を「翻訳」して伝えるなど，さまざまな角度から物事を捉えられるようなかかわりが友達づくりに有効となる。さらに，他者意識が芽生えだしたこの時期には，教師の些細な言葉にも敏感に反応しやすい状態である。そのため，教師の言葉ひとつで自尊心を傷つけることも，自尊心を育むことも可能である。たとえば，彼らは失敗を認められないこだわりをもつ場合も多いため，テストの結果だけでなく，テスト勉強を行った過程について「努力したね」と認めることが，自尊心を高めることにつながると考えられる。

◎トピック

　発達障害児を育てる母親のカウンセリングをしていると，子どもの障害特性を理解することに困難を抱えるだけでなく，彼らの社会生活における困難さを育て方のせいだと誤解され，「自分の育て方のせい」と自分を責める母親が少なくないことに気づく。現在の臨床現場では，発達障害児の母親は，子どもの一番の理解者であると捉えられ，〈最大の療育者〉を目指した保護者支援が行われていることも多い。確かに，子どもにとって一番身近な保護者が，子どもの成長に大きく影響を及ぼし，その成長を支えることは間違いない。しかし，保護者を〈療育者〉とする考えが行き過ぎると，両者の関係において弊害を生じることがあるのではないだろうか。過去に自閉症は〈冷たい母親〉に育てられたことが原因であるという誤った認識がなされ，多くの母親が辛い思いをした。現在でも，発達障害は脳の障害と明示されているにもかかわらず，多くの母親が自責の念を抱えている。発達障害児を育てている母親は，障害児の専門家となるべくわが子を産んだわけではない。わが子に障害があることがわかった日から，その障害を受容すると同時に，障害をもつわが子の母親として自分自身をも受容する過程を懸命に歩んでいる。子ども支援の立場で母親に接するだけでなく，母親の苦しみに耳を傾ける支援の視点も忘れてはならない。

引用・参考文献

American Psychiatric Association (2000). *Diagnostic and statistical manual of mental disorders. 4th edition.* Text revision. DSM-IV-TR. Washington, DC: American Psychiatric Association. (高橋三郎・大野 裕・染矢俊幸 (訳) (2002). DSM-IV-TR 精神疾患の分類と診断の手引　医学書院)

American Psychiatric Association (2013). *Diagnostic and statistical manual of mental disorders. 5th edition.* DSM-5. Washington, DC: American Psychiatric Association. (高橋三郎・大野 裕 (監訳) (2014). DSM-5 精神疾患の診断・統計マニュアル　医学書院)

Fantz, R. L. (1966). Pattern discrimination and selective attention as determinations of perceptual development from birth. In A. H. Kidd, & H. L. Rivoire (Eds.), *Perceptual development in children.* New York: International University Press.

近藤 卓 (2008). 自尊感情と共有体験の心理学：理論・測定・実践　金子書房

文部科学省 (1999). 学習障害及びこれに類似する学習上の困難を有する児童生徒の指導方法に関する調査研究協力者会議最終報告

文部科学省 (2004). 発達障害者支援法　特別支援教育
　〈http://www.mext.go.jp/a_menu/shotou/tokubetu/05011301.htm〉(2012年5月)

小栗正幸 (2010). 発達障害児の思春期と二次障害予防のシナリオ　p.26.　ぎょうせい

WHO (1992). *The ICD-10 classification of mental and behavioural disorders: Clinical descriptions and diagnostic guidelines.* Geneve: World Health Organization. (融 道夫・中根允文・小見山実・岡崎祐士・大久保善朗 (監訳) (2005). ICD-10 精神および行動の障害—臨床記述と診断ガイドライン新訂版 医学書院)

Wing, L. (1997). *The autistic spectrum: A guide for parent & professional.* London: Constable. (久保紘章・佐々木正美・清水康夫 (監訳) (1998). 自閉症スペクトル—親と専門家のためのガイドブック　東京書籍)

●コラム16　発達障害と脳

　発達障害には，自閉スペクトラム症（ASD），注意欠如・多動症（ADHD），限局性学習症（SLD）などがある。これらはコミュニケーションの難しさや行動の特徴，特定の学習の困難さなどにより診断されるが，脳画像研究などにより発達障害にみられる特徴は脳機能と関連があると考えられている。

　自閉スペクトラム症には社会的コミュニケーションの困難さがみられる。他者とのコミュニケーションには相手の表情を読み取ったり，相手の意図を理解することが必要になるが，自閉スペクトラム症の人にはこれらが困難な場合がある。相手の表情を認知することには扁桃体の関与が考えられている。バロン＝コーエンら（Baron-Cohen et al., 1999）は，自閉症者と健常者に人物の写真を見せ，その人物が考えていること，感じていることを判断させた。その結果，健常者群は課題遂行中の扁桃体の活動が認められた一方，自閉スペクトラム群ではそのような活動は見られなかった。

　相手の意図を理解する能力としては「心の理論」が有名である。さまざまな研究により，自閉スペクトラム症の人が「心の理論」を獲得することの困難さが示されている。ハッペら（Happe et al., 1996）の研究で，健常者は「心の理論」課題の遂行時に前頭前野のブロードマン8野と9野が賦活されるのに対し，アスペルガー障害群では賦活されないことが示された。このことから，前頭前野の機能不全が「心の理論」課題の遂行に影響があることが考えられる。

　注意欠如・多動症は家庭や学校など2つ以上の状況において，持続的に不注意または多動性－衝動性の症状が見られる。具体的には忘れ物が多い，じっとしていられない，質問が終わる前に出し抜けに答えるなどである。注意欠如・多動症の子どもの脳は，右前頭前野と尾状核，淡蒼球の体積が小さいこと，そして小脳中部も小さいことが示されている（Castellanos et al., 2001）。右前頭前野は注意を散らさずに我慢することと，自意識や時間の意識の発達に関与し，尾状核と淡蒼球は反射的な反応を抑えて大脳皮質が注意深く慎重な行動をとることを助ける。さらに小脳中部は正確な役割は不明だが，動機づけを調節している可能性がある（Barkley, 1998）。永江（2004）は，目標に向かって注意を集中し，衝動的な反応を抑え，達成することに努力するといった活動にかかわる組織が小さい子どもに，不注意，多動性，衝動性といった症状が現れるのは当然であると述べている。

　脳機能の働きが関与すると考えられる発達障害は生来のものであり，治療によって完治するものではないということが，現段階の一般的な知見だ。しかしうまく働かない機能を，ほかの方法により補うことは可能だと考えられる。苦手とすることを，ほかの能力や環境調整によって補完する力をつけることも，よりよく生きていく力となるのではないだろうか。

引用文献

Barkley, R. A. (1998). Attention-deficit hyperactivity disorder. *Scientific American*, *279*, 66-71. (石浦章一（1999）．集中できない子供たち―注意欠陥多動性障害　日経サイエンス，*267*, 18-25.)

Baron-Cohen, S., Ring, H. A., Wheelwright, S., Bullmore, E. T., Brammer, M. J., Simmons, A., & Williams, S. C. R. (1999). Social intelligence in the normal and autistic brain: An fMRI study. *European Journal of Neuroscience*, *11*, 1891-1898.

Castellanos, F. X., Giedd, J. N., Berquin, P. C., Walter, J. M., Sharp, W., Tran, T., Vaituzis, A. C., Blumenthal, J. D., Nelson, J., Bastain, T. M., Zijdenbos, A., Evans, A. C. & Rapoport, J. L. (2001). Quantitative brain magnetic resonance imaging in girls with attention-deficit/hyperactivity disorder. *Archives of General Psychiatry*, *58*(3), 289-295.

Happe, F., Ehlers, S., Fletcher, P., Frith, U., Johansson, M., Gillberg, C., Dolan, R., Frackowiak, R., & Frith, C. (1996). 'Theory of mind' in the brain. Evidence from a PET scan study of Asperger syndrome. *Neuro Report*, *8*, 197-201.

永江誠司（2004）．脳と発達の心理学　pp.303-305．ブレーン出版

〈土井麻莉〉

第17章 心の病気とカウンセリング

　現在の学校現場は，いじめや不登校などさまざまな問題を抱え，児童・生徒に対する援助の必要性が高まっている。このような児童・生徒をどのように指導していけばよいのかが，学校における大きな課題となっている。本章では，子どもの心の病気や，代表的な精神分析療法やクライエント中心療法，行動療法などの三大心理療法，また，学校現場で必要とされる予防的・開発的カウンセリングなどを取り上げる。

第1節　心の病気

1-1　一般的な適応障害

1）精神病

①統合失調症（Schizophrenia）：　統合失調症は，認知，情動，意欲，行動，自我意識などの精神機能に障害が見られ，1911年にスイスのブロイラー（E. Bleuler）が「精神分裂病」という名称を提唱し，以後広まった。統合失調症は10代から40代くらいまでの比較的若い世代に起きやすく，約100人に1人の割合で罹る病気だといわれる。

　症状には陽性，陰性の2つのタイプがある。陽性症状には，実際には存在しない声や音が聞こえるといった幻聴や，あり得ないことを信じてしまう妄想，頭の中が混乱してまとまらなくなる思考障害などがあり，陰性症状には，意欲の低下や自分の殻に閉じこもってしまいがちな自閉などがある。わが国での10歳までに生ずるものの頻度は，およそ5％といわれるが，その人の生まれもった素質，生まれてからの能力・ストレスに対する対応力，ストレスを引き起こすような環境要件などが絡み合って発症すると考えられる。

　予後は比較的不良だといわれるが，事例や程度によって差があり，症状もさまざまである。治療には，薬物療法が多く用いられる。

②気分障害（Mood Disorder）：　気分障害には，躁状態（manic episode）とうつ状態（depressive episode）の両方があり，躁は気分の高揚と多弁・多動を特徴とし，うつは，気分の沈下を特徴とする。躁状態とうつ状態を繰り返すものを双極性気分障害，うつ状態を繰り返すものをうつ病という。

　気分障害に罹患(りかん)する率はおおよそ3–20％の幅がある。10歳代では全体の2–3％，20歳代では約14％，それ以上の年齢では，20％を占め，年齢が高くなるほど発生頻度が上がってくる。

　うつ状態は，不安，泣きやすさに始まり，自発性の低下，無気力で寡黙，時には食欲の不振が現れる。また，多くの場合，学業不振，欠席がち，そして成績の低下があり，この場合はよく怠惰とみられる。その後，経過とともに孤独となり，引きこもりとなっていく。また，抑うつが身体症状として現れることが多く，これも青年期抑うつの1つの特徴といえよう。身体症状で多く認められるものは，頭痛，睡眠障害，食欲不振がある。

　一方，躁状態の初期症状は，親や教師にすぐに反抗したり，行動が軽率になり，それが次第に刺激性，衝動性の亢進となり，時には怒りっぽく，荒っぽく，不穏などの形をとることが多い。

2）神経症（Neurosis）
1777年にスコットランドの医師カレン（W. Cullen）によって，使用された用語である。主に心理的な諸因子による不安，および不安に対処する自我防衛によって起こる

心身の機能障害と考えられる。

神経症の特徴として，以下のことが挙げられる。①心因（心理的原因）によって発現する障害で，その心的過程が了解可能であること。②機能的障害であるが，基本的に器質的変化は認められず，身体的な原因によって起こってくるものではないこと。③基本的には，自分自身が病気であることを認識していて，人格も保たれているが，強い不安を内包しており，自分自身の症状にとらわれていること。④特有のパーソナリティ傾向と関連があること。⑤可逆性であり，治癒後には基本的に後遺症は残さないこと。

具体的な症状としては，不安を基礎とした精神症状と，自律神経系の失調による身体的症状が多くの場合出現する。例として，以下のような神経症が見られる。

①不安神経症： わけもなく急に不安に陥り落ち着かなくなったり，漠然とした不安を抱き，不眠・食欲不振などの身体症状が見られる。

②恐怖症： 特定の対象を必要以上に恐れるもので，人が怖い（対人恐怖），汚れたものを極度に嫌う（不潔恐怖）などがある。

③ヒステリー： 葛藤や欲求不満といった心理的要因によって不快な体験後の失声，失歩，健忘，けいれん発作などが生じる。

④強迫神経症： 不合理な考えが自分の意思に反して何度も起こり，払いのけることができなかったり，繰り返して何度も同じ行為をとらずにはいられなかったりし，強い不快感をもつ。

⑤離人神経症： 自分の身体だという実感や，周囲の景色や人物がそこに存在するという実感が薄れるなど，自分自身にも外界にも実感がわかないといった症状を示す。

⑥抑うつ神経症： 挫折・失敗経験後に憂鬱になり，不眠，食欲不振状態が続く。

1-2 パーソナリティ障害

DSM-5（精神疾患の診断・統計マニュアル第5版）によれば，パーソナリティ障害とは，「その人が属する文化から期待されるものから著しく隔たり，広範でかつ柔軟性がなく，青年期または成人期早期に始まり，長期にわたり変わることなく，苦痛または障害を引き起こす内的体験および行動の持続的様式」と定義づけている。性格に著しい偏りがあるために自分が困ったり，他者を困らせたりするようになる。一般的な成人に比べ極端な考えや行為を行ったり，結果として社会への適応を著しく困難にしている状態にある。

パーソナリティ障害群は次の3つに分類される（表17-1）。①A群パーソナリティ障害：対人関係からの引きこもりと奇妙な話や態度を特徴とするもの，②B群パーソナリティ障害：感情的な混乱や衝動性に特徴のあるもの，③C群パーソナリティ障害：不安の強さや自信のなさに特徴のあるもの，である。

第2節 児童生徒の不適応行動

2-1 不 登 校

文部科学省は，不登校を「何らかの心理的，情緒的，身体的，あるいは社会的要因・背景により，児童生徒が登校しない，あるいはしたくてもできない状況にある者。ただし，病気や経済的理由による者を除く」と定義している。平成26（2014）年度の国・公・私立の小・中学校における30日以上欠席している不登校児童生徒数は，122,902人（小学校：25,866人，中学校：97,036人）で，前年度に比べ3,285人増加しており，小学校・中学校ともに増加に転じている。

1) **不登校に対する見方の変遷**　不登校は，1960年代に日本で「学校恐怖症」として注目され，1980年代に入ると，不登校が増加し名称も「登校拒否」に変わった。当時は，社会も「不登校は

表17-1 パーソナリティ障害群（APA, 2013／邦訳, 2014 より）

障害群	名称	障害の内容
A群	猜疑性パーソナリティ障害	他人が自分を不当に扱っているなどの猜疑心が強く，不信感を抱きやすく警戒心が強い。他人の好意さえ不当に疑い，侮辱されたと勝手に思い込んでは攻撃的になる。
A群	シゾイドパーソナリティ障害	感情が平板でよそよそしく，人と温かい心の交流ができない。他人とのつき合いや周囲で起きたことに無関心で一人でいることが多い。
A群	分裂病型パーソナリティ障害	自分と関係ない外部の出来事が自分と関係あるように思えたり，自分に対して過剰な意味があるように思えたりする。ふつうでない知覚体験をもち，奇妙な魔術的な思考を抱き，対人関係にも著しい困難を示す。
B群	反社会性パーソナリティ障害	無責任で仕事を安定して続けられず，良心が欠如し人を平気で傷つけ，衝動的で暴力を振いやすい。
B群	境界性パーソナリティ障害	衝動的で感情の起伏が激しく，親しくなると過度な依存や要求を示し，相手を勝手に理想化しては裏切られたと批判するなど人間関係が長続きせず，自己同一性障害やアルコール依存・過食・無謀な運転・浪費など自己破壊的行動が目立つ。
B群	演技性パーソナリティ障害	過度に情緒的でほかの注目を惹こうとする。仰々しく芝居がかったり誇張した情緒表現を示す。
B群	自己愛性パーソナリティ障害	自分の才能や業績に関して誇大な感覚を抱き，自分は特別といった意識が強く，自分の利益のためには平気で人を利用し，限りない成功と称賛を求める。
C群	回避性パーソナリティ障害	自信がなく，恥をかいたり人からバカにされるなど否定的な結果により自尊心が傷つくことを極度に恐れ，重要な仕事を引き受けたり人と深いかかわりをもつことを避ける。
C群	依存性パーソナリティ障害	過度に依存的で自分自身で決断することができず，何かにつけて人に指示を求め，一人では不安で，置き去りにされる恐怖から身近な人にしがみつくような行動をとる。
C群	強迫性パーソナリティ障害	完全癖が強く，物事が予定どおりに進まず秩序立っていないと気が済まず，細かなことに過度にこだわり，頑固で融通がきかず，そのために何事も達成することができなくなったりする。

怠けだ」や「気持ちの問題だ」などという意見がある一方，不登校はこれから羽ばたく準備をする「蛹の期間」であり，不登校児童生徒には「受容・共感」的なかかわりが重要であるという見方が見られた。1990年代に入ると，「学校に行かない生き方を認めていこう」という風潮（文部省, 1992）が高まり，名称も「登校拒否」から「不登校」と変わっていった。

2）不登校児童生徒への対応　不登校の児童生徒の学校への復帰を目指し，学校現場でもさまざまな試みが求められる。子どもと保護者とのかかわりや学校内外における支援体制づくり，基本的生活習慣の改善指導，学級全体を対象とした予防的・開発的働きかけの必要性も指摘される。原因が学習面での遅れにある場合は，学習支援のあり方を考えるのも大切である。また，家庭の問題や進路問題など，さまざまな角度からのアプローチが要求される。

2-2　自　　殺

1998年以降我が国では年間自殺者が3万人を超え，深刻な社会問題となっている。未成年者の自殺は自殺者全体の2％以下（文部科学省, 2009）ではあるが，決して軽視できるものではない。生と死に真剣に向き合い命の大切さや生きる喜びを考えさせる教育が求められる。

1）子どもの自殺の実態　自殺や自殺未遂は他の児童・生徒に与える影響も大きく，まわりの子

どもたちは深い心の傷を負うといわれ，決して自殺する本人だけの問題ではない。自殺は10代から30代までのいずれの年齢層でも，死因の上位を占め，特に20歳から30歳においては第1位となっている。自傷行為と自殺の関係については，自傷行為をしたことのある人は，はるかに高い確率で自殺に至っている。また，長崎県教育委員会の調査（2005）によれば，児童生徒の15.4％（中学2年生では18.5％）が，死んだ人は生き返ると思っていることが明らかになった。

2) 自殺の原因と危険因子　自殺はある日突然に何の前触れもなく起こるのではなく，長い時間かかって徐々に危険な心理状態に陥っていくのが一般的である。「ひどい孤立感」や「無価値感」，「強い怒り」「苦しみが永遠に続くという思いこみ」「心理的視野狭窄」などが，その原因だと考えられている。

自殺の危険因子として，自らの身体を傷つけたり高い所から飛び降りたりといった自殺未遂歴や，うつ病などの心の病，親の養育態度や虐待などの家庭環境の問題，友人からのいじめなどによる孤立感などがある。

3) 子どもの自殺の危険への対処　自殺予防の留意点は，日頃から子どもの発信する言葉や顔の表情などの非言語を丁寧に聴き理解することである。「死にたい」という言葉が発せられたら，いきなり説教したり叱りつけたりするのでなく，子どもの気持ちをしっかりと聴く姿勢が大切である。

そして，自殺の危険を察知した場合は，以下に示すTALK（Talk, Ask, Listen, Keep safe）の原則を把握しておくことが重要である（文部科学省, 2005）。

T：子どもに向かって心配していることを言葉に出して伝える。
A：真剣に聞く姿勢があるならば，自殺について質問しても構わない。
　　むしろ，これが自殺の危険を評価して，予防につなげる第一歩となる。
L：傾聴。叱責や助言などをせずに子どもの絶望的な訴えに耳を傾ける。
K：危険を感じたら，子どもを一人にせずに一緒にいて，他からの適切な援助を求める。自殺未遂に及んだ事実がある場合は，保護者にも知らせて，子どもを医療機関に受診させる必要がある。

第3節　カウンセリング

カウンセリング（counseling）とは，カウンセラーが専門的な知識や技術を用いて，問題・悩みなどを抱えるクライエントの認知・情緒・行動に働きかけ，適応的な変容を図ることを目的とする相談援助のことである。

3-1　精神分析療法（psychoanalytic therapy）

精神分析療法は，フロイト（S. Freud）によって創設された心理療法である。フロイトはウィーンで臨床医の道へ進んだが，神経症患者を体に変化のある病気と誤診してしまう。それを契機に1885年，神経病学の研究のため，フランスのシャルコー（J. M. Charcot）のもとに留学するが，そのころ催眠研究に没頭していたシャルコーに啓発されたフロイトは精神病理学の道へ進むこととなった。ところが，フロイトの催眠誘導は十分な効果をあげることができず，試行錯誤のすえ，患者に催眠法を用いなくても，条件さえ整えば，観念や感情は表現される機会も得ることができるという考えにたどり着き，精神分析療法の「自由連想法」を考え出すにいたった。それが精神分析の始まりである。

自由連想法は，患者を寝椅子につかせ，治療者は患者からは見えないところに座り，「頭に浮かぶことを，そのまま，その順序でみんな話してください」と，頭に浮かぶ追想や考え，あるいは空

想をそのまま，背後に座っている治療者に報告するように求める。そのような自由な連想を通して，患者は自分自身の無意識の中に抑圧された過去の外傷体験を想起する。その無意識の中に抑圧されたものを自由に想起することによって，「ああ，なるほどそうだったのか」という気づきが起こり，心の病は解決する。治療者は40分間にわたり患者の心の中の考えと感情を聴き，10分間その分析にあたる。その結果，患者に洞察が起こり，心の病は治癒すると考えられている。しかし，治療が長期間に及ぶことや，無意識に抑圧された外傷体験などに気づいても，実際には治癒にはいたらないことがあるなどの問題点も指摘されている。

3-2　クライエント中心療法 (client-centered therapy)

クライエント中心療法は，ロジャーズ（C. R. Rogers）によって提唱された。これまでのカウンセリングはウィリアムソン（E. G. Williamson）らの指示的カウンセリングが主流であったが，ロジャーズは，この指示的カウンセリングに異議を唱え，治療場面ではクライエントこそが主役になるべきだとした。

ロジャーズに決定的な影響を与えたのは，家庭内暴力を起こす少年の問題に悩む母親との面談であった。面接が一向に進展せず，やむなく面接を終了することになるが，面接が終わり部屋から出る際に母親は振り返り，「ここでは大人のカウンセリングは行っていないのですか」とロジャーズに尋ねる。そこから母親との本格的な面接が始まる。ロジャーズは，「何に傷つき，どの方向へ行くべきなのか，どんな問題が決定的であるのか，どんな経験が深く隠されているのか，等々を知っているのは，クライエントその人だけである」と述べている。このようにして，1940年，「個人が自己理解を深め，本人自身が主体性をもって自己選択をする新しい立場」，つまり，非指示的（ノン・ディレクティブ）アプローチを取り入れたクライエント中心療法の始まりとなった。

クライエント中心療法の中心目標は自己一致（図17-1）である。さまざまな不適応症状は，基本的にはクライエントの経験している，あるがままの世界（自分が置かれている現実の自分）と自己概念（自分が意識している理想の自分）の不一致によって生じるとする。クライエント中心療法では，この不一致の状態を一致の状態に近づけることである。クライエントは受け入れられ理解されると，本来の現実の自己と理想の現実とを見つめられるようになり，理想自己と現実自己のずれが減少し，心理的不適応が解消される。この自己理論がロジャーズ理論の中心的考え方である。

カウンセラーの役割は，クライエントとの関係を促進し，クライエントの主観的な世界にどのように感じ寄り添うかにかかっている。そして，「無条件の肯定的配慮」「共感的理解」「純粋性」という3つのカウンセラーの態度こそが重要だとした。このクライエントへの働きかけがあれば，治療的人格変化は必ず起きるとし，学歴，資格，知識，技術などは必ずしも必要ない，とした。

まず，「純粋性」とは，クライエントとの関係において，自分自身であることを指す。カウンセラーが自分自身に起きていることをすべて受け入れることが必要で，自分の感情を否定することがない場合に「純粋性」が保たれているという。治療上，たとえふさわしくない感情であっても，カウンセラーはその感情を否定することなく，受け入れることが大切である。

2つ目の「共感的理解」とは，カウンセラーがクライエントの世界を正確に共感的に理解し，クライエントの私的な内的世界を自分の世界のごとく，しかも「あたかも（as if）」ということを失わずに，クライエントに伝えることを指す。

図17-1　自己概念（理想自己）と現実自己のズレ

3つ目の,「無条件の肯定的配慮」とは,カウンセラーがクライエントを無条件に,つまり「あなたが……の場合だけ認めます」といった条件をつけずに受容することであり,カウンセラーの価値観や好みによって取捨選択せず,クライエントのどの側面にも,偏りなく積極的かつ肯定的な関心を向けることである。

3-3 行動療法 (behavioral therapy)

行動療法は学習理論を基礎とした治療法である。不適応行動は誤って学習しているか,あるいは,正しい行動の学習が不十分であることに原因があると考える。したがって,適切な行動を学習するか,不適切な行動を消去すればよいと考える。以下の技法がよく用いられる。

1) 系統的脱感作法 (systematic desensitization)

行動療法で最も多く用いられる技法である。古典的条件づけの消去技法であり,ウォルピー (Wolpe, 1979) によって創案された,不安や恐怖に対して段階的に慣れさせていく技法である。まず,不安を生じさせている刺激状況を明らかにし,不安刺激を弱い状況から強い状況へと段階的にならべる。クライエントにリラックスした状態で最も軽度の刺激状況をイメージさせ,不安反応がなくなるまで繰り返す。不安反応が消失したら,次の段階へ進み,最も高次の刺激状況まで同じような訓練を繰り返す。最終的には現実場面でも不安が生じないように導くというやり方である。

2) オペラント条件づけ療法 (operant conditioning therapy)

オペラント条件づけ療法の理論的な背景は道具的条件づけである。適切な行動に対して報酬を与え,不適切な行動に対して罰を与えると,人はどのように行動すべきか学習する。新しい洋服を着ていってクラスの友達に「かわいい洋服ね」と褒められると,その洋服を着ていく頻度が増加し,逆に「変だね」と言われると,その後,その洋服を着ていく頻度が減少する。つまり,自分のとった行動の結果によって,新しい学習が起こったり,古い行動パターンが消えたりする。そのような方法で人の行動を変容させていく技法である。

それ以外の行動療法の技法として,新しい行動を獲得させるために,標的行動をスモールステップに分け,達成が容易なものから順に形成していくシェイピングや,他者の行動をモデルにして好ましい行動を身につけさせるモデリングなどがある。

3-4 遊戯療法 (play therapy)

遊戯療法は,子どもを対象として「遊び」を媒体として行われる心理療法である。心理療法は,ふつう言葉を主たる媒体として行うが,子どもは言葉によるコミュニケーションがまだ十分でないので,そのかわりに遊びを用いる。その理由は,遊びは,子どもが自分の内的世界を表現するのに最も自然で適切な媒体であり,言葉では表現しつくせない深い感情や複雑な問題状況を,遊びを通じて表現することができるからである。

遊戯療法を行うには,できるだけ制限の少ないところで自由に遊べる空間が必要であり,玩具や遊具を備えたプレイルームが用意される。およそ週1回40分から50分の時間で,子どもとセラピストが自由に遊ぶ。子どもは「ここでは何をやっても自由であり,守られている」という確信を得ることができる。子どもはセラピストとの温かい環境の中でありのままの自分を表現し,それが内的な葛藤の解決や自己実現へと結びつく。

この療法には,人形を使って遊ばせるドールプレイ法や,この遊戯療法と併用されるミニチュア玩具(人間・動物・建物・植物・乗り物など)を自由に用いて箱庭をつくらせる箱庭療法などがある。

3-5 認知療法（cognitive therapy）

1960年代の初め，アーロン・ベック（A. T. Beck）はうつ病の治療の過程でクライエントが過度に悲観的なものの見方や考え方をしていることに気づき，その悲観的なものの見方を現実的なものに変化させることで，沈み込んでいる気持ちを和らげることが可能であることを見出した。これが認知療法の始まりであった。個々の人間は現実世界をありのままに客観的にではなく，その人なりのフィルターを通して捉えており，感情に影響を与えるのは現実世界そのものではなく，そのような現実世界へのかかわり方であるというのが認知療法の基本的考え方である。

人は特徴的なものの見方の枠組み，あるいは，スキーマ（鋳型）をもっているが，通常はその存在に気がつかず，ストレス状況などの特定の状況に直面したときに活性化される。そのスキーマは時に「自分はすべての人から愛されなければならない」や「もし完全でなければ，私は愛されない」などの不合理な確信を抱くこともある。そして，日常，個人が何らかの出来事に直面した際にふと頭をよぎる考えを自動思考というが，その自動思考は誇張されたり，歪曲されたり，誤解されたり，非現実的であったりする。それがその個人の気分や行動に影響を与える。人には，その人特有の認知の歪みがあって，その歪みが気分などに影響を与える。たとえば，物事を白か黒かのどちらかで考える「全か無かの思考」や，人の心を読みすぎたり先読みしたりする「結論の飛躍」などがある。認知療法では，それら歪んだ思考を合理的な思考に修正することによって，気分や行動の改善を試みる。

第4節　学校カウンセリング

学校カウンセリングは，心の問題をもつ生徒に対してその解決の援助を目指す「治療的教育相談」と，遅刻や欠席など，何らかの問題傾向の見られる子どもに対して，問題が深刻化する前に早期発見などを目指す「予防的教育相談」，身体的にも精神的にも健康な生徒に対して，より健全な育成の援助を目指す「開発的教育相談」の3つに大別することができる。以下では，学校現場で有効と思われる予防的・開発的カウンセリングについて述べる。

4-1 エンカウンターグループ（encounter group）

エンカウンターとは「出会い」という意味である。グループ体験を通じて，他者に出会い自分に出会う。人間関係づくりや相互理解，協力して問題解決する力などが育成される。集団のもつプラスの力を最大限に引き出す方法といえる。

1）非構成的グループエンカウンター（basic group encounter）

参加者一人ひとりの自発性と主体性に基づく自由なかかわりあいと小グループ体験学習のことである。通常，10人くらいのメンバーとファシリテーター（促進者）で輪をつくり，椅子に腰かけるか畳に座る。あらかじめ決められた課題は何もなく，グループのプロセスはメンバーの自発的な動きに委ねられる。メンバーから希望があれば，身体を動かしたり，エクササイズ（体験的実習）を行ったりすることもあるが，通常はテーマのない「自由な話し合い」を中心に進められる。

2）構成的グループエンカウンター（structured group encounter）

ファシリテーターが主導権を握って，課題を与えたり，エクササイズをさせたりするグループである。エクササイズによってリレーションがつく。リレーションをつけやすいという点からいうと，学級では一定の決められたエクササイズを用いた方が機能的であり，構成的グループエンカウンターの方が取り入れやすい。

4-2 ソーシャルスキル・トレーニング（social skills training）

さまざまな社会的技能をトレーニングによって育てる方法である。ソーシャルスキルの定義は，学者によってさまざまであるが，「人間関係を円滑にする技術」が大方の定義とされている。もともと医療分野で患者の社会復帰を目指して行われることが多かったが，近年，教育の分野にも応用され，障害のある児童生徒だけでなく，健康な学級集団に対しても開発的な働きかけとして用いられるようになってきた。児童生徒の社会的スキルを伸ばすことによって，学級経営が良くなったという声が学校現場から聞こえてくる。「言語・非言語コミュニケーションの仕方」や「自己主張訓練の仕方」「怒りのコントロールの仕方」などのワークを通して，社会的スキルを身につけさせる授業を行う。感情というよりは，行動に重点を置いたものである（新里ら, 2008）。

4-3 アサーション・トレーニング（assertion training）

対人場面で自分の伝えたいことをしっかり伝えるためのトレーニングである。人間関係の持ち方には，大きく分けて3つのタイプがある。「自分のことだけ考えて，他者を踏みにじるやり方（aggressive）」「自分よりも他者を常に優先し，自分のことを後回しにするやり方（non-assertive）」「第一と第二のやり方の中間的な，自分のことをまず考えるが，他者をも配慮するやり方（assertive）」の3つである（平木, 2005）。

自分の言いたいことを自己嫌悪に陥らずに，相手を傷つけずにきちんと主張することが大切であり，学級全体でアサーション・トレーニングに取り組むことは大切である。葛藤場面を想定して，グループ別にロールプレイをすることは学級経営の面からも面白い。

4-4 ストレス・マネジメント（stress management）

現代の子どもたちの社会はストレスに満ちているといわれる。子どもたちのストレスは，人生の危機的大事件，たとえば，「両親の離婚」や「友人の死」「入学試験の失敗」などのライフ・イベントよりも，日常の学校生活における慢性的なストレスの方が，むしろストレス反応に深く影響するということが明らかになっている（Lazarus, 1989）。

ストレス・マネジメントは，そのさまざまなストレスに対する対処法を学ぶ手法であり，現在問題を起こしている児童生徒だけでなく，学級全体の児童生徒に対して予防的な試みを行うのも有効であろう。ストレス・マネジメント授業を通して，生徒の過剰のストレス反応を軽減させ，ストレッサー（ストレス源：ストレスを起こしているもの）に立ち向かう抵抗力（ストレス耐性）を高めさせたい。まずは，生徒に自分自身のストレスに気づかせ，その対処法を学級全体のワークを通して身につけさせることが有効であろう（新里ら, 2008）。

面接技法

①傾聴： 丁寧かつ積極的に相手の話に耳を傾ける。よくうなずき，受けとめの言葉を発し，時にこちらからも質問する。

②受容： クライエントと面していると，時たま「違う！」と反論したくなるときもある。反論したくなったり，批判したくなったりしても，そうした気持ちを脇において，児童生徒のそうならざるを得ない気持ちを推し量りながら聴くことが大切である。

③閉じられた質問と開かれた質問： クライエントの返事が「はい」や「いいえ」などの短いものになってしまう質問を「閉じられた質問」と言い，クライエントが「はい」や「いいえ」で答えることのできないような質問，たとえば，「どのような……」などの表現を含めた質問のことを「開かれた質問」という。閉じられた質問は，カウンセラー主導の質問であり，開かれ

た筆問は，クライエントが自由に自分の表現方法で答えるクライエント主導の答え方である。

④繰り返し（パラフレーズ）：　クライエントが言ったことに対し，単にオウム返しに同じことを繰り返すのではなく，クライエントの発した言葉（内容）をカウンセラーとして正しく聴いているのかを確認するため，繰り返し技法（パラフレーズ）を用いて尋ねる。この技法はシンプルであるが，きわめて有効な技法である。たとえば，「なるほど，……なんですね」というように，クライエントの発した言葉（内容）を繰り返して相手に伝える。

⑤感情の反映：　人は，不適応に陥ると自分の感情をうまく表現できない場合がある。クライエントから少しでも感情の表現が出てきたときには，カウンセラー自身が感じたこと（感情）をクライエントに伝え，カウンセラーの受け取った感情が正しいのか確認する方法で，クライエントの感情表現を応援する。

引用・参考文献

American Psychological Association (2013). *Diagnostic and statistical manual of mental disorders fifth edition*. The American Psychological Association.（高橋三郎・大野　裕（監訳）染矢俊幸・神庭重信・尾崎紀夫・三村　將・村井俊哉（訳）(2014). DSM-5 精神疾患の診断・統計マニュアル　pp.635-676. 医学書院）

新井　肇（編著）(2011). 教育支援センター（適応指導教室）と学校との連携をどう進めたらよいか？　事例・データから学ぶ現場で役立つ生徒指導実践プログラム　pp.24-26. 学事出版

Belkin, G. S. (1984). Behavioral approaches. *Introduction to counseling*. pp.265-289. DuBuque, IA: W. C. Brown.

Burns, D. D. (1999). *Feeling good: The new mood therapy* (revised and updated). New York: HarperCollins（野村総一郎・夏苅郁子・山岡梨花・佐藤美奈子・林　建朗（訳）(2005). いやな気分よさようなら―自分で学ぶ「抑うつ」克服法　pp.3-36. 星和書店）

平木典子 (2005). アサーション・トレーニング―さわやかな〈自己表現のために〉pp.15-45. 金子書房

伊藤隆二（編著）(2003). 第Ⅷ章教育相談・カウンセリング・心理療法　新・教育心理学　pp.148-149. 八千代出版

Lazarus, R. S. (1981). Little hassles can be hazardous to health. *Psychology Today*, 15, 58-62. G. Coe Stress Management: A Positive strategy. pp.12-15, 24-27. Time Life Films.

文部科学省 (2009). 第1章子どもの自殺の実態，第2章自殺のサインと対応　児童生徒の自殺予防に関する調査研究協力者会議まとめ　pp.1-12.

文部科学省 (2010). 生徒指導提要　pp.181-182.

宮下一博・河野荘子（編著）(2005). 第6章不登校にまつわる理論と指導の実際　生きる力を育む生徒指導　pp.73-74. 北樹出版

諸富祥彦 (2005). カール・ロジャーズ入門　自分が自分になるということ　pp.56-100. コスモライブラリー

長崎県教育委員会 (2005). 児童生徒の『生と死のイメージ』に関する意識調査　pp.1-15.

中島義明・安藤清志・子安増生・坂野雄二・繁枡算男・立花政夫・箱田裕司（編）(1999). 遊戯療法　心理学事典　pp.855-856. 有斐閣

西園昌久 (1993). 精神分析を語る―こころの深層への道　pp.4-27. 岩崎学術出版社

新里　健・島袋有子 (2008). やってみよう・ソーシャルスキルトレーニング33―学級経営に生かすSST　pp.14-20, pp.164-180. グリーンキャット

Wolpe, J. (1979). *The practice of behavior therapy* (3rd ed.). New York: Pergamon.

●コラム 17　PTSD と脳

　私たちは普段生活をしていくなかでさまざまな出来事に直面し，喜び，不安，抑うつなどといったさまざまな感情を経験する。その中でも非常にストレスフルな出来事は「トラウマ」という言葉で語られることが多く，2011 年の東日本大震災を契機に再びよく耳にするようになった。トラウマとは，「その人のもつ対処メカニズムを凌駕するほどのネガティブな出来事で，回避困難な出来事」（北村・木村，2006）として定義され，戦争，レイプ，暴行，自然災害，虐待・ネグレクトなどはトラウマティックな出来事とされるものである。

　心的外傷後ストレス障害（Posttraumatic Stress Disorder: PTSD）は，トラウマティックな出来事に暴露し，その特有なストレス反応として，行動や感情，そして認知に持続的な変化をもたらしている状態である。PTSD には，①再体験，②回避，③認知と気分の否定的変化，④覚醒と反応性の変化といった4つ主要症状がある。①再体験とは，フラッシュバックとしてよく知られている症状であり，原因となった出来事が意図しないのに繰り返し思い出されたり，夢に登場することである。②回避とは，体験を思い出すような状況や場面を避け続けるという症状を指す。③認知と気分の否定的な変化とは，以前は楽しめた趣味や活動への関心が失われたり，トラウマティックな出来事の重要な側面を思い出せなくなったり，ポジティブな感情を体験することが持続的にできなくなることである。④覚醒と反応性の変化は，覚醒状態が高まり続けていることであり，睡眠障害，いらいら，過剰な驚愕反応を意味するものである。これら上記の症状が1か月以上持続しているとPTSDと診断される。

　PTSD は大きな事件や出来事に巻き込まれることにより発症するだけでなく，幼少期から継続的に虐待を受けたり不十分な養育や無視をされたりする（ネグレクト）など，長期的な繰り返される外傷を受けることによっても PTSD 的症状が現れることが知られている（丹野ら，2015）。

　脳の機能的画像診断では，PTSD を発症した脳は，記憶をつかさどる海馬の体積の減少，感情の処理をつかさどる扁桃体の過活動，状況判断や恐怖の抑制を行う前頭前野の活動の低下が報告されている。PTSD の治療には薬物治療と心理療法が用いられており，薬物治療は解剖学的な変化（海馬の体積の増加）をもたらし，心理療法後は扁桃体と前頭前野の活動が正常化するという報告がなされている（Thomaes et al., 2014）。近年は PTSD の外傷体験のタイプにより影響を受ける脳領域が異なるという報告もなされており（Boccia et al., 2015），PTSD の生物学的メカニズムの研究が進んできている。

【引用文献】

Boccia, M., D'Amico, S., Bianchini, F., Marano, A., Giannini, A., & Piccardi, L. (2015). Different neural modification underpin PTSD after different traumatic event: An fMRI meta-analytic study. Brain Imaging and Behavior, pp.1-12. Springer. DOI 10.1007/s11682-015-9387-3

北村英哉・木村　晴（2006）．感情研究の新展開　ナカニシヤ出版

丹野義彦・石垣琢磨・毛利伊吹・佐々木　淳・杉山明子（2015）．臨床心理学　有斐閣

Thomaes, K., Dorrepaal, E., Draijer, N., Jasma, E., Veltman, D., & Balkom, A. J. (2014). Can pharmacological and psychological treatment change brain structure and function in PTSD? A systematic review. *Journal of Psychiatric Research*, **50**, 1-15.

〈城間綾乃〉

付録：ミニマム・グロサリ（教育統計・情報通信技術（ICT）教育）

◆教育統計に関する項目

因子分析 多変量解析の手法の1つ。多数の変数の中に潜在する共通した要因（因子）を見出すことを目的として行う分析で、多くの変数間にみられる構造をできるだけ少ない数の共通説明変数で記述しようとする分析手法。

最頻値 代表値の1つ。データの中で最も頻繁に出てくる値。たとえば、次のようなデータ、3, 4, 5, 3, 4, 3, 2, 1, 5, 3の場合、3が10個中4個と最も多く、最頻値は3となる。

（算術）平均 代表値の1つ。データの総和をデータ個数で割った値。平均ともいう。たとえば、次のようなデータ、3, 4, 5の場合、$(3+4+5)\div 3$で算術平均の値は4となる。

散布度 データの特徴を集約的に1つの数値で表現できるようにすると、データ全体の特徴を把握しやすくて便利である。データの特徴を集約的に表す数値の1つが散布度で、データのばらつきを表す値である。散布度には、範囲、分散、標準偏差などがある。データの特徴を表す他の指標に代表値がある。

正規分布 連続データの分布を連続分布というが、その代表が正規分布。誤差曲線ともよばれる。正規分布は、平均値の付近でデータが最も集積し、平均から左右に1標準偏差のところに変曲点があり、凸から凹の関数にかわる。実験や調査で得られたデータはほぼ正規分布するといわれている。

z得点とZ得点 標準得点のうち、集団の測定値の平均値が0、標準偏差が1になるように変換したものがz得点。Z得点は、集団の平均が50、標準偏差が10となるように変換した標準得点のこと。$Z=10z+50$で求められる。

相関と因果関係 2つの変数間の関係を相関関係といい、その関係を数量的に表したものが相関係数である。変数xが大きくなるほど変数yも大きくなる場合、正の相関関係という。変数xが大きくなるほど変数yが小さくなる場合、負の相関関係という。変数xと変数yの間に直線関係が成立しない場合、無相関という。2変数間において、一方が他方の原因となっている場合は、両者の間に因果関係があるという。因果関係があれば必ず相関関係はあるが、その逆はいえない。

代表値 データの特徴を集約的に1つの数値で表現できるようにすると、データ全体の特徴を把握しやすくて便利である。データの特徴を集約的に代表する値を代表値という。代表値には、最頻値、算術平均、中央値などがある。データの特徴を表す他の指標に散布度がある。

中央値 代表値の1つ。データを小さい方から大きい方へ順に並べた時に中央にくる値。データ数が偶数個の場合は中央の2値の平均をとる。データ数が奇数個の場合は真ん中の値をとる。たとえば、次のようなデータ、1, 2, 3, 3, 3, 4, 4, 5, 5とデータ数が偶数個の場合、4番目と5番目の算術平均値、すなわち3が中央値となる。それに対して次のような奇数個のデータ、1, 2, 3, 3, 3, 3, 4, 4, 5の場合は真ん中の値、すなわち3が中央値となる。分布が歪んでいたり、外れ値があったりする場合、算術平均はその影響を受けやすいが、中央値はそれらの影響を受けにくい。

t検定 正規分布すると仮定した2つの母集団の平均値に統計学的な差があるかを検定する方法。母集団の平均がわかっている時、サンプルの平均が母集団と比較して信頼できるかを調べる時に用いる。

T得点（偏差値） 分布が正規分布となるように換算されたZ得点で、平均と標準偏差はZ得点と同じ50と10である。T得点では得点のほとんどが20から80の間に収まる。偏差値ともよばれる。

パーセンタイル 集団内の順位を、総数との比としてパーセントで表示したもの。大きい値から順位をつけ、その値以下のものが何％あるかを示す。個人を相対的に評価する場合に用いられる得点の表示方法。

範囲 散布度の1つ。データの最大値から最小値を引いた値。たとえば、次のようなデータ、3, 4, 5, 3, 4, 3, 2, 1, 5, 3の場合、最大値5から最小値1を引いた値、すなわち範囲は4となる。

標準得点 集団内の相対的な位置を示す値。分布に違いがあれば、2種類の検査の得点を比較しても、意味ある比較にはならない。そのため、素点（得点）の平均値からのずれを、標準偏差を単位として表すことがある。それを標準得点という。

標準偏差 散布度の1つ。分散はそのままでも使われるが、そのままだと平均などの代表値と単位がなじみにくい。そのため平方根を求めることも多い。分散の平方根の値を標準偏差という。

分散 散布度の1つ。偏差はそのままでも使われるが、プラスとマイナスの値があり、偏差の平均を算出すると0になる（偏差を参照されたし）。それを避けるために偏差を2乗してから平均を求める場合もある。その値を分散という。

偏差 散布度の1つ。個々の値から平均値を引いた値。値としてはプラスの場合とマイナスの場合がある。たとえば、次のようなデータ、3, 4, 5の場合、平均値は4、偏差は-1（$3-4$）と0（$4-4$）と1（$5-4$）である。偏差の平均をとると0となる。

◆情報通信技術（ICT）教育（旧：教育工学）に関する項目

ICT Information and Communication Technologyの略語で、情報・通信に関連する技術の総称。コンピュータや情報通信ネットワーク（インターネットなど）の情報コミュニケーション技術のこと。ネットワーク通信によって情報や知識を共有することを意図した表現。

ATI Aptitude Treatment Interactionの略語で、適性処遇交互作用という。同じ学習内容であっても、学習者の特性（適性）によって指導法（処遇）の効果の現れ方が異なることをいう。たとえば、ある同じ教材を、一方は聴覚的・継時的な提示をし、他方は視覚的・同時的な提示を

した場合，視覚的な提示の場合に得点が高い場合と，聴覚的な提示の場合に得点の高い場合とがありうる。このことは，学習者の特性（適性）と指導法（処遇）とが合致すればよい結果が得られ，そうでない場合は結果も劣ることになる。この適性と処遇の交互作用のことをいう。

OHP Over Head Projector の略語で，教育機器の1つ。明るい部屋でも映写できる。透明シートに内容を記し，OHP機器の上にのせてスクリーンなどに映写させて用いる。透明シートであるため重ねて使用できる利点がある。最近はさまざまな材料（紙，教科書，モノなど）をプロジェクターなどに映写できるOHC（Over Head Camera）が普及してきた。

教育機器 学習の効率化と深化を目的として使用される機器全般のこと。教育機器を用いる長所には，指導の効率化や，内容の質を高めること，指導の記録・保存，再現可能性などがあげられる。短所としては，機器の使用に慣れるまでに時間がかかる，故障や破損が生じる，高価などが挙げられる。

教育工学 教育をシステムとして捉え，システム内の諸要因を最適化することで教育効果を最大にし，効率化を図ろうとする理論と実践のこと。教育過程にかかわるさまざまな要因，たとえば目標，内容，教材，指導法，学習形態などをそれぞれ最適化し，教育効果を高めるための技法や原理を追究する。

結果の知識（Knowledge of Result: KR） 結果を知らせる，結果を確認すること。学習の反応直後に，結果を知らせると望ましい行動を強化し，学習の動機づけを高める。結果の知識は正誤の情報だけでなく，修正すべき行動の情報も与える。

CAI Computer Assisted Instruction の略語で，学習指導にコンピュータを導入し，コンピュータと対話しながら個別学習する教育方法のこと。コンピュータを活かして効率的かつ効果的に教授学習活動を進める教育方法のこと。同時に複数の学習者に異なる学習内容をさまざまなレベルで個別に学習させることが可能。CBI（Computer Based Instruction），CAL（Computer Assisted Learning）ともいう。

CMI Computer Managed Instruction の略語で，教育にコンピュータを活用して授業計画や授業実施，評価などを行う方法。単にコンピュータを活用するという意味ではなく，学習者の興味・関心・意欲に応じた学習ができるようなデータの収集・蓄積・活用ができることが意図されている。

先行オーガナイザー 有意味受容学習の中心的考えで，初めに学習者の概念体系に入り，それ以後に構成される体系を組織化するために先行的役割をするものをいう。

直線型プログラムと枝分かれ型プログラム プログラム学習の1つ。直線型プログラムとは，すべての学習者が同一内容を同一順序で学習するように作成されたプログラム。枝分かれ型（分岐型）プログラムは，学習者の反応の正誤によって，次に提示されるプログラムが異なるように構成されたプログラム。

ティーチング・マシン 教育機器の1つ。教授と学習の効果と効率を向上させるための教育媒体。説明や問題を個別に1つずつ提示し，学習者の反応に応じて，正誤や動機づけのKRやヒントを与える機器。プログラム学習で用いられる。Teaching Machine を略してTMと表記することもある。

プログラム学習 学習目標の到達のために，内容をスモール・ステップにして，系統的に配列したプログラム。ティーチング・マシンやプログラム・テキストなどを使って目標まで効率的に到達させる個別学習法。直線型と枝分かれ型がある。

包摂理論 学習者が既に形成している概念体系に，新しい個々の経験が取り入れられ，関連づけられることで学習が成立すると考える理論。包摂理論では，関連づける包括的概念がない場合，有意味受容学習は成立しないと考える。

有意味受容学習 オーズベル（D. P. Ausubel）の提唱する学習法で，意味と体系をもつ学習材料を，意味の把握によって学習すること。学習者が意味的学習の構えをとっている場合に生じる。機械的学習と対比される。有意味受容学習がなされると忘却率が減る。有意味受容学習は，先行の知識構造に影響を受ける。

Language Laboratory 音声言語教材を反復練習できるように工夫された教育機器。あるいはその機器が設置された教室のこと。録音モデルの音声と自分の音声を即時的に繰り返し聞いたり，話したりすることによって，言語の自己学習ができる。指導者が特定の学習者の状況をモニターする機能もある。

ルレッグ rule-example のこと。ルレッグとは，一般的な定義や公式，仮説を提示した後に特殊な例を提示する提示方法。逆に，特殊な例を提示した後に一般的な定義や公式，仮説を提示する方法をエグルル example-rule という。

事項索引

A-Z

ACC　*31*
ADHD　*58, 78, 160, 166*
AQ　*47*
ASD　*158, 166*
ATI（適性処遇交互作用）　*42, 177*
CAI　*42, 178*
CMI　*178*
DLPFC　*31*
DN-CAS　*78*
HIV　*121*
ICT　*177*
ITPA　*64*
K-ABC　*78*
KR　*178*
Language Laboratory　*178*
LD　*78, 159*
MMPI　*53, 62*
MPI　*62*
OHP　*178*
PASS 理論　*78*
PF スタディ　*54, 63*
PM 理論　*131*
PTSD　*176*
Q-U　*130*
SCT　*63*
SLD　*166*
TAT　*54, 63*
t 検定　*177*
T 得点（偏差値）　*177*
WBT　*42*
WISC-IV　*68*
Y-G 性格検査　*53, 62*
z 得点と*Z* 得点　*177*

ア行

愛　*104*
愛着　*91*
相手の意図　*166*
アイデンティティ（自我同一性）　*85, 94*
アサーション・トレーニング　*130, 174*
遊び　*96*
遊び場の消失　*102*
アタッチメントの形成　*102*
アタッチメント理論　*101*
アニミズム　*91*
荒れ始め型学級　*132*

アンダーマイニング効果　*35*
生きた知識　*2*
生きる力　*146*
意志　*102*　→心理‐社会的危機
意思決定メカニズム　*40*
いじめ　*93, 112, 124*
　　──の構造　*115*
　　──の定義　*113*
維持リハーサル　*28*
異性愛　*121*
依存の欲求　*103*
意図理解　*49*
イノベーション（自己改革）　*107*
居場所づくり　*119*
因子分析　*139, 177*
インターンシップ　*145, 154*
インフォームド・コンセント　*19*
インプリンティング（刻印づけ）　*83*

内田クレペリン精神作業検査　*55, 64*
うつ状態　*57, 167*
うつ病　*57, 167*
運動性失語症　*134*

影響力　*137*　→社会的勢力
エンカウンターグループ　*173*
演技型　*98*　→人格適応型
遠城寺式乳幼児分析的発達検査　*65*

横断的研究法　*14*
奥行き知覚　*90*
大人の発達教育　*3*
オペラント条件づけ　*24, 25*
　　──療法　*172*
親の養育スタイル　*98*

カ行

階級移動　*106*
開発　*125*
　　──的学級経営　*123-133*
外発的動機づけ　*35*
格差社会　*106*
学習　*2*
　　──意欲　*102*
　　──指導の授業計画　*75*
　　──障害（LD）　*78, 159*
　　──性無力感　*38*

――能力の特異的発達障害　*159*
　　――の最適化　*43*
学力　*41*
家系研究法　*80*
仮説演繹的思考　*85*
仮説検証型研究　*11*
仮説生成型研究　*11*
家族の影響　*99*
語り　*22*　→ナラティヴ
学級経営　*123-133*
学級崩壊　*124*
学級満足度尺度　*130*
学校の病理　*106*
学校不適応　*111*
葛藤　*35*　→動機づけ
刈り込み　*87*　→脳の発達
感覚記憶　*27*
感覚性失語症　*134*
感覚貯蔵庫　*27*
環境閾値説　*79*
観察学習　*26*
観察法　*14*
感情の反映　*175*　→面接技法
完全習得学習　*42*
管理型学級　*132*

記憶システム　*68*
気質　*51*
基準関連妥当性　*61, 69*
基礎的・汎用的能力　*150*
気分障害　*167*
希望　*102*　→心理 - 社会的危機
基本的なモラル　*106*
基本的欲求　*33*
記銘　*27*
客観テスト　*69*
キャリア　*143*
　　――能力　*149*
　　――の虹　*143*
ギャングエイジ　*92, 163*
ギャング・グループ（集団）　*102*
ギャンブリング課題　*40*
教育機器　*178*
教育経済学者　*105*
教育進路成熟　*149*
教育評価　*2*
教育目標分類学　*74*
強化　*25*
　　――子　*25*
　　――刺激　*25*
　　――スケジュール　*25*
共感性の獲得　*142*
教師作成テスト　*70*

教師のエンパワーメント　*107*
教師の姿勢　*126*
教師のバーンアウト　*106*
強制勢力　*137*
強迫観念型　*99*　→人格適応型
局限性学習症（SLD）　*166*
均衡化理論　*84*　→認知の発達
勤勉性　*106*　→心理 - 社会的危機
勤労観・職業観　*145*

具体的操作段階　*91*
クライエント中心療法　*171*
クラス会議　*129*　→学級経営
繰り返し（パラフレーズ）　*175*　→面接技法
グループ・ダイナックス　*139*
クロンバックのα係数　*61*

形成的評価　*75*
傾聴　*174*　→面接技法
系統的脱感作法　*172*
軽度認知障害　*121*
ゲス・フー・テスト　*65, 139*
結果期待　*39*
結果の知識　*178*
結晶性知能　*45*
原因帰属　*37*
研究結果を歪ませる要因　*18*
研究者の不正行為　*20*
研究倫理綱領　*20*
限局性学習症／限局性学習障害　*58, 134, 159*
検索　*27*
検査法　*17*
原始反射　*89*
限定された行動，興味，活動領域の反復的な様式　*159*

語彙爆発　*91*
構成概念的妥当性　*61*
構成的グループエンカウンター　*173*
行動療法　*172*
交流分析（TA）　*98*
効力期待　*39*　→動機づけ
心の理論　*49, 142, 166*
個人　*104*
個人内評価　*74*
誤信念課題　*142*
個性化　*97*
後漸成（エピジェネシス）　*86*　→心理 - 社会的危機
古典的条件づけ　*23*
子どもの多忙化　*102*
個別の教育プログラム　*2*
コミュニケーション　*96*
混合型　*160*　→ADHD
コンピテンス（能力・有能感）　*102*

サ行

再検査信頼性　*61*
財産　*138*　→勢力
再生　*28*
再認　*28*
最頻値　*177*
作業記憶　*109*
作業検査法　*55, 64*
サリーとアンの課題（心の理論課題）　*142*
（算術）平均　*177*
参照勢力　*137*
散布度　*177*

シェマ　*84*　→認知の発達
視覚的断崖　*90*
自我同一性の確立　*103*
視空間スケッチパッド　*30*
資源　*138*　→勢力
自己決定理論　*36*　→動機づけ
自己効力　*39*　→動機づけ
自己実現　*98*
　　──欲求　*34*
自己受容　*126*
自尊感情　*163*
しつけ　*105*
実験的研究法　*13*
実行機能系　*30, 109*
実在論　*91*　→認知の発達
質的研究　*22*
質的データ　*12*
質的分析　*12*
質問紙法　*53, 62, 66, 73*
シナプス　*87*
自発的回復　*24*
自分づくりの旅　*104*
自閉スペクトラム症（ASD）　*49, 57, 158, 166*
社会　*104*
社会化　*97*
　　──のエージェント　*101*
社会心理学　*135*
社会性　*101*
社会適応性　*101*
社会的コミュニケーションの障害　*158*
社会的勢力　*137*
社会的存在　*98*
社会的な存在　*101*
社会的欲求　*34*
集団　*104*
　　──凝集性　*125*
　　──文化　*138*
縦断的研究法　*13*
樹状突起　*81*
受動攻撃型　*99*　→人格適応型

受容　*174*　→面接技法
準備性（レディネス）　*102*
小1プロブレム　*92, 106*
生涯学習　*9*
生涯発達論　*84*
消去　*24*
　　──抵抗　*25*
条件刺激　*23*
条件反応　*23*
少子化　*102*
成就指数（AQ）　*47*
情動知能　*46*
賞罰　*126*　→教師の姿勢
情報勢力　*137*
情報通信技術　*178*
職業興味検査　*62*
職業進路成熟　*149*
職業適性検査　*62*
職業的発達　*144*
職場体験学習　*145*
初頭効果　*29*
ジョハリの窓　*51*
自律　*102*　→心理-社会的危機
自律的な人間　*97*
事例研究法　*17*
人格／適応　*2*
人格適応型　*98*
新近性効果　*29*
神経症　*167*
人工論　*91*　→認知の発達
心身外傷後ストレス障害（PTSD）　*176*
人生進路成熟　*149*
診断的評価　*75*
新版K式発達検査　*65*
親密性　*104*
信頼性　*53, 54, 61*
「信頼」の感覚　*101*
心理教育　*129*
心理-社会的危機（課題）　*85, 95, 102*
進路効力感　*155*
進路指導　*145*

随伴性認知　*38*
スキゾイド型　*98*　→人格適応型
ストレス・マネジメント　*174*

正規分布　*70, 177*
精神分析療法　*170*
生存のための適応　*98*
生態学的研究法　*13*
精緻化リハーサル　*28*
成長欲求　*34*
性的アイデンティティ　*121*

正当勢力　137
生物学的存在　98
生理的早産　89
勢力　137
セクシュアルマイノリティ　121
絶対評価　74
先行オーガナイザー　178
前頭前野　40, 82, 96, 109
前部帯状回（ACC）　31
専門勢力　137

総括的評価　75
相関と因果関係　177
想起　27
相互協調的自己観　106
双生児研究法　81
創造性　47
　　──検査　66
相対評価　74
ソーシャルスキル・トレーニング　174
側頭・前頭連合領域　134
ソシオグラム　136
ソシオマトリックス　136
ソシオメトリー　135
ソシオメトリック・テスト　65, 135

タ行
第一次反抗期　91
対人関係能力　101
対人相互反応の欠落　158
第二次性徴　93, 102
第二次反抗期　103
第二次留巣性　89
大脳新皮質　82
代表値　177
タイプA様式　57
達成動機　37
達成のための適応　98
妥当性　53, 54, 61
多動性・衝動性優勢型　160
短期記憶　27
短期貯蔵庫　27

知識伝達　146
知能　44
　　──指数　44
　　──の測定　44
　　結晶性──　45
　　情動──　46
　　流動性──　45
注意欠如・多動性障害（ADHD）　58, 78, 160, 166
中1ギャップ　106
中央実行系　30, 31

中央値　177
長期記憶　27
長期貯蔵庫　27
調査法　15
直線型プログラムと枝分かれプログラム　178
貯蔵　27

ティーチング・マシン　178
手掛かり再生　29
適応　56
　　──指導教室　119
テスト・バッテリー　67
テストの信頼性　69
テストの妥当性　69

投影法　54, 62
動機づけ　35, 56
統合失調症　167
同性愛　121
同性カップル　121
到達度評価　74
道徳的社会化　105
読字障害　134
特性論　52
特別支援教育コーディネーター　162
独立の欲求　102, 103 →心理-社会的危機
閉じられた質問と開かれた質問　174 →面接技法
トラウマ　176

ナ行
内発的動機づけ　35
内容的妥当性　61
ナラティヴ　22
　　──的思考　22
なれあい型学級　132

二次障害　134, 164
二重貯蔵モデル　27
日本人らしさ　106
ニューロン（神経細胞）　87
認知　2
　　──型テスト　66
　　──機能　90
　　──処理様式　78
　　──の発達　84, 90, 91
　　──療法　173

ネット上のいじめ　116

脳の発達　87

ハ行
パーセンタイル　177

パーソナリティ　51
　　──障害　57, 168
　　──発達　104
背外側前頭前野（DLPFC）　31
バウム・テスト　55
発見学習　41
発達　2, 81
　　──課題　85
　　──検査　65
　　──障害（発達でこぼこ）　2, 57, 157
　　──の原理　82
　　──の生活弁証法曲線　101
母親的養育者　102
パフォーマンス評価　72
パラノイド型　99　→人格適応型
ハロー効果　70, 126　→教師の姿勢
範囲　177
般化　24
反社会型　99　→人格適応型

ピアサポート　106
ピアヘルパー　106
ピグマリオン効果　70, 126　→教師の姿勢
非構成的グループエンカウンター　173
被進路指導体験尺度　149
ビッグ・ファイブ　52-54
人〈人間〉と経済　106
評価　74, 75
描画法　64
標準検査　70
標準得点　177
標準偏差　177
表象（イメージ）　85　→認知の発達

不安障害　57
輻輳説　79, 80
「不信」の感覚　101
不注意優勢型　160
不適応の問題　2
不登校　116
部分強化　25
プライバシー　20
プログラム学習　41, 178
分化　24
文化　138
分散　177

別室登校　119
ペルソナ　51
辺縁系　40
偏差　177
　　──値　70
　　──知能指数　45

ベンダー・ゲシュタルト検査　64
弁別　24
防衛機制　56
崩壊型学級　133
傍観者　115　→いじめ
忘却　28
　　──曲線　28
報酬　25
　　──勢力　137
包摂理論　178
放送大学　9
ホーソン効果　70
ポートフォリオ　72
保持　27
保存の概念　85

マ行
マジカルナンバー　30
学び　1
満足型学級　132
ミエリン化　87　→脳の発達
ミラーニューロン　49, 142, 162
民主型のリーダーシップ　127
無条件刺激　23
無条件反応　23
面接技法　174
面接法　16
目的　102　→心理-社会的危機
物語　22　→ナラティヴ
模倣学習　49　→ミラーニューロン
模倣行為　142　→ミラーニューロン
モラトリアム　95, 103
モラル・インテリジェンス　46

ヤ行
有意味受容学習　41, 178
勇気づけ　126, 127　→教師の姿勢
遊戯療法　172
抑圧　28
欲求　33, 56
　　──階層説　34
欲求不満　34
　　──耐性　35
読み・書きの障害　134

ラ・ワ行
ライフサイクル（人生周期）　85

リーダーシップ　127, 135
リーディングスパンテスト　29, 30
リハーサル　28
流動性知能　45
量的データ　12
リレーション　127　→学級経営
臨界期　83

類型論　52
ルーブリック　70
ルール　128

ルレッグ　178
劣等感　102　→心理−社会的危機
連続強化　25

ロールシャッハ・テスト　54, 63
論文体テスト　70
論理実証的思考　22

ワーキングメモリ　29, 30, 68, 109
　──資源の配分　29
　──容量　29

人名索引

A-Z
Barkley, R. A.　166
Boccia, M.　176
Borton, R. W.　49
Casey, B. J.　40
Castellanos, F. X.　166
Ciarrochi, J.　46
Cole, M.　104
Cole, S. R.　104
Damasio, A.　40
Elliot, M.　124
Feather, N. T.　37
Festinger, L.　125
Foa, E. B.　137
Foa, U. G.　137
Gallese, V.　49
Gibson, E. J.　90, 162
Goble, F. G.　34
Gold, M.　139
Hardy, D. J.　121
Hoffman, M. L.　105
Ingham, H.　51
Kaufman, A. S.　78
Kaufman, N. L.　78
Kilpatorick, J.　124
Lazarus, R. S.　174
Lilienfeld, S. O.　54
Liu, S.　31
Luft, J.　51
Meltzoff, A. N.　49, 142
Miller, G. A.　30
Moore, M. K.　142
Naglieri, J. A.　78

Nelsen, J.　126
Newman, B. M.　105
Newman, P. R.　105
Overman, H.　40
Parten, M. B.　92
Ray, W.　11, 12, 19
Ryan, R. M.　35, 36
Stratz, C. H.　81
Thomaes, K.　176
Tietjen, A. M.　104
Uwe, F.　12
Walk, R. D.　90

ア行
相川　充　130
アイゼンク（Eysenck, H. J.）　52, 62
赤坂真二　129
東江平之　2, 3
秋田喜代美　19
東　洋　2, 3, 43, 44, 79
アトキンソン（Atkinson, J. W.）　37
アトキンソン（Atkinson, R. C.）　27
新井邦二郎　82

池上英子　106
石田恒好　46
石田　潤　26, 28, 86
市川伸一　1, 12
稲谷ふみ枝　101
今井康夫　106
今井芳昭　137

人名索引

ヴィゴツキー (Vygotsky, L. S.) 4
ウィリアムソン (Williamson, E. G.) 171
ウイング (Wing, L.) 158
ウェア (Ware, P.) 98
ウェックスラー (Wechsler, D.) 44, 45, 68
ウォルピー (Wolpe, J.) 172
内田勇三郎 64
浦上昌則 155

エビングハウス (Ebbinghaus, H.) 28
エリクソン (Erikson, E. H.) 5, 84-86, 95, 101
遠城寺宗徳 65
遠藤利彦 15, 18

生地 新 52
大江篤志 104
オーズベル (Ausubel, D. P.) 42, 178
岡田 弘 129
岡堂哲雄 86
岡本祐子 9
岡安孝弘 111
小栗正幸 164
苧阪直行 29-31
苧阪満里子 29-31, 33, 109
オルポート (Allport, G. W.) 51

カ行

カーク (Kirk, S. A.) 64
ガードナー (Gardner, H.) 46
海保博之 55
梶田叡一 42, 73, 74
柏木惠子 2
柏木繁男 55
粕谷貴志 111
カナー (Kanner, L.) 158
金山元春 116
狩野素朗 139
カレン (Cullen, W.) 167
河合隼雄 107
川島隆太 96
河村茂雄 120, 130-132

菊池章夫 97
岸本陽一 53, 54
北村英哉 176
木村 晴 176
キャッテル (Cattell, R. B.) 45
キャロル (Carroll, J. B.) 42
キュンケル (Künkel, F.) 101
ギルフォード (Guilford, J. P.) 46, 47, 62
金武育子 2, 99, 102

窪田康平 106

窪田由紀 111, 112
粂 幸男 81
倉智佐一 84
クレッチマー (Kretschmer, E.) 52
クレペリン (Kraepelin, E.) 64
クロンバック (Cronbach, L. J.) 42-44, 61

ゲゼル (Gesell, A.) 4, 65

河野義章 106
コールズ (Coles, R.) 46
ゴールマン (Goleman, D.) 46
國分久子 130
國分康孝 128, 130
コッホ (Koch, K.) 64
小林正幸 130
児美川孝一郎 146
ゴルトン，フランシス (Galton, F.) 80
近藤 卓 163, 164

サ行

サーストン (Thurstone, L. L.) 45
斎藤耕二 97
佐伯 胖 1-3
桜井茂男 33, 35
佐藤三郎 5
佐藤正二 116
佐藤実芳 81
澤田英三 16

ジェンセン (Jensen, A. R.) 79
繁田 進 97
繁田千恵 99
篠 翰 145
柴田義松 7
シフリン (Shiffrin, R. M.) 27
島袋恒男 (Shimabukuro, T.) 149
清水井一 129
清水賢二 113
下田博次 116
シモン (Simon, Th.) 44
シャルコー (Charcot, J. M.) 170
シュテルン (Stern, W.) 44, 80
ジョインズ (Joines, V.) 98
白井幸子 99
次良丸睦子 55
新里 健 174
新里里春 98, 130

スーパー (Super, D. E.) 5, 143, 144
スキナー (Skinner, B. F.) 24, 41
スキャモン (Scammon, R. E.) 82
スタンバーグ (Sternberg, R. J.) 46

ストロング（Strong Jr., E. K.）　62
スノー（Snow, R. E.）　42, 43
スピアマン（Spearman, C. E.）　45
スミス，ベッツィ（Smith, B. A.）　59

セリグマン（Seligman, M. E. P.）　38

ソーンダイク（Thorndike, E. L.）　69

タ行

ダーウィン（Darwin, C.）　80
ターマン（Terman, L. M.）　44
高岡　健　57
高田利武　106
高野清純　3, 103
滝　充　116
滝沢武久　7, 45
田崎敏昭　139
ダス（Das, J. P.）　78
田中熊次郎　135
田中耕治　75
タルビング（Tulving, E.）　29
丹野義彦　176

知念秀明（Chinen, H.）　149

續　有恒　53

ディアボーン（Dearborn, W. F.）　44
デシ（Deci, E. L.）　35, 36
デビッドソン，キャシー（Davidson, C. N.）　145

堂野恵子　97, 98
時実利彦　82
富永大介　45
塘利枝子　104, 105
トンプソン（Thompson, H.）　4

ナ行

永江誠司　166
中里至正　143
中澤　潤　14, 15, 17, 109
仲村將義　130
中室牧子　105
奈須正裕　38

西平直喜　101
西村和雄　105
西本裕輝　139
二宮克美　97
ニューマン（Newman, H. H.）　81

野口裕二　22

ハ行

ハーグリーヴス（Hargreaves, D. H.）　138
ハーツホーン（Hartshorne, H.）　65
パールストン（Pearlstone, Z.）　29
ハヴィガースト（Havighurst, R. J.）　5, 6
パヴロフ（Pavlov, I. P.）　23
ハサウェイ（Hathaway, S. R.）　62
橋本重治　70-73, 75
バック（Buck, J. N.）　64
八田武志　125
バッドリー（Baddeley, A. D.）　29, 30
ハッペ（Happe, F.）　166
花岡啓子　98, 99
林　邦雄　103
原清治　115
バルテス（Baltes, P. B.）　45, 46
バロン＝コーエン（Baron-Cohen, S.）　166
バンデューラ（Bandura, A.）　26, 39

ピアジェ（Piaget, J.）　5, 42, 82, 84, 91, 92, 94
日高康晴　121
ヒッチ（Hitch, G.）　29, 30
ビネー（Binet, A.）　44, 65
ビューラー，シャルロッテ（Bühler, Ch.）　65
平木典子　130, 174

ファンツ（Fantz, R. L.）　90
深谷和子　96
深谷昌志　96
福富護　105
藤岡孝志　119
藤田晃之　146, 148
藤永　保　80
舟島なおみ　81
ブルーナー（Bruner, J. S.）　5, 22, 41
ブルーム（Bloom, B. S.）　42, 74-76
古荘純一　143
フレンチ（French Jr., J. P. R.）　137, 139
フロイト，アンナ（Freud, A.）　56
フロイト，ジークムント（Freud, S.）　56, 85, 170
ブロイラー（Bleuler, E.）　167
ブロンフェンブレンナー（Bronfenbrenner, U.）　104, 105, 107

ベック，アーロン（Beck, A. T.）　173
ベラック（Bellack, L.）　63
ベンダー（Bender, L.）　64

ボウルビィ（Bowlby, J.）　101
ボーリング（Boring, E. G.）　44
ホランド（Holland, J. L.）　62
堀毛一也　97
ポルトマン（Portmann, A.）　89

ホワイト（White, R. K.） *127*
ホワイト（White, R. W.） *102*

マ行
前原武子　*99, 102, 105*
槇田　仁　*63*
マズロー（Maslow, A. H.）　*34*
マッキンレイ（McKinley, J. C.）　*62*
松下佳代　*72*
松原達哉　*17, 54*
松山安雄　*84*
マレー（Murray, E. J.）　*34*
マレー（Murray, H. A.）　*63*

三浦暁子　*106*
三隅二不二　*131*
南　博文　*16*
宮城音弥　*51, 52*

村上千恵子　*53, 54*
村上宣寛　*52-55*

モーガン（Morgan, C. D.）　*63*
モーズレイ（Maudsley, H.）　*62*
森　敏昭　*11*
森岡正芳　*22*
森口祐介　*109*
森田洋司　*113-115*
モレノ（Moreno, J. L.）　*65, 135, 136*

ヤ行
矢田部達郎　*62*
山内隆久　*19*

山田耕嗣　*55*
やまだようこ　*22*

ユッカー（Jucker, E.）　*64*
ユング（Jung, C. G.）　*97, 98*

吉田辰夫　*145*

ラ行
ラングラン（Lengrand, P.）　*6*
リゾラッティ（Rizzolatti, G.）　*49*
リピット（Lippitt, R.）　*127, 137*
ルクセンブルガー（Luxenburger, H.）　*80*
ルリア（Luria, A. R.）　*78*

レイヴン（Raven, B.）　*137, 139*
レイナー（Rayner, R.）　*24*
レヴィン（Lewin, K.）　*93, 127*
レヴィン＝ランディーア（Levin-Landheer, P.）　*103, 104*

ローゼンツヴァイク（Rosenzweig, S.）　*63*
ロールシャッハ（Rorschach, H.）　*63*
ローレンツ（Lorenz, K.）　*83*
ロジャーズ（Rogers, C. R.）　*171*

ワ行
ワイナー（Weiner, B.）　*37, 38*
若林明雄　*52*
ワトソン（Watson, J. B.）　*24*

【執筆者紹介】（執筆順　*印は編者）

第1章第1節	金武 育子 *	沖縄心理臨床研究センター代表
第1章第2節	竹村 明子 *	仁愛大学人間学部教授
コラム1	小川 重美子	浦添市教育委員会 臨床心理士
第2章	竹村 明子	仁愛大学人間学部教授
コラム2	小川 重美子	浦添市教育委員会 臨床心理士
第3章	富永 大悟	山梨学院大学経営学部講師
コラム3	土田 幸男	大阪体育大学教育学部准教授
第4章	竹村 明子	仁愛大学人間学部教授
コラム4	城間 綾乃	琉球大学医学部附属病院 公認心理師／臨床心理士
第5章	大城 宜武	沖縄キリスト教学院大学名誉教授
コラム5	大内田 裕	大阪教育大学教育学部特任准教授
第6章	土田 幸男	大阪体育大学教育学部准教授
コラム6	山本 諭希	大阪大学大学院医学系研究科研究助手
第7章	與久田 巌	大阪夕陽丘学園短期大学教授
コラム7	向 陽子	神戸市こども家庭センター 臨床心理士
第8章	大城 宜武	沖縄キリスト教学院大学名誉教授
コラム8	當眞 江里子	宜野湾市教育委員会 臨床心理士
第9章	富永 大介 *	琉球大学名誉教授・放送大学沖縄学習センター所長
コラム9	新里 早紀	臨床心理士
第10章	金城 靖子	沖縄女子短期大学教授
コラム10	知念 敦子	沖縄県スクールカウンセラー 臨床心理士
第11章	金武 育子	沖縄心理臨床研究センター代表
コラム11	武島 愛理	那覇市教育委員会 臨床心理士
第12章	平田 幹夫 *	琉球大学教育学部教授
コラム12	仲里 愛	元国立国際医療研究センター研究員
第13章	仲村 將義	琉球大学教育学部非常勤講師 臨床心理士
コラム13	富永 大介	琉球大学名誉教授・放送大学沖縄学習センター所長
第14章	西本 裕輝	琉球大学大学教育センター准教授
コラム14	富永 大介	琉球大学名誉教授・放送大学沖縄学習センター所長
第15章第1, 3, 4節	島袋 恒男	琉球大学教育学部教授
第15章第2節	知念 秀明	沖縄県立那覇西高等学校教諭
コラム15	知念 秀明	沖縄県立那覇西高等学校教諭
第16章	金城 志麻	琉球大学グローバル教育支援機構准教授
コラム16	土井 麻莉	臨床心理士
第17章	新里 健	沖縄県立芸術大学名誉教授
コラム17	城間 綾乃	琉球大学医学部附属病院 公認心理師／臨床心理士
付　録	與久田 巌	大阪夕陽丘学園短期大学教授

教職をめざすひとのための発達と教育の心理学

2016 年 5 月 31 日　初版第 1 刷発行
2024 年 4 月 30 日　初版第 5 刷発行

編　者　富永大介
　　　　平田幹夫
　　　　竹村明子
　　　　金武育子
発行者　中西　良
発行所　株式会社ナカニシヤ出版
〒606-8161　京都市左京区一乗寺木ノ本町 15 番地
　　　　　　Telephone　075-723-0111
　　　　　　Facsimile　075-723-0095
　　Website　http://www.nakanishiya.co.jp/
　　Email　iihon-ippai@nakanishiya.co.jp
　　　　　　郵便振替　01030-0-13128

装幀＝白沢　正／印刷＝創栄図書印刷株式会社
Developmental and Educational Psychology for Prospective Teachers
Copyright © 2016 by Daisuke Tominaga, Mikio Hirata, Akiko Takemura
and Ikuko Kin
Printed in Japan
ISBN978-4-7795-1067-0 C3011

本書のコピー，スキャン，デジタル化等の無断複製は著作権法上の例外を除き禁じられています。本書を代行業者等の第三者に依頼してスキャンやデジタル化することはたとえ個人や家庭内での利用であっても著作権法上認められていません。

心理学概論

向井希宏・水野邦夫［編］

関連分野を広げ続ける心理学を分かりやすく解説。実験心理学、発達心理学、社会・応用心理学、臨床心理学といった各領域を、基本的な分野はもちろん、高齢者心理や交通心理、自殺予防、産業臨床といった幅広い分野を取り上げ、浩々たる心理学の世界に読者を招く。

B5判・336頁・3,400円

アイゼンク教授の心理学ハンドブック

マイケル W. アイゼンク［著］
山内光哉［日本語版監修］

信頼のおける読みやすいテキストとして英語圏で評価の高い大学生向けの現代心理学入門！ 理論を紹介，根拠を示し，その評価で締めるTEEアプローチで各章を構成。多数の図版を駆使した多彩で豊富な内容が効率的に学べて自分で考える術が身につく。

B5判・1,384頁・22,000円

図説教養心理学［増補第2版］

金敷大之・森田泰介［編］

新たに「感情」の章を加え、章の並びも再構成した増補第2版！ 理解を助ける豊富な図表と具体的でくわしい説明。心理学の基礎を1冊に凝縮した決定版テキスト！

B5判・282頁・2,300円

心理学概説
こころを科学する［第2版］

吉崎一人・松尾貴司・斎藤和志［編著］

基礎を網羅、大学1年生のための心理学入門
読者の理解を助ける豊富な図版，わかりやすい記述。生理・認知心理学，発達心理学，社会心理学，臨床心理学の4領域を中心心理学の基礎を1冊に網羅した大学1年生のための決定版心理学ガイド。巻末に初学者のための便利な心理学用語集を付す。

B5判・204頁・2,300円

心理学概論

京都大学心理学連合［編］

教育学研究科から霊長類研究所まで、学部を越えた京都大学心理学系教員による、学術的に正確かつ読みやすく、スタンダードな本格的大型テキスト。心理学の先端的研究を支える将来の研究者の養成はここから始まる。

B5判・392頁・3,000円

心理学概論［第2版］

岡市廣成・鈴木直人［監］

各領域専門家が、必須内容を初学者でも読みながら理解できるよう最大限わかりやすく解説。理論や重要事項の紹介にあたっては実証的根拠・具体的なデータを提示。古典はもちろん最新トピックまで網羅した学部生向け心理学テキストの決定版。

B5判・456頁・3,200円

表示の価格は本体価格です。

テキスト心理学

多岐にわたる研究者や臨床家が最新の研究成果を取り上げたユニークな心理学概論。類書にみられない発達障害心理や家族心理も網羅。

B5判・173頁・2,300円

大石　史博〔著〕

あなたの知らない心理学
大学で学ぶ心理学入門

「心理学」って本当はどういう学問なの？　大学で心理学を学ぶとどうなるの？　大学で学ぶ心理学について、心理学者たちが、ていねいにやさしく解説。また、さまざまな話題を網羅したコラムも充実。これから心理学を学びたいと思っている高校生、大学生、社会人のための心理学入門。

中西大輔・今田純雄〔編〕

四六判・172頁・1,900円

Q&A 心理学入門
生活の疑問に答え、社会に役立つ心理学

心理学の基礎を知識や理論の単なる説明ではなく、好奇心をかきたてる質問から、実生活でいかに活かされているのか実感しながら楽しく学べる新テキスト。問いの答えを理解する頃には自然と基礎が身につき、応用に目が向く。

兵藤宗吉・野内　類〔編著〕

A5判・200頁・2,300円

スタートアップ「心理学」

目の錯覚や記憶の仕組み、赤ちゃんの成長や人間関係の変化……。
私たちの身のまわりには、心理学と関係するものがたくさんあります。
そんな心理学に興味を持ったあなたに、大学で学ぶ心理学とは何かを分かりやすく紹介します。

小川一美・斎藤和志・坂田陽子・吉崎一人〔著〕

A5判・112頁・1,300円

ワークショップ 心理学

学生の講義への関与の度合いを高め、内容の深い理解につながるよう、心理学のさまざまな尺度、実験例、モデルなどを援用した、ワークショップを計37配置。学生が共に作業しながら考え、論議するという魅力的な講義をめざす。

藤本忠明・栗田喜勝・瀬島美保子・橋本尚子・東　正訓〔編〕

A5判・218頁・2,000円

心理学概論
学びと知のイノベーション

仲間と一緒に楽しく学べる参加型心理学入門。
心理学の基礎を網羅することはもちろん、各章見開き1頁×5節立てによる構成、余白に散りばめたキーワードなど、協同学習に活かせる工夫が満載！
　読んで楽しい、グループ学習でぐんぐん伸びる、参加型心理学入門！

小野寺孝義・磯崎三喜年・小川俊樹〔編〕

B5判・212頁・2,400円

表示の価格は本体価格です。

心の科学
理論から現実社会へ

基礎から応用まで日常に照らして学ぶ心理学。基礎から応用までの心理学の領域について、歴史や背景、理論をしっかり解説しながらも、いつのまにか身近な体験として理解できる恰好の入門書。心理学の気づきは日常に転がっていることを学ぶ。

兵藤宗吉・緑川　晶［編］　　　　　　　　　　　　　　　B5 判・200 頁・2,400 円

心理学基礎演習　Vol.1
心理学実験法・レポートの書き方

8名程度を1グループとして心理学の実験法を体験的に学ぶための実習用テキスト。基本的な手続きや心得、レポートを書く際の留意点などを具体的に解説。ミューラー・リヤー、触二点閾、自由再生ほか、可能な限り仲間を募って実際にやってみよう！

西口利文・松浦　均［編］　　　　　　　　　　　　　　　B5 判・130 頁・2,200 円

心理学基礎演習　Vol.2
質問紙調査の手順

質問紙を作成して、調査を実施し、その結果を分析をして、研究をまとめるまで――本書に沿って質問紙調査のコツを身につけよう！質問紙法の基本的な考え方をふまえ、尺度項目の作成法、調査の依頼・実施における注意点、データの入力、分析・考察の仕方から研究者倫理まで、具体的にすべての手順を解説！

小塩真司・西口利文［編］　　　　　　　　　　　　　　　B5 判・140 頁・2,200 円

心理学基礎演習　Vol.3
観察法・調査的面接法の進め方

テーマ設定、手法の選択、準備と実施、結果のまとめまで、基礎的事項に徹底的にこだわって解説する実習用テキスト。対象をよく見ることで新たな事実を発見し、人に尋ねてみることで個々人の内面に迫る研究方法を身につけよう。

松浦　均・西口利文［編］　　　　　　　　　　　　　　　B5 判・112 頁・2,200 円

心理学基礎演習　Vol.5
心理検査の実施の初歩

知能検査、投映法検査、パーソナリティ検査など、代表的な検査の概要・実施法・事例・実習のしかたを、徹底的に基礎にこだわりながら解説。実際にやってみることで臨床家の世界にふれ、プロとしてあるべき姿勢も学ぶ。

願興寺礼子・吉住隆弘［編］　　　　　　　　　　　　　　B5 判・212 頁・2,600 円

これから心理学を学ぶ人のための研究法と統計法

心理学を学ぶ人が論理的な研究戦略を蓄え修得するための基礎的な研究法と，収集したデータを余すことなく確実に分析し尽くし妥当な結論を得るための統計法，これら両輪を徹底してわかりやすく解説した方法論概論書。

西村純一・井上俊哉［著］　　　　　　　　　　　　　　　B5 判・200 頁・2,800 円

表示の価格は本体価格です。